JN440471

러시아의 인문과 예술

러시아의 인문과 예술

고대에서 중세까지

김진원

본 저서는 대한민국 교육부와 한국 연구 재단의 재원으로
대학 인문역량 강화 사업(CORE)의 지원을 받아 수행됨

서문

러시아와 우리는 오래전부터 민간에서 이미 서로의 존재에 대해 알고 있었다. 비록 남북 분단 이후 50여 년 정도 교류가 끊어지기도 했지만 소비에트 해체 이후엔 적극적이진 않았어도 다시 교류를 시작했고(1990)[1], 최근엔 우리의 "북방진출"과 러시아의 "시베리아 개발"로 요약되는 양국의 시책으로 서로에 대한 관심이 커지는 등 비교적 적극적인 교류를 가져 온 사이이다. 뿐만 아니라 지리적으로도 매우 가까이에 있어 러시아의 극동지역으로의 여행도 쉬운 편이다. 그럼에도 불구하고 21세기에 들어선 최근에 이르기까지 실제로는 아는 바가 별로 없는 심정적으로 매우 멀어 우리와 별 관계가 없는 국가처럼 느껴지기도 하다.

뉴스를 통해 듣게 되는 소식들도 우리와 가깝기보다는 오히려 먼 다른 세계에 있는 조심스러운 나라로 인식되어 왔다.

이러한 선입견이 형성되어 온 데는 그럴 만한 이유가 있었겠지만 이제는 더 이상 이러한 선입견이 지배하는 느낌만으로 지내는 것이 불가능하게 되었다. 정치, 경제, 문화… 그 어떤 분야에서든 러시아 혹은 러시아 사람을 그저 먼 이웃으로만 알고 지내기에는 그들이 혹은 우리가 실생활에 너무도 가까이에 다가서 있다. 다시 말하면 소통이 어려우면 어려운 만큼 그 어려움을 갖고 있는 쪽이 상대적으로 불리하게 되는 상황에 이르렀다는 뜻이다. TV에서는 물론 지하철에서조차 러시아 사람을 보거나 러시아말을 듣는 것이 그리 드문 일이 아니게 되었다. 심지어 러시아말을 사용하는 사람은 우리와 생김새부터 달라야 할 것 같지만 꼭 그렇지만도 않다. 우리와 별다르지 않은 모습의 사람이 러시아어를 모국어로 말하는 경우를 어렵지 않게 마주치기도 한다.

언어와 인종이 일치해야 할 것 같은 사회에 익숙한 우리는 매우 협소한 인식의 세상에서 지내온 것이다. 우리도 이제는 다문화를 핫한 이슈로 이야기하기도 하고, 이를 위한 구체적인 다양한 소통의 프로그램들도 많이 생겼지만 이는 그리 얼마 되지 않은 최근에 갑작스레 일어난 현상들이다. 러시아의 문화나 러시아 사람들을 불편하지 않은 시각으로 대할 수 있으려면 그들의 사정을 어느 정도 이해하고 있어야 한다. 적어도 낯설어서 내가 먼저 움츠러들지 않으려면 관심을 가지고 잘못 형성된 선입견을 하나씩 하나씩 지우거나 수정해 나가야 할 것이다. 더 이상 러시아는 우리가 모르고 살아도 괜찮을 정도로 그리 먼 곳에 있지 않기 때문이다.

차례

들어가는 말

이 책에서 다루게 되는 주요 내용은 러시아 사람들의 삶의 모습이다. 그들이 지금의 터전으로 어떻게 이주해 왔으며, 어떠한 일들을 겪으며 또 어떠한 삶의 흔적들을 남겼는지를 살펴보는 것이다. 관찰의 시점이 현재만이 아니라 긴 시간의 흐름에 따라 러시아 사람들의 삶의 모습을 관찰하다 보면 누구를 "러시아 사람"이라고 해야 하고, 누구를 관찰해야 할지 하는 문제가 그리 단순하지 않음을 알게 된다.

관찰 대상의 실체에 대한 규정과 이들에 대한 일관된 명칭의 사용에 어려움과 때로는 혼동을 겪게 된다. 대체로는 지명 혹은 국명으로 그 곳에 사는 사람을 부르게 되지만 관찰의 시간이 길어지다 보면 이것이 일치하지 않은 경우가 종종 발생한다. 시간이 흐르면서 사람들이 이동하게 되거나 혹은 영토의 경계가 변하기도 하고, 나라의 흥망성쇠에 따라 국명이 바뀌기도 하는 등의 일이 생긴다. 이로 인해 지명이나 국명을 기준으로 그 곳에 사는 사람들을 일관된 방법으로 명명할 수 없기 때문이다. 예를 들면 고대 도시국가 시대의 중심지였던 "키예프"는 현재는 러시아가 아닌 우크라이나의 수도로 되어 있고, 그곳에 사는 사람들은 더 이상 러시아인이 아닌 "우크라이나인"

이다. 그렇다고 하여 통시적 관점으로 러시아 문화를 이야기하면서 현재 우크라이나의 수도로 되었고, 우크라이나의 땅이라 하여 이 지역과 이 지역에 살았던 사람들을 관찰 대상에서 제외시킬 수는 없는 일이기 때문이다. 더욱이 현재 국가명이 "우크라이나"라고 하여 과거 이 지역에 살았던 사람들까지 "우크라이나인"이라고 부를 수는 더더욱 없는 일이다. 따라서 역사의 흐름을 고려하면서 관찰대상인 "러시아"와 지금은 비록 다른 국가에 소속되어 구분된 지역이라 하더라도 어느 한 시대에 같은 역사를 공유하고, 공통의 인식을 가진 이들이라면 "러시아인"이라는 이름으로 관찰의 영역에 포함시키면서 그 시대에 통용되었던 명칭(예를 들면 "키예프인", "동슬라브인" 등)을 병기해 사용한다. 이러한 관점을 가져야 하는 이유는 이들의 문화적 유전자 지도에 과거의 역사에 뿌리를 둔 유전자가 오늘날에도 여전히 이들의 사고에 미치는 영향력이 적지 않기 때문이다.[2]

또 다른 시각에서 다음에 대한 이해를 공유하는 것이 필요하다. 대체로의 경우 국가명과 여기에 사람을 뜻하는 "인"을 붙이므로 국가와 국민을 지칭하는 데에 무리가 없다. 따라서 "러시아인"도 비록 시대에 따라 그 내용이 달라져 왔다 해도 러시아 국적을 가진 사람으로 이해하는 것이 일단 타당할 것이다. 그러나 오랜 시간을 두고 관찰하다 보니 "러시아"라는 나라의 국명이 여러 차례 바뀌는 과정을 겪게 되었다. 그러면 "러시아"라는 국가는 과연 무엇인가? 근-현대사에서 "러시아"는 서로 다른 명칭(예: "러시아", "소련", "독립국가연합")으로 불리어 옴으로 인해 종종 이들의 정체에 대해 혼동을 불러일으키며 모호한 대상으로 여겨지기도 한다. 이 책에서 서술대상으로 삼은 러시아인의 국가 명칭은 최근까지 다음과 같은 순서로 변화해 왔다. 소비에트 혁명(1917년) 이전엔 "키예프공국"(루스, 루시 등을 포함한 개념), "모스크바공국", "러시아", 혁명 이후엔 "소비에트 사회주의 연방공화국(소련)", 소비에트 해체 이후인 현재는 "러시아 연방(Russian Federation, Российская Федерация)"이다. 또 다른 명칭인 "독립국가연합"은 과거 "소비에트 사회주의 연방공화국(소련)"과 견줄 수 있는 명칭이다. 소비에트(소련) 해체 이후 연방에 소속되었던 국가들이 자국의 이익을 위해 다시 결성한 것으로 "러시아"와는 구별되는 명칭이다.

국가의 모습을 갖추기 훨씬 이전의 이들은 씨족, 부족의 모습으로 카르파티아 고원지대에서 동북부로 이동을 하여 드네프르 강변을 따라 정착하며 도시국가의 모습을 띠고 역사에 기록된 이들의 중심 지역이 "키예프"였다. 이 책에서는 러시아인(동슬라브인)들이 카르파티아 고원지대로부터 드네프르 강 주변으로 이주하여 살면서 "키예프"라는 도시국가를 형성하기 전 이 지역에서 발굴된 유물로 이야기를 시작한다. 다음은 러시아 연방과 관련된 것으로 함께 이해해야 할 명칭들을 적은 것이다. 본문에 삽입된 사진들 중 특별히 컬러로 확인할 필요가 있는 것들은 각 장(2장과 3장) 뒷부분에 정리해 놓았다.

독립국가연합(CIS/Commonwealth of Independent States, СНГ/Содружество Независимых Государств):

구소련 국가들 간 협력을 강화하기 위한 것으로 1991년 12월 8일 벨라루스 공화국 및 러시아 연방, 우크라이나 공화국 수반들이 독립국가연합 창설협정에 서명하였다. 사무국은 민스크(Minsk)에 소재한다. 결성 당시의 11개국은 러시아/우크라이나/벨라루스/몰도바/카자흐스탄/우즈베키스탄/투르크메니스탄/타지키스탄/키르기스스탄/아르메니아/아제르바이잔공화국이다.

아제르바이잔은 1992년 탈퇴, 다시 1993년 복귀하였다. 조지아는 1993년 가입하였다가 2008년 러시아와의 전쟁 후 탈퇴하였고, 투르크메니스탄은 2005년 탈퇴한 이후 준회원국으로 참여하고 있다. 우크라이나는 2014년 3월 러시아의 내정 개입에 반발하면서 탈퇴하였다. 2015년 현재 9개 국가로 구성되어 있다.[3] 그러나 회원국 간 유기적 협력관계를 구축하는 데 구체적으로 기여하지 못한 한계가 노출되었다. 이에 따라 독립국가연합 회원국 중 이해관계가 유사한 국가들끼리 결성한 분야별 협력기구가 등장하게 되었는데 주요 내용은 아래와 같다.

1) 벨라루스-러시아 국가연합(Union State).
2) 집단안전보장조약기구(CSTO, Collective Security Treaty Organization): 아르메니아, 벨라루스, 카자흐스탄, 키르기스스탄, 러시아, 타지키스탄, 우즈베키스탄 등 7개국이 참여.
3) 유라시아경제공동체(EurAsEC, Eurasian Economic Community).
   1996년 3월 러시아, 카자흐스탄, 벨라루스, 키르기스스탄 4개국 간 관세동맹 창설이 계기가 되었다. 2001년 5월 타지키스탄이 가입하여 5개국 간에 유라시아경제공동체로 출범. 2006년에 우즈베키스탄이 가입하여 회원국이 6개국이 되었다가 2008년 10월에 우즈베키스탄이 임시 탈퇴. 유라시아경제공동체의 목적은 개혁·공동의 이해관계를 증진하고 경제·사회·사법 분야에서의 협력을 강화하는 데 있다. 또한 단일경제권 창설과 세계경제로의 편입을 지향하고 있다. 연례정상회의를 매년 4월~5월경에

개최한다.

4) 단일경제구역. 벨라루스, 카자흐스탄, 러시아가 회원국.

5) 중앙아시아협력기구(CACO, Central Asian Cooperation Organization). 카자흐스탄, 키르기스스탄, 우즈베키스탄, 타지키스탄, 러시아 등 5개국이 회원국.

6) 상하이협력기구(SCO, Shanghai Cooperation Organisation). 카자흐스탄, 키르기스스탄, 러시아, 타지키스탄, 우즈베키스탄, 중국 등 6개국이 회원국.[4]

러시아 연방의 특징:

- 개별 연방주체들이 모여서 하나의 상위 정부(연방정부)를 구성하고, 참여한 주체들은 일정 영역의 주권을 상위 정부에 이양 또는 위임하는 체제이다.
- 연방주체들이 내부문제에 대해서는 독자적인 결정권을 지녀 주권을 유지하고, 연방정부에 위임한 분야에 대해서는 주권을 포기한다.
- 연방체제는 일정한 지역 내에 존재하는 인종이나 문화면에서 다양한 배경을 가진 단위주체들을 하나의 통합된 국가로 결합시키기 위해 고안된 체제이다.
- 러시아 내에서 21개 공화국, 49개의 주, 6개의 지방, 2개의 연방특별시, 1개 자치주, 10개 자치 관구로 총 89개의 연방 구성주체가 있다.
- 러시아 연방을 구성하는 89개 주체들은 각기 다른 명칭과 지위로 이들이 갖는 권한은 서로 다르다. 러시아 연방은 하나로 통합 시키려는 노력보다는 민족적 독자성과 개성 및 자율성을 보장하고 있다.

러시아연방의 인구와 민족구성

인구: 러시아 총 인구는 약 1억 4,400만 명, 세계 7위, 약 70개의 민족으로 구성.[5]

도-농간 분포: 73%(1억 500만 명)은 도시, 37%(4,000만 명)은 농촌 지역 거주.

민족집단	민족	인구(145,166명)	%
슬라브계 (82.52%)	러시아인	115,889	79.83%
	우크라이나인	2,943	2.02%
	벨로루시인	808	0.55%
알타이계 (3.59%)	타타르인	5,555	3.83%
	바쉬키르인	1,673	1.15%
	추바쉬인	1,637	1.13%
	부랴트인	445	0.31%
카프카스계 (2.06%)	체첸인	1,360	0.94%
	카바르딘인	520	0.36%
우랄계 (1.70%)	모르드바	843	0.58%
	우드우르트인	637	0.44%
기타 (2.46%)	독일인	597	0.41%
	고려인	149	0.10%

* 고려인: CIS에 사는 한국인을 말하며 러시아, 우즈베키스탄, 카자흐스탄, 타지키스탄, 투르크메니스탄, 키르기스스탄, 우크라이나, 몰도바 등 독립국가연합전체에 거주한다.

슬라브 민족: 슬라브인들은 서기 2세기 무렵부터 약 500여 년 동안 카르파티아 산맥 동북쪽 산림지대로부터 잦은 외세의 침략을 피하여 보다 안전한 곳을 찾아 북서, 북동쪽으로 이동하며 아래와 같은 3개의 집단으로 나누어지게 되었다:

서슬라브인: 오늘날의 폴란드, 체코, 슬로바키아인

남슬라브인: 세르비아, 크로아티아, 마케도니아, 불가리아인

동슬라브인: 러시아, 우크라이나, 벨로루시인에 해당. 러시아 고대국가 "키예프"시대의 주인공이다.

1

슬라브 민족 이동의 시대[6]

슬라브인들은 서기 2세기~7세기, 약 500여 년 동안 카르파티아(Carpatia) 산맥 동북쪽 산림지대에 정착하였으나 잦은 외세의 침략을 견디지 못하고 안전한 곳을 찾아 이동하며 3개의 집단(방향)으로 나누어 이동하게 되었다. 이들 중 북동쪽 방향으로 이동하여 드네프르 강을 따라 부락을 형성하며 살기 시작한 이들을 동슬라브인이라 한다.[7] 이 지역에는 이미 보다 일찍 거주한 사람들의 흔적도 있었는데 다음과 같다.

1) 아르메니아 구릉지대의 석기유물

자카프카지예(Закавказье, 아제르바이잔, 그루지야, 아르메니아 등지), 중앙아시아, 크림(Крым, 흑해북부반도) - 70만 년 이전부터 사람들이 거주한 흔적 발견.

2) 트리폴리예(Триполье)

키예프에서 멀지 않은 곳이다. 농경문화 유적(기원전 3000년경)이 발견되었다. 씨족공동체(모계사회유추-진흙으로 만든 여인상들이 발견).

3) 우라르투(Урарту)

자카프카지예(Закавказье, 아제르바이잔, 그루지야, 아르메니아 등지)의 반(Ван)호 근처에서 바위에 새겨진 문자가 발견되었는데 전쟁과 관련한 내용으로 알려져 있다. 기원전 9세기경에 형성되어 주로 농업과 목축을 업으로 살며 부락을 형성하고 족장을 중심으로 하는 부족국가의 흔적이 보인다. "메누아(Менуа)의 아들 아르기쉬티(Аргишти)가 할디(Халди)신의 은혜로 강력한 요새를 건축하다"라는 기록이 발견되었다.

아라랏(Арарат)산 근처에 우라르투(Урарту)의 도시였던 투쉬나(Тушна)의 흔적이 있다. 약 70km에 이르는 수로와 궁전, 질그릇 등의 유적이 발견되었다. 바위에 새겨진 "나라를 점령하고 주거지를 불태우고 파괴하고 남자와 여자를 끌고 왔다" 등의 글들로 미루어 보면, 노예로 국가의 형성기반을 삼은 듯하다. 기원전 8세기, 2/4분기 아르기쉬티의 아들 사르두리(Сардури) 2세 때가 전성기였던 으로 보인다. "…이웃 앗시라아 왕국에 100전 100승의 원정…, 시리아 점령…". 이 당시 상당한 문화수준이었음을 다양한 유물로 짐작(철제, 금, 은제의 장식품 등)하게 한다.

기원전 714년 앗시리아의 사르곤 2세가 이곳을 침략하여 우라르투의 구사 1세가 자결하였으며 다시 강화되었으나 6세기 노예반란, 도시 붕괴 등의 흥망성쇠를 거쳐 오늘날 아르메니아, 그루지아를 이루는 배경이 된다.

4) 코이-크릴라간-칼라(Кой-Крылаган-кала)

아랄해(Аральское море) 남쪽 사막을 가로지르는 아무다리야(Амуда

рья)강 주변에 마을과 도시를 이루며 사람들이 거주했다. 이 지역을 중심으로 기원전 10세기-서기 1세기경 농업, 목축업에 종사하는 사람들이 있었으리라 짐작된다(참고: Herodotos). 그러나 물적 증거는 없다. 구소련의 톨스토브(С.П. Толстов) 교수팀이 1940년에 이 지역을 탐험하여 코이-크릴라간-칼라(Кой-Крылаган-кала) 요새의 흔적을 발굴하였다. 이 탐사팀은 이 사막의 다른 곳에서도 호레즘(Хорезм)의 수도였던 토프락-카라(Топрак-Кара)도 발굴하여 장식품, 무기, 벽화, 점토 등. 노예제 국가, 관개용수의 건설, 정원 등을 꾸민 흔적을 발견하였다. 마케도니아(Macedonia)의 알렉산더(Alexander)대왕이 중앙아시아 침공 당시에도 독립을 지켰고, 후에 노예반란 등으로 세력이 약화되어 서기 1세기경 쿠샨제국(Великая Кушанская Империя)에 병합되었다.

5) 동슬라브인들의 적응

초기의 정착생활: 추위를 막기 위해 주변을 낮은 벽으로 둘러쌓았고, 땅보다 조금 높은 곳에 지붕을 올린 움집형 주거공간에서 살았다. 개간으로 농사를 지었고, 나무를 태워 그 재로 비료를 삼았으나 다시 땅이 황폐했으므로 주변 지역으로 옮겨 다니며 화전민 생활을 했다. 또 다른 한편으로는 몇 개의 씨족 공동체가 부족을 형성하여 나무를 베어 경작할 땅을 만들고, 집단으로 가축을 기르기도 하고 사냥도하며 살았고, 농경사회의 가부장제 전통으로 수십 명의 농촌공동체의 모습이었다. 장로나 선출된 우두머리가 통솔을 하고, 재산은 공동소유였다. 중대한 결정사항은 부락집회(вече)를 조직하여 전원 합의로 해결하였고, 매우 엄격한 공동생활의 규칙을 갖고 있었다.

자연환경의 변화에 온전히 종속된 이들의 삶은 태생적으로 거대한 자연에 대한 경외심을 갖게 되었고, 조상숭배와 영혼 숭배 등 갖가지 요소가 복합적으로 혼합되어 죽은 사람의 신인 '볼로스'나 벼락과 번개의 신인 '페룬' 등이 신앙의 대상이 되어 있었다. 이것은 또한 샤머니즘과 토테미즘을 태동시키는 배경이 되었다. 민담에 등장하는 늑대, 곰은 이들의 자연환경에서 마주치게 되는 힘이 센 포식자로 강자의 상징으로 인식되었고, 이로 인해 필요한 때 주인공이 변신할 수 있는 대상으로 그려져 있다(참고: "브세슬라예비치"). 변화무상한 자연의 세계에서 인간이 도저히 감당할 수 없는 천둥, 번개는 가장 강력한 숭배 혹은 보호자로 민담의 세계에 등장하고, 이 밖의 다양한 정령들, 예를 들면 "루살카" 등은 항상 이들의 삶 주변에서 마주하게 되는 비교적 친숙한 대상들이다. 이들의 삶에 강력한 영향을 주지는 못하더라도 주인공의 행로에 등장하여 다소간의 조력자의 역할을 맡게 된다. 예를 들면 물의 정령, 부엌, 들판의 정령 – 각 위치에 거주하며 그곳을 관장하는 정령들이다.

6) 자연환경에 따른 동슬라브인의 신화적 상상

고대 러시아인들의 삶의 모습에 대한 상상을 가능하게 하는 실마리들은 이들이 즐겨했던 아래와 같은 신화에 등장하는 문화적 코드들이다. 신화는 당시 사람들의 정신세계를 추적해 볼 수 있는 통로가 되며 이들의 인생관, 세계관, 우주관을 엿볼 수 있는 많은 기호들이 담겨 있다. 동슬라브인들은 특히 자연과 관련된 요소들을 중요하게 인식하였다.

물 — 물은 삶의 원천이자, 신비로운 정화의 수단이며 생명력을 가진 원초적인 요소로 보았다. 수직적인 물인 '비'는 대지를 풍요롭게 해주는 긍정적인 의미로 인식하였고, 수평적인 의미의 물인 '저수지', '웅덩이'는 죽은 물이라 하여 부정적인 의미를 내포하였다. 물을 부으면 말라 비틀어진 뼈가 다시 생명력을 얻게 되는 모습의 묘사가 민담에 자주 등장한다.

불 — 정화, 창조, 온기 빛을 가져다주는 성스러운 것이지만 반대로 죽음과 파괴를 가져오는 신비스러운 힘을 지닌 대상으로 여기기도 했다. 남성적인 요소 또한 포함되어 있다. 러시아어의 감정표현 - 갈망(жажда), 바람(желание), 슬픔(печаль), 분노(гнев) 의 어원은 모두 불이다. 불은 서로 다른 세계의 경계로 작용하기도 한다. 예로 성소 앞의 화덕, 화장 풍습 등은 성스러움 혹은 정화의 상징으로 해석된다.

흙 — 여성적인 속성을 지닌 원초적인 요소이다. 모든 생명의 근원이자 모든 생명의 어머니이다. 만물을 생성하며 태동시키는 모체로 인식하였다. 동슬라브인들의 세계관 속에서 인간의 모성적인 이미지로 나타날 뿐 아니라, 이미 다른 세상으로 가 버린 죽은 존재들 모두를 포함하는 총체적인 생명의 이미지이다.

공기 — 공기와 바람은 보이지 않는 악마적인 존재들이나 영혼이 거주하는 장소이다. 민간신앙에는 영혼과 숨(호흡)을 동일시했으며, 질병을 퍼뜨리는 매개체이기도 했다. 임종의 시간을 목전에 둔 사람에게 공기가 빠졌다는 표현을 쓰기도 한다. 기독교 수용 이후에는 성령으로도 간주되었다. 예) дух, духи, духовный, душевный

눈 – 눈은 흰색의 속성으로 대지를 정화시키는 기능을 지니고 있다고 믿었으며 대지를 덮고 정화시키는 대지의 소금으로도 생각했다. 대체로 긍정적인 이미지로 많이 사용되었다.

물, 불, 흙, 공기, 눈으로 표상되는 자연력이 신화적 상상력과 만나 동슬라브인들의 독특한 이야기를 만들어 냈다. 신화 속에는 인간의 형상을 빌린 다양한 신들이 존재한다. 인간의 형상을 빌린 신들은 인간처럼 감정을 가지고 행동을 하고, 저지른 일에 대해 후회도 하지만 인간이 가질 수 없는 강력한 힘을 가지고 있다. 위에서 보듯 동슬라브인의 신화도 범신론적 인식을 가지고 있다고 볼 수 있다. 동슬라브의 신들은 맡은 일의 중요도에 따라 크게 3위계로 구분된다. 7주신, 하위 신격, 하위 정령이 이것이다. 7주신은 농경과 전쟁과 같은 인간사의 큰일들을 다루고, 하위 정령의 경우에는 인간의 길흉화복에 직, 간접적으로 관여한다.

이동이 잦았던 부족사회에서 정착, 농경생활로 바뀌면서 씨족 중심으로 전환되었다가 각 씨족이 차지한 농지의 규모와 질에 따라 빈부차이가 생기더니 급기야 대지주(боярин)와 소작농(смерд)이 발생하였고, 점차 이들의 관계가 예속적으로 변화되어 갔다. 대지주들은 보다 좋은 농지를 많이 차지하고자 쟁취하거나 이를 지키기 위하여 성을 쌓으며 무장 친위대(дружина)를 갖게 되었고, 스스로 지배자인 공후(князь)가 되었다. 자연히 공후의 장원이나 성을 중심으로 성에 정주한 이들을 위한 물자 보급을 생업으로 삼는 사람들이 모여 살기 시작하였다. 생필품을 위해 이웃 부락과 상호교역도 시작하게 되었고, 교역품의 운송과 집결이 용이한 수로가 만나는 지점들과 연안을 중심으로 상업부락들이 발달했다. 이들은 재산 보호와 자신의 안전을 위하여 성을 쌓았고, 이를 중심으로 도시가 형성되면서 이들의 집단 거주지는 점점 도시국가의 모습을 갖추게 되었다. 이러한 도시들 중 비교적 규모가 큰 곳이 поляне, древляне, кривичи, вятичи 등이다.

남부(Kiev중심)와 북부(Novgorod중심)의 두 지역으로 분산된 이들은 숲이나 늪지대에서 기후조건을 극복해야만 했고 북부의 부족들은 노르만족의 영향을 받았고, 남쪽 중앙부에 정착한 동슬라브인들은 끊임없는 하자르인들의 침공을 당하기도 하고 때로는 침략하기도 하며 이러한 교류를 통하여 조금씩 문명에 눈을 떠 갔다.

7) 폴랴네(Поляне)[8]

이주하던 슬라브인들 중 키(Кий)가 동생(Идек과 Хорив)들과 드네프르(Днепр) 강 연안에 정착하며 도시를 건설하였고, 그의 사후 그의 이름을 따 이 도시를 키예프(Киев)로 부르기 시작했다. 이는 뒤에서 이어져 다루게 되는 "키예프 루시(Kiev Rus)"의 전신이다.[9] 이들은 오랜 세월 동안 아시아의 유목민들과 끊임없는 전쟁과 갈등 속에서 지냈는데 4세기 무렵엔 아시아로부터의 군족(гун), 아바르족(авар), 하자르족(хазар) 등의 침입이 잦았고, 또 때로는 이들 스스로도 도나우강 연안의 비잔틴 제국의 도시로 원정을 가기도 했었다.

6세기쯤에 드네프르 강 연안에 살던 사람들이 "로시(рось)"라고 불리며 유럽에 알려지게 되었고, 이 폴랴네 사람들을 "루시(русь)"라고 부르기도 했다(노르만 학설을 주장하는 사람들은 이 "рось"는 핀란드어인 "ruotsi"(노 젓는 사람)에서 유래했다고 하며 이것을 여기로 이주한 노르만 사람들이 이 도시를 건설하기 시작했다는 주장의 근거로도 삼는다). 로시(Рось)에 동맹된 슬라브인들은 점차 "русс"혹은 "росс"(러시아인)로 불리게 되었고, 네스토르(Нестор)의 연대기에도 "폴랴네(поляне)"는 이제 "루시(русь)"라고 불리게 되었다"라고 적고 있다. 이러한 과정 속에서 키예프(Киев)는 러시아 땅의 중심이 되었고 9세기 초 "키예프공국(киевская русь)"은 동슬라브 민족의 상당 부분을 통합한 가장 강한 공국(княжество)으로 발전되었다.

2 고대 도시국가 시대

9세기 ~ 12세기

키예프 시대

1. 역사

동슬라브인들이 정착하여 이룬 여러 도시들 중 가장 번성했던 키예프(Киев)를 이들 역사서술의 중심지로 삼고, 이 도시와 관련하여 전개되었던 의미 있는 다양한 사건들을 대내외적 관점으로 살펴본다. 키예프는 위에서 서술한 키(Кий) 형제들에 의해 건설된 마을로부터 시작된다(поляне). 물론 다른 지역에도 많은 촌락들이 있었고, 특히 드네프르강의 북부인 발틱해와 가까운 지역에 노브고로드라는 도시 또한 동슬라브인들의 삶에 대한 이야기에서 빠트릴 수 없는 중요한 지역이다. 따라서 키예프를 이야기하면서 이 도시와 관련 있는 지역들도 함께 고려할 것이다.

키예프 루시(Киев русь)의 성쇠를 따라 3시기로 구분하여 설명한다. 제1시기는 도시국가 형태의 모습을 띠기 시작한 초기 시대로 부족국가의 모습이고, 2시기는 세력이 확장되어 거의 전체 동슬라브인의 주거지를 통일하여 안정되고, 문화사적으로도 중요한 의미가 있는 때를 말하고, 제3기는 여러 개의 공국으로 다시 분열되어 그 세력이 쇠퇴되고, 몽고의 침입까지 겪으면서 역사의 무대에서 주목을 받던 동슬라브인들의 수도의 위치에서 서서히 멀어져 가는 때로 하여 3시기로 구분한다.

1.1 제1시기

9세기 초 키예프 루시는 이미 동슬라브의 상당한 지역을 차지하고 있었다. 이는 위해서 이야기한 노르만인(바랴그, варяг족)인 류릭이 슬라브인들의 거주지역에 도착(862년)하기 훨씬 전의 일이다(이것을 근거로 슬라브인 학자들은 노르만인이 슬라브인을 위해 국가를 세우고, 통치하였다는 노르만 학설이 틀렸다고 주장한다).[10] 이때 인근의 바랴그(варяг)는 동슬라브인뿐만 아니라 핀(Финн), 라트비아(Латыш)를 공격하기도 했고, 때로는 바랴그(варяг)의 독립부대들이 오히려 키예프의 용병이 되어 하자르(хазар)와 콘스탄티노플(царьград)의 원정에 참여하기도 했다. 바랴그의 수장인 류릭(Рюрик)은 처음에 라도가(Ладога)에 왔다가, 862년엔 볼호프(Волхов) 강 연안의 노브고로드(Новгород) 근처에 진영을 구축하고 머물렀다. 다른 문헌에는 노브고로드를 점령하였다고도 한다.

882년 바랴구의 지휘자 중 올레그(Олег)가 키예프에 와서 스스로를 평화적인 상인이라며 당시 공후인 아스콜드(Аскольд)를 자기 진영으로 유인하여 살해하였다. 결국 올레그가 키예프의 공후가 되었고, 몇 차례의 비잔틴의 수도 콘스탄티노플 침공을 시도하다가 다시 본래 왔던 라도가로 귀환하였고, 912년 키예프의 공후는 이고리 스타르쉬(Игорь Старший, Кий 가문의 후예인지는 미확인)가 되었다.

올가의 복수

키예프의 공후인 이고리(Игорь, 통치기간: 912-945)가 인근 부락으로 공물을 거두러 다니다가 죽임을 당하게 되는데 그의 아내인 올가

(Олга)의 복수가 여러 문헌에서 언급된다. 인근 부락으로 공물을 거두러 다니기 위해 대동했던 친위대의 대부분을 귀환시킨 후 소수 인원만을 데리고 추가 공물을 거두려고 드레블랸(древлян)에 갔다가 이 지역 부락민으로부터 잔인하게 죽임을 당했다. 키예프의 공후인 이고리를 죽인 후 이들은 후환이 염려되어 원로들로 구성된 사절단을 꾸려 3차례나 올가에게 갔으나 모두 그녀의 계략에 죽임을 당하고, 마침내 올가의 원정군에 의해 마을이 불사라지고 모두 전멸에 이르게 된다. 올가는 키예프에서 가장 먼저 기독교 세례를 받은 인물로 전해지기도 한다. 그녀의 손자인 블라디미르가 기독교를 988년에 국교로 받아들이지만 올가는 훨씬 전에 비잔틴의 황제를 대부로 세례를 받아 루시에 기독교 유입의 분위기를 만들었다.

이후 키예프의 공후들은 동슬라브의 많은 부족들을 자기들의 지배하에 두었고, 이들의 영향은 스칸디나비아, 발트, 러시아 쪽의 유럽 북부로부터 남쪽의 콘스탄티노플까지 이어진다. 그와 더불어 삼림지대와 스텝 지대 양쪽 주민들과의 관계를 자신들에게 유리하게 활용했다. 10세기 말쯤의 스뱌토슬라프 공후는 광범위한 지역에 걸친 영토 확장을 위해 발칸 반도와 비잔틴 제국까지 공격, 위협할 정도로 세력이 커졌다.

1.2 제2시기

제1시기가 국가 기틀이 확립하고, 세력 확장을 이룬 시기였다면 제2시기는 기독교 유입과 함께 고도의 문화적 발전을 이룬 시기이다. 978년 스뱌토슬라프(Святослав)의 아들인 블라디미르(Владимир)가 공후가 되었고, 비잔틴제국과 평화적인 관계를 꾀하면서 비잔틴의 황녀 안나와 결혼을 하고, 기독교를 국교로 수용하였다(988). 그의 할머니 올가는 이미 세례를 받은 다음이다. 블라디미르의 통치기간의 키예프 루시는 거의 모든 동슬라브 부족을 통합하여 강력한 국가가 되었다. 10명의 아들들을 키예프 루시 관할의 주요도시의 공후로 임명하였으나, 1015년 그가 죽은 후 키예프 루시의 대 공후 자리를 두고 이들 사이에 분쟁이 발생하였다. 처음엔 스뱌토폴크(Святополк)가 차지하였으나 1015년 현자(Мудрый)라는 별칭을 얻은 야로슬라프(Ярослав)가 키예프의 대공이 되었다.

야로슬라프는 현자라는 별칭을 얻을 정도로 많은 업적들이 있었는데 그중 대표적인 것인 "루스카야 프라브다(русская правда)"라고 불리는 슬라브인의 최초 법전이다. 이는 야로슬라프가 처음 노브고로드를 다스릴 때, 그의 친위대에는 바랴그(варяг)인들도 있었는데 이들과 노브고로드 사람들과의 무력충돌이 빈번히 발생하였다. 이 사건을 처리할 때 한쪽 편에만 유리하게 판결할 수 없었고, 또 주민들의 생명과 재산을 보호할 필요가 있었는데 이때 제정한 슬라브인들의 최초 법전이다.

야로슬라프는 키예프를 콘스탄티노플(царьград)처럼 화려한 도시로 장식하고 싶어 했다. 도시의 입구에 정문으로 콘스탄티노플의 황금문(золотые ворота)을 모방하여 건축하였고, 13개의 둥근 지붕으로 된 소피아 대사원을 세웠다. 키예프 루시의 교회를 비잔틴제국으로부터 독립시켜 콘스탄티노플의 총주교의 허락 없이 단독으로 키예프와 노브고로드의 대주교를 임명하기도 했다.

이 외에도 페체르스키(киев-печерский) 수도원을 건설하였으며,

많은 서구의 왕(프랑스, 헝가리, 노르웨이)들과 인척관계를 갖는 등 11세기~12세기 사이의 키예프 루시는 유럽의 가장 아름다운 도시 중의 하나가 되었고, 수공업과 상업의 중심지로 최대의 번성국가로 발전하였다. 그는 75세의 장수로 1054년에 소피아 대사원에 묻혔다.

1.3 제3시기

1054년 야로슬라프 공후의 죽음 이후부터 키예프는 쇠락이 시작되었다. 대귀족들의 거대한 토지 소유로 영토가 공후들 중심으로 독점되어 있었고, 키예프의 대공들은 후손들에게 분령지를 상속하게 하여 많은 공국들이 생겨났으며, 이들 지방공국들은 키예프로 부터 독립하고자 하였다. 결국 12세기 중엽 (1125년Владимир Мономах가 죽고 나서) 고대러시아 봉건국가인 키예프 루시는 수도로서의 위치를 상실하고 다음과 같은 몇 개의 공국으로 붕괴된다: 노브고로드 공국(Новгородская земля), 블라디미르-수즈달(Владимиро-Суздальское княжество), 프스코프 공국(Полоцкое княжество), 스몰렌스크 공국(Смоленское княжество), 노브고로드-시비르스크(Новгород-Северское княжество) 등.

2. 언어/문학

2.1 언어

통시적 관점으로 언어를 관찰하면 언어도 사회적 변화에 따라 적응하며 분화, 생성, 소멸하는 모습이 관찰된다. 그러나 언어는 역사적 사건이나 사회적 변화와 달리 상대적으로 상당한 정도의 시간이 지난 다음에야 비로소 변화의 현상이 발견된다. 다시 말하면 역사적 사건으로 인한 사회의 환경적 변화가 언어에 영향을 미쳐 그 결과가 나타나기까지에는 상당한 시간의 경과가 필요할 뿐 아니라 변화의 시기 구분을 정확히 정할 수 없는 어려움이 있다. 그러므로 언어 변화의 시기 구분은 역사적 사건에 따른 시기 구분과 일치하지 않을 수 있다는 사실을 먼저 이해할 필요가 있다. 그러나 설명의 편의를 위해 이 장에서는 키예프 이전(9세기 이전)과 이후(9세기~)로 나누어 모스크바 부흥 전(~12세기)까지로 나누어 각각의 언어 상황을 설명한다.[11]

러시아어의 역사를 서술한 문헌들을 보면 러시아어를 지칭하는 용어들이 통일되지 않아 이해에 많은 혼란을 야기시킨다. 여기선 러시아어의 구체적인 변화를 논점으로 하는 것이 아니라 러시아 사회의 변화에 따른 언어 변화의 흐름을 정리하는 곳이므로 일반적으로 수용할 수 있는 정도의 수준에서 용어를 아래와 같이 정리하여 이 장의 본래의 목적인 언어 사용에 대한 변화의 흐름을 살피는 데에 충실하고자 한다.

러시아어의 역사를 다룬 문헌에서 사용되는 러시아어를 지칭하는 용어들 간의 관계를 아래와 같이 정리하여 본다.

1. 공통 슬라브어(슬라브어 조어): 2세기~5세기까지
2. 공통 동슬라브어 8세기~14세기 사이
   a) 초기 동슬라브어 8/9세기~11/12세기 교회 동슬라브어, 고대 슬라브어
   b) 11/12세기~14세기 고대 러시아어 → 구어 + 문어(기록을 위해 사용된 언어)
3. 대러시아어(13세기~15세기)[12] - 동슬라브어 분화의 시기

공통 슬라브어(슬라브어 조어)(праславянский язык)

슬라브어 조어란 개별 슬라브어(예: 공통 동슬라브어)로 분화되기 전의 언어를 말한다. 시기로 구분 짓는다면 인구어 분화의 한 지점인 1세기쯤으로 설정할 수 있다. 이것은 민족 이동과 관련된 것으로 슬라브인들의 이동에 관한 기록에 근거하여 이때쯤 분화의 시작으로 유추할 수 있다. 동슬라브인들의 이동은 조금 늦은 2세기~5세기쯤으로 본다.

공통 동슬라브어(общевосточнославянскийй язык)

공통 동슬라브어는 동슬라브어로 분화된 이후부터 다시 개별 동슬라브어(예: 대러시아어, 우크라이나어, 벨로루시어)로 분화될 때까지의 언어를 말한다. 기록으로 본다면 대체로 8세기~14세기로 설정할 수 있는데 이를 다시 두 시기로 구분할 수 있다.

a) 초기 공통 동슬라브어 – 8세기부터 문자 유입될 때(11세기 중반)까지의 시기로 본다.

b) 협의 의미의 고대 러시아어는 11세기에서 14세기까지이다.

공통 동슬라브어는 13~15세기 사이에 점차 단일성이 느슨해진다. 모스크바를 중심으로 대러시아어가 형성되는 반면 먼저 우크라이나어가 분화되어 갈라지고, 조금 지나 벨로루시가 분화되게 된다.

고대 러시아어(древнерусский язык)

광의로 길게 보아 11세기~17세기까지로 설정한다. 이는 다시 두 개의 시기로 구분할 수 있다.

a) 협의의 의미로 11~14세기(древнерусский старшей поры). 공통 동슬라브어 후반 시기와 일치한다.

b) 대러시아어(великоруский) 혹은 중세 러시아어(среднерусский периоде), 고 러시아어(староруссеий)라고 부른다. 14~17세기 말쯤으로 설정한다.

위의 첫 시기는 키예프 공국의 시기(862~1240) 혹은 봉건 분열시기이고, 동슬라브어 시기이다. 후반은 동슬라브어가 분화되어 대러시아어가 형성되고, 모스크바 시대가 시작되는 때이다.

위의 정리를 바탕으로 이후부터는 러시아인들이 사용한 언어라는 의미에서 시기에 관계없이 "러시아어"로 통일하여 사용하고, 정확한 명칭으로 구별하여야 할 필요가 있을 때에는 그 명칭을 (　) 속에 병기한다. 예를 들면 시기적으로 9세기에 사용된 언어를 설명할 때 "러시아어(동슬라브어)"라고 적거나, 11세기에 사용된 언어는 그 기능에 따라 "러시아어(교회 슬라브어, 문어)" 혹은 "러시아어(동슬라브인의 구어)" 라고 적는다.

1) 키예프 이전(슬라브어의 분화)

카르파티아 고원지대에서 세 방향으로 슬라브인들의 이동이 시작되었다(1세기~7세기). 우리가 관심을 가지고 있는 동북부지역으로 이주하기 시작한 슬라브인들의 이동은 서쪽으로의 이동보다 조금 늦게 시작되어 조금 시기적으로 넓게 잡으면 2세기~9세기경으로 드비나강, 드네프르강, 볼가강유역으로 분산되었다. 이미 서북부지역으로 이주 했던 슬라브인(서슬라브인)들과는 물론이고, 이들이 떠나왔던 카르파티아 지역 혹은 그 이남에 정착하게 되는 슬라브인(남슬라브인)들과 시간의 흐름에 따라 교류가 점차 줄어들고, 이들의 언어 사이에도 지역적 특색이 나타나기 시작하면서 언어분화가 시작되었다. 조금 더 구체적으로 말하면 영토가 확장됨에 따라 5세기 후반부터 슬라브인들이 사용하던 언어의 단일성이 붕괴되게 되었고, 그들이 정착한 지역에 따라 개별적으로 나름의 언어적 통일성을 지니며 발달하였다. 이들의 언어를 서쪽에 정착한 슬라브인들의 방언은 서슬라브어,

조금 늦게 이동이 시작된 관계로 비교적 많은 공통점을 서로 가지고 있는 동쪽과 남쪽의 슬라브인들의 방언은 각각 동슬라브어와 남슬라브어라고 부른다.[13]

2) 9세기~11세기

가) 동슬라브인의 말

드네프르강 연안을 따라 남부 지역엔 키에프, 북부 지역엔 노브고로드를 중심으로 크고 작은 도시를 형성하며 정착해 온 동슬라브인들은 9세기~11세기를 지나오는 동안 강력한 도시국가인 키예프를 중심으로 통일 동슬라브의 모습을 보였다. 통일 동슬라브를 형성해 오는 동안 이들이 사용하는 언어에도 과거 공통 슬라브어와는 다른 그리고 서슬라브인이나 남슬라브인들의 말과는 구별되는 아래와 같은 특징이 보이기 시작하였다:

음성적 특징:

(1) 충음화 현상(полногласие)

예를 들면 공통 슬라브어에서 보이는 이중모음인 "-or-, -ol-, -er-, -el-"이 동슬라브어에선 앞 모음과 동일한 오음을 삽입하는 충음화 현상이 보이지만 예, "-oro-, -olo-, -ere-, ele-", 남슬라브어에서는 "-ra-, -re-, ,-la-, -le-"로, 서슬라브어에서는 "-ro-, -re-, -lo-, le-"로 음의 위치 변화가 나타난 음위전환(метатеза) 현상이 보인다. 이를 도식화하여 대비하고, 구체적인 개별 언어의 예를 들면 다음과 같다.

도식:

공통슬라브어	동슬라브어	남슬라브어	서슬라브어
*tort	toto	trat	trot
*tert	teret	trat	trot
*tolt	tolot	tlat	tlot
*telt	tolot	tlet	tlet

실제 단어의 예:

공통슬라브어	동슬라브어 (러시아어)	남슬라브어 (불가리아어)	서슬라브어 (체코어)	어휘의 의미
*storna	сторана	страна	strana	국가
*perdъ	перед	пред	pred	앞
*moldъ	молодой	млад	mlady	젊은
*melko	молоко	мляко	mleko	우유

(2) 어두의 /j/탈락 현상

동슬라브어에서는 어두의 /j/가 탈락하여 "/je/ → /o/, /ja/ → /a/, /ju/ → /u/"로 되는 현상을 보이는 데 반해 서슬라브어와 남슬라브어는 원래 모습이 유지되었다. 이를 도식화하여 구체적인 개별 언어의 예를 들면 다음과 같다.

공통슬라브어	동슬라브어 (러시아어)	남슬라브어 (불가리아어)	서슬라브어 (체코어)	어휘의 의미
*jesen	осень	есен	jesen	가을
*jedinъ	один	един	jeden	하나
*ja	яйцо	ицо	jaco	계란
*jutro	утро	ютро	jutro	아침

(3) *stj, *skj, *sk가 전설모음 앞에서 šč로 발전하는 현상이 (1)과 병행하여 생겼다.
(4) 공통 슬라브어의 구개음화 경향이 진행되면서 *tj, *dj로부터 č', ž'가 생겼다.
(5) 모음의 변화
공통슬라브어에서 보이던 비모음이 사라졌다.

형태의 특징:
형태적 측면에서도 아래와 같은 차이가 발견 된다:
(1) 단수 조격어미는 -ъмь이다.
(2) 형용사의 복합형 격변화는 대명사의 격변화와 비슷하게 발달하였다.

슬라브어의 분화를 순차적으로 도식화하면 아래와 같다:

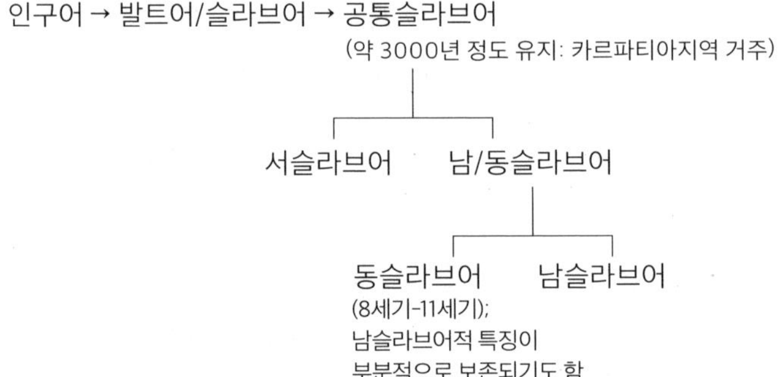

3) 키예프 중심의 동슬라브 시대

키예프 대공국은 정치적 공고함을 바탕으로 경제적, 문화적으로 상당한 수준의 발전을 이룩하였다. 비잔틴뿐만이 아니라 서구의 여러 나라들과도 정치적, 경제적으로 교류가 있었지만[14] 그 밖의 동슬라브인들이 거주했던 공국이나 도시들은 동부와 서부에 위치한 주변의 이웃 나라들로부터 빈번히 침공을 받았다. 키예프는 주변의 공국과 주도적으로 연대하여 이들을 격퇴하면서 동슬라브인들의 중심지로 자리를 굳혀 갔다. 외부의 적들에 대한 동슬라브인들의 이와 같은 군사적 동맹은 – 행정적 단일함의 필요성과 더불어 – 동슬라브인들 간의 정치적, 인종적 결속을 강화시키는 데 이바지했다.

이러한 과정 속에서 발견되는 중요한 점은 언어적 통일성이다. 이 당시의 중요한 언어적 현상은 공통 슬라브어에서 분화된 동슬라브어 사용지역의 형성이다. 학자들의 연구에 의하면 정치적 중심지인 키예프의 말이 동슬라브어(혹은 "고대 러시아어"로 부름)의 표준어격인 공용어(койне)로 사용되어져 갔고, 키예프의 행정력이 닿는 지역은 동슬라브어권 지역으로 조성되었다고 한다.[15]

가) 문자의 유입

동슬라브에서의 문자 표기는 남슬라브 지역에서의 경우와 마찬가지로 기독교 수용과정에서 시작되었다. 네스토르 연대기에 따르면 키예프의 블라디미르 공후에 의해 988년에 공식적으로 그리스 정교(기독교)를 국교로 공인한 것으로 기록되어 있다. 그가 기독교를 수용한 것은 교회가 자신의 권력 강화에 도움이 될 것이라는 것과 당시 세력의 중심지였던 비잔틴 제국과의 정치적 긴장 완화와 문화, 상업적 교류를 도모하여 공국의 발전에 이바지할 수 있을 것이라는 판단에서였다.

슬라브인들의 최초 문자사용은 오늘날 불가리아 지역에서 시작되었다. 키예프보다 약 100년 정도 먼저 이곳에서 시작되었지만 투르크의 발칸반도 침입으로 더 이상의 발전은 없었다. 이 문자는 남슬라브어의 구어를 바탕으로 이루어져 있었다.[16] 동슬라브어는 이미 남슬라브어와 상당한 차이를 보이는 분화가 이루어져 있었으므로 이 문자의 발음과 문법은 키예프인들이 사용했던 구어와는 큰 차이가 있었다.[17] 게다가 기독교 용어와 종교 의식과 관련된 어휘들은 대부분 남슬라브어에서 제공된 것들이었다. 기록을 위해 문자로 정착된 이 말을 "고대 교회 슬라브어" 혹은 "고대 러시아어"라 부르는데 키예프의(동슬라브사람들의) 구어와는 확실히 달랐다. 비록 두 언어가 모두 슬라브어였기 때문에 소통이 아주 안 될 정도로 낯설지는 않았지만 후일 러시아인(동슬라브인)들은 이중 언어의 상황 속에 있었다 할 정도로 달랐다. 이 문자어, 즉 고대 교회 슬라브어는 교회와 지배 계층에 의해 복음서 번역이나 종교적 문학 작품들과 학문 용어 그리고 통치(행정)를 위한 언어(문어)로 발전하였고, 상류층이 사용하는 고급의 언어로 인식되었다.

동슬라브의 봉건 지배층은 이 문어를 장려하였고, 네스토르의 연대기에도 "블라디미르 공후가 명문가의 자녀들을 모아 글을 가르치도록 하였다"라고 기록되어 있다. 블라디미르 공후 스스로도 책에 몰두하여 독서를 즐겨하였고, 필경사를 불러 그리스 문헌을 슬라브 문자로 번역시켜 많은 슬라브어 문헌을 보유하고 있었다 했다. 이리하여 키예프는 대공의 본거지로 교육의 중심지가 되었고, 이외에도

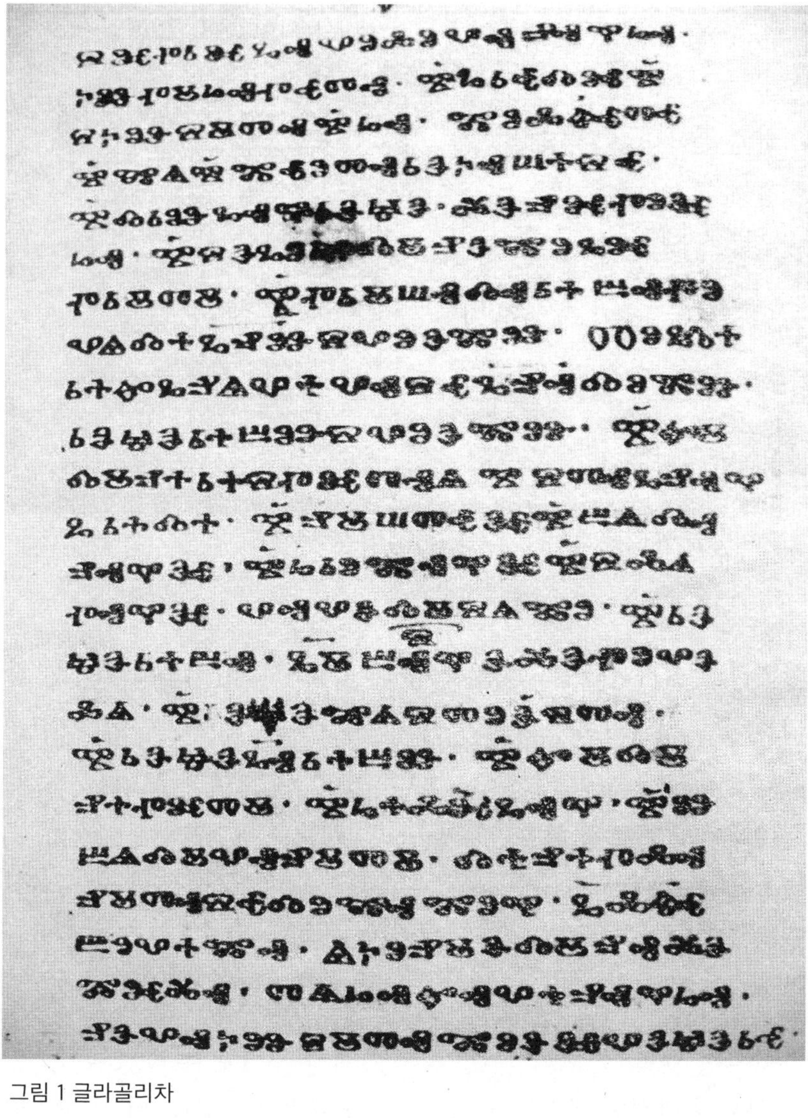

그림 1 글라골리차

그림 2 글라골리차로 된 오스트로밀 복음서

상업의 중심지였던 노브고로드, 문화 중심지로 남서부에 위치한 갈리치, 중부지역인 수즈달, 블라디미르, 칼리닌, 트베리 등이 문어 교육의 중심지가 되었다.

연대기의 기록에 따르면 야로슬라프(Ярослав) 공후("무드르이мудрый", 현명한 사람이라는 뜻 혹은 현자라고도 불림) 때를 러시아 문학의 기원으로 설정할 수 있는데 그 이유는 이때 많은 복음서, 성자전, 설교집을 포함하여 교부들의 작품 등과 같은 독자적인 작품들을 생산하기 시작하였기 때문이다. 문헌사라는 측면에서 신학을 포함한 교회문헌과 사회와 관련한 세속문헌으로 장르 구별이 가능한데, 이 시기에 법과 관련된, 즉 세속문헌들이 많이 만들어졌다. 세속문헌으로는 키예프와 비잔틴 사이에 이루어진 계약문서(현재 보존된 문헌은 없으나 네스토르 연대기의 기록에 따르면 912년, 945년, 972년에 만들어졌다고 한다)가 있었고, 문자화 된 현존하는 러시아 최초의 법전은 야로슬라프 현세 시대로 추측되는 1282년의 필사본이 있다. 세속문헌에서 흥미로운 것은 법전이나 계약문헌보다 연대기 문헌들이다. 이들 중에는 키예프의 공후인 블라디미르 모노마흐(Владимир Мономах 1053~1125) 때 만들어진 "이고리 원정기", "귀양 간 다닐의 청원서" 등이 있고, 연대기 중에 가장 많이 언급되는 것은 1110년경 키예프의 수도사인 네스토르가 편찬한 것으로 "네스토르 연대기"가 있다. 이 외에도 1377년의 "라우렌티스 연대기(Лавретьевская летопись)"와 1425년경의 "히파티우스 연대기(Ипатьевская летопись)" 등이 있다.

이외에 1951년 이후에 시작된 발굴을 통해 접하게 된 노브고로드의 "자작나무 문헌(грамоты на бересте, берестяные грамоты)"이 유명하다. 이것은 자작나무 껍질을 필사 재료로 날카로운 칼 등으로 각인시킨 것인데 다양한 민중 계층의 서간문 등이 기록되어 있어 중세 노브고로드의 일상생활을 엿볼 수 있다. 또한 당시 사회의 의사소통에 문자가 얼마나 중요한 역할을 하였는지 확인할 수 있는 자료이다.

그러나 11세기가 지나면서 동슬라브에는 정치적 단일성에 점차로 균열이 발생하는 변화가 보이기 시작했다. 동슬라브의 통일성을 우선시하는 것보다 개별 영주 중심의 봉건적 분위기가 강하게 형성되어 갔다. 봉건영주들이 자신의 세력을 자신의 관할 지역인 영지에서 강화해 가며 그들을 지배했던 대공의 정치적 관여를 거부하거나 혹은 주종관계를 부정하는 경우까지도 발생했다. 12세기 초 블라디미르 모노마흐(Владимир Мономах)가 대공이 되면서 키예프의 힘이 강화되고 동슬라브의 통일성이 다시 회복되는 듯했지만 그의 사망

(1125) 후 다시 여러 개의 공국으로 분열되었다.

예를 들면 키예프의 관할인 동슬라브의 남부지역은 키예프의 강력한 힘이 미치지 못하여 여전히 유목민들의 습격과 위협에 방치되어 있었고, 스스로 효율적으로 방어할 수 없었으므로 이곳의 거주자들은 오히려 키예프의 영향력에서 이탈하여 북쪽이나 서쪽으로 거주지를 옮기기도 하였다. 이로 인해 12세기~13세기에 들어서면 동슬라브 내에 정치적, 경제적으로 새로이 세력을 형성하는 주요 지역들이 등장하게 된다. 대표적인 예로 지금의 우크라이나 영토에 있는 드네스트르강변의 갈리치-볼리니언, 볼가와 모스크바 지역인 로스토프-수즈달(블라디미르 수즈달), 일멘호 주변의 노브고로드 등이 그렇다.[18] 이러한 변화 속에서 동슬라브어로 된 역사 문화 및 문자들은 이들의 이동된 주거지에 따라 북쪽으로 확장 전파되어 갔다.

폴란드(1183)와 칭기즈칸(1223)의 침략에 대항하기 위한 출정에서 러시아 공후들의 군대는 번번이 참패하여 그 피해가 컸다. 특히 1237년 몽고와 타타르들이 동슬라브인들의 남부 지역을 침공해 들어 온 후 이들은 북쪽으로 서쪽으로 진격하여 러시아영토를 황폐화시켰고 많은 공후들에게 공물의 부담을 안겼다. 경제적으로 또 문화적으로 발전된 모습의 동슬라브인들의 남부와 중부지역은 몽고의 침략과 수탈로 점차 가난하고, 황량한 모습으로 변해 갔다. 일부 동슬라브인의 서부 영토는 13~14세기 사이에 리투아니아 대공국에 편입되기도 했다. 몽고의 침입 당시 위치적 여건으로 침략의 영향력이 상대적으로 적게 미친 노브고로드만이 자신의 정치적 독립성을 유지할 수 있었다. 이로부터 250년이 지난 후 새로이 강력하게 등장한 모스크바 공국의 통솔하에 비로소 동슬라브는 외세로부터 자유로울 수 있었고, 이전의 융성했었던 키예프 루시가 통치했던 영토도 회복하면서 이를 근거로 새로이 중앙집권화된 국가(모스크바공국→러시아 cf. 표트르대제)로 탄생하게 되었다.

동슬라브 영토의 분봉으로 인한 분열과 많은 봉건영주들의 등장으로 말미암은 지역적 분열의 영향으로 고대 러시아어 내에 눈에 띄는 방언의 분화현상은 지속적으로 관찰된다. 키예프 루시의 정치적 중앙집권의 힘이 느슨해짐에 따라 특히 서부 러시아 지역의 느슨해짐은 공통 동슬라브어의 언어적 분화(3개의 개별언어의 출현, 벨로루시어, 우크라이나어, 러시아어)를 촉진시켰고, 이는 오늘날 러시아어에서도 확인할 수 있는 몇몇의 방언이 등장하기에 충분한 여건으로 조성되어 갔다. 중부 러시아 구어와 남부 러시아 방언의 경계는 대략 로스토프-수즈달공국과 그 남쪽에 위치한 랴잔공국, 체르니고프의 경계와 일치한다. 그러나 봉건국들 간의 교류가 대체로 느슨했었다는 점, 더욱이 동슬라브인들의 이동으로 말미암아 지역 방언들의 섞임으로 중화현상도 동시에 일어났었다는 점도 고려할 필요가 있다. 이러한 점으로 보면 봉건국들 간의 분열기 동안 공통 동슬라브의 단일성은 그래도 비교적 유지되는 편이었다. 전체 동슬라브어에서 11세기~13세기에 걸쳐 진행된 모음의 약화현상과 명사의 복수어미의 통일성이 14세기까지는 유지되었다.

나) 11~13세기 문헌(러시아 문헌의 시작/동슬라브인의 문헌)

러시아 최초의 필사본의 모습은 "오스트로미르의 복음서(Остромирово Евангелие)"인데(그림 2) 이것은 노브고로드의 시장(посадник; 대공후의 명으로 임명된 귀족)인 오스트로미르(Остромир)의 지시로 불가리아의 원본을 키예프에서 필사한 것으로 추정된다. 이외에 1073년 키예프의 공후(князь) 스뱌토슬라프(Святослав)를 위해 불가리아의 원본을 필사한 "선집(Изборник)"이 있다. 이곳에는 그리스 교부 문학의 인용문들과, 단편들로 주 내용이 이루어져 있다. 또 1097년 노브고로드에서 제작된 것으로 보이는 월별로 정리된 성자전 모음집인 "미사선(Минея)"이 있고[19], 역시 성자전을 주 내용으로 하는 12세기의 "우스펜스키 선집(Успенский сборник)"이 있다. 이 선집에 러시아의 성자 보리스와 글렙의 설화가 담겨 있다.

위에서 언급한 교회 문헌 외에 세속문헌으로 912년, 945년, 972년의 비잔틴과의 계약문건이 있는데 이는 후대의 필사본으로만 전해지고 있다. 이 필사본들 중 가장 오래된 것은 1377년의 것이나 원전보다 무려 400년 이상 지난 시기의 것이다.

고대 러시아 문학에서 중요한 작품인 "이고리 원정기(Слово о полку Игореве)"는 1185년에 만들어진 것으로 추정하는데 이후의 문헌에 인용된 것들을 참고해 보면 러시아 중세 때에도 읽혀졌던 것임을 짐작할 수 있다.

a) 문체의 문제

11세기~13세기는 동슬라브어의 분화가 점차 진행되어 러시아어와 우크라이나어, 벨로루시어 간에 차이가 조금씩 발견되는 때이다. 따라서 당연히 고대 슬라브어(공통 슬라브어)와 러시아어간에는 이미 그 차이가 상당한 수준에 이르러 있을 상황이다. 11세기~13세기의 언어적 상황을 설명할 때 "문체"라는 용어를 사용하는 것이 효율적이라 판단된다. 이 시대에 사용되었던 언어(구어와 문어)들을 넓게 살펴보면 고대 슬라브어적 요소나 고대 러시아어적 요소 어느 것 하나도 광범위한 분야에서 단일하게 사용된 것이 없었다. 장르와 지역에 따라 특정한 요소가 우세하게 사용되었거나 혹은 개별적으로 혼용하여 사용하였으므로 그 기능과 범위를 기준으로 사용정도의 비율에 따라 구분하여 설명하는 것이 유효하기 때문이다.

우선 첫 번째로 교회를 중심으로 사용된 문헌에는 기본적으로 불가리아에서 10세기까지 형성되었던 고대 슬라브어의 규범에 따른 언어적 요소들이 우세하게 사용되었다. 러시아어적인 요소는 제한된 범위에서 발견된다. 이러한 언어를 "러시아어-교회 슬라브어" 혹은 "러시아 교회 슬라브어"라고 부른다. 교회 슬라브어는 러시아 외에도 불가리아, 세르비아 등에도 있었으므로 각각 나라별로 구분하여 "불가리아-교회 슬라브어", "세르비아-교회 슬라브어"라고 한다.

두 번째는 법률 및 계약 문헌에 사용된 언어이다. 이 분야의 문헌에는 교회문헌과 달리 고대 슬라브어적 요소가 상대적으로 적게 사용되었다. 교회 슬라브어의 규범을 준수할 필요가 없었고, 오히려 당시의 러시아어적 요소가 더 많이 반영되어 있다. 그렇지만 러시아 민중이 사용하던 구어인 민중어와는 거리가 있다.

세 번째는 연대기에 사용된 언어인데 주제에 따라 러시아 민중어를 연구할 수 있는 자료가 비교적 풍부한 문헌이다. 특히 대화를 기록한 부분은 당시 구어체의 러시아어가 반영되어 있다. 그러나 이 문헌들은 회화체가 아니라 문학적으로 만들어진 것이므로 인위적으로 가공된 부분들이 많이 들어 있다. 뿐만 아니라 이 당시는 성직자 계급이 지식을 독점하였고, 교육 또한 이들을 중심으로 이루어졌고, 연대기의 내용이 주로 정치사와 교회사를 다루었으므로 세속적인 주제라 하더라도 교회 문헌의 언어가 스며들어 갈 여지가 충분히 있었음을 고려해야 할 필요가 있다. 따라서 연대기에는 비록 세속 문헌의 장르라 하더라도 교회 슬라브어와 러시아 민중어의 요소가 섞여 있게 되었다.

네 번째 언급할 언어는 자작나무껍질에서 사용된 언어이다. 사람들 간의 소통 수단으로 사용된 것이다. 교회 슬라브어적 요소로부터 온전히 자유로운 것은 아니었으나 구어체라는 의미에서 민중어의 요소를 많이 반영하고 있었고, 특정한 수취인에게 보내는 것이었으므로 규칙이나 당시 통용될 수 있던 규범에서 자유로울 수 있었다. 그러므로 다른 유형의 언어에 끼친 영향이 적으므로 고대 러시아 문어 연구의 대상에서 제외되기도 한다.

이 당시의 사회적 분위기, 즉 기독교의 이념이 중세시대 전반에 걸쳐 사회의 중심이 되었음을 감안할 때 교회 문헌에 사용된 비교적 잘 손질된 교회 슬라브어적 요소가 언어사용의 존중되는 중심적 의미를 가졌을 것이라 짐작할 수 있다. 따라서 11세기~13세기의 기간에는 교회문헌에 사용된 언어가 러시아 귀족 사회의 소통에 양적 우위를 점했을 것이고, 후에 전개될 러시아어 사용의 규범에도 실제로 큰 영향력을 미쳤다. 상대적으로 법률이나 계약에서 사용되었던 언어는 특수한 기능의 범위에 국한된 것으로 사용 범위가 제한 적이었다.

b) 고대 슬라브어적 요소(문어)와 러시아 민중어(구어)

러시아어의 규범화는 단순하게 정리하면 슬라브어적 요소가 내재되어 있던 언어, 즉 기록에 사용된 문어(남슬라브어적 요소가 많이 개재되어 있음)와 동슬라브인들의 구어인 민중어적 요소들 간의 갈등 혹은 경쟁관계 속에서 자리 잡아 가는 모습이었다. 따라서 우선 11세기~13세기 사이에 관찰되는 이들 언어 간의 관계를 보다 자세히 살펴볼 필요가 있다.

구어체의 러시아어(동슬라브인의 언어)를 일반적으로 "러시아 민중어(русскй народный язык)" 혹은 "생생한 러시아어(живой русской язык)"라고 부르기도 한다. 여기서 분명히 구별하여 인식해야 할 점은 동슬라브(러시아어, 우크라이나어, 벨로루시어)의 분화는 16세기경(이반 3세 이후인 후기 중앙집권시절)에 시작되므로 그 이전인 11세기~13세기 때엔 "러시아어"가 아닌 "동슬라브어"라고 하는 것이 옳은 표현이다. 그러나 많은 문헌에서 이에 대한 언급 없이, 즉 시기적 배경 설명 없이 러시아의 문어의 표준화 과정을 설명할 때 고대 슬라브어적 요소와 러시아어적 요소 간의 경쟁으로만 언급이 되어 있어 혼동을 야기시킨다. 뿐만 아니라 고문헌에서 최근의 문헌에 이르기까지 종종 시기에 대한 언급 없이 민족과 국가를 "루시(Русь)"라고 하고, 이들의 언어를 "루시어(русьский)", "러시아어(русский язык)"로 혼용표기가 하고 있음을 보게 되나 "동슬라브어(혹은 고대 러시아어)"와 "러시아어"를 분명히 구별하여 이해해야 한다.

동슬라브인들의 구어인 "민중어(народный язык)"는 11세기~13세기의 시기에 국한하여 관찰하면 남슬라브어를 기초로 하여 만들어진 교회 슬라브어의 문어와 대립되는 개념으로 이해할 수 있다. 교회 슬라브어와 동슬라브인의 언어인 민중어와의 차이는 후에 전개될 구어와 문어의 단일화에 따른 규범과정에서 해당되는 부분을 들어 자세히 언급하겠지만 우선 아래와 같은 차이를 언급할 수 있다.

(1) 정서법(맞춤법) 및 음운과 관련하여 민중어에서는

ㄱ) 비음 [o]와 [e]는 각각 [u]와 [a]로 발음되어 비음을 표기한 모음 문자들이 불필요하게 되었다.

ㄴ) 치찰음 "ж, ш, щ"의 연음성이 u 앞에서는 나타나지만 a 앞에서는 나타나지 않는다. 따라서 жю, шю, щю로의 표기는 가능하나 жя, шя, щя로의 표기는 불가했다.

ㄷ) 공통 슬라브어의 음절 구성이 가능한 유음 "r, l"은 ър ьр ъл 등으로 표기된다.

(2) 형태와 관련하여 민중어에서는

ㄱ) 현재형 3인칭 단수 및 복수는 어말음으로 -tь를 가진다.(고대슬라브어에서는-tъ)

ㄴ) 남성 단수 조격은 어미 -ъmь를 갖는다.(고대 슬라브어에서는 omь)

교회 슬라브어는 고대 슬라브어의 문법, 즉 10세기, 11세기의 불가리아어에서 형성된 규범을 말한다. 동슬라브인은 이 시대의 불가리아로부터 필사본을 받아 왔고, 최초의 필경사들도 이 언어로 교육을 받았기 때문이다. 예를 들면 "오스트로미르의 복음서"는 동불가리아의 원전을 베껴 쓴 것이다. 이와 달리 러시아 민중어에 기반을 둔 상용어는 교회 슬라브어의 요소가 매우 드물게 사용되었다. 예를 들면 교회 슬라브어에는 고대 슬라브어와 마찬가지로 부정과거를 미완료과거와 병행하여 사용되었지만 현재 완료는 드물게 사용했었다. 루스카야 프라브다(Русская Правда)에서는 이와 달리 미완료과거가 거

의 사용되지 않았다. 반면 부정과거는 5회 정도 나타난 반면 현재완료는 31회 사용되었다.[20]

교회 슬라브어 요소와 민중어의 요소의 사용 정도는 사용영역(기능)과 지역에 따라 차이를 보이기도 한다. 예를 들면 위에서 보듯 교회 문헌에서는 당연히 교회 슬라브어적 요소가 많이 등장하고, 루스카야 프라브다에서는 민중어의 요소가 많이 사용되었고, 네스토르 성자전에서는 고대 슬라브어의 요소가 많은 반면 히파티우스 연대기에선 민중어의 변형체의 요소가 많이 사용되어 있다. 또 키예프에서는 고대 슬라브어의 전통이 유지되는 반면 신흥도시와 상업중심의 도시인 갈리치를 중심으로 서부 러시아와 북부인 노브고로드 지역에선 러시아 민중어적인 요소가 많이 등장한다. 또 문헌의 주제에 따라서도 보이는 양상이 다르다. "블라디미르 모노마흐의 교훈(Поучение)"에서 종교적인 근엄과 기도 또는 경건함에 관한 경고와 성경의 인용 부분은 교회 슬라브어의 문체로 쓰여져 있다. 이와 달리 공후의 일상생활, 관청 및 군무와 같은 실무적인 사항에 대한 것은 거의 러시아어적 요소인 민중어의 요소로 되어 있다.[21]

"슬라브어적 요소가 어떻게 러시아어에 흡수되었을까?"와 "구어체인 민중어가 어떻게 지역적, 사회적 제한을 극복할 수 있었을까?" 하는 점은 항상 궁금증을 갖게 한다. 몽고의 침입이 있기 전까지 동슬라브 사회의 중심은 키예프였을 테니 키예프에서 교육을 받은 엘리트 계급의 발음이 전 동슬라브지역을 아우를 수 있는 초지역적인 발음의 모델이 될 수 있었을 것이다. 또 교회 슬라브어적 요소들은 당시 교회 지도층에서 사용한 것이었으니 선별적으로 엘리트 계층이 사용하는 회화체 언어의 구성 요소로도 흡수될 수 있었을 것이다.

예를 들면 네스토르 연대기에서 "도시"라는 같은 뜻의 "городъ"(민중어의 어휘, 동슬라브어)에 대응관계에 있는 "градъ"(교회 슬라브어적 어휘, 남슬라브어)의 사용 빈도수가 높은 것은 문체적으로 엘리트 계층이 사용하는 회화체 언어의 요소로 이미 자리 잡혔기 때문일 것이다"라는 가설이 설득력이 있다.[22] 또 이 설명의 신빙성을 더해 주는 것은 교회 슬라브어의 단어들이 동슬라브어에 채택이 되었다는 사실이다. 예를 들면 владька(대주교), страньникъ(순례자), градъ(포도밭)이 있고 추상명사에도 страсть(욕망), время(시간), брань(전쟁)과 같은 추상명사들도 있다. 이러한 방법으로 교회 슬라브어에서 유래된 언어적 요소들이 세월이 지남에 따라 동슬라브어의 언어로 편입되어 그 생소함이 중화되었을 것이다.

c) 고대 러시아어 표준화(11세기~14세기)

이미 앞에서 설명한 바와 같이 동슬라브인들 사이에서 문자사용의 확산은 종교의 유입, 즉 그리스정교를 국교로 수용한 것과 더불어 이루어졌다. 종교를 국교로 선포하였다는 것은 정치적 혹은 이념적으로 광범위한 지역에 퍼져 거주했던 동슬라브인의 통일성뿐만이 아니라 문화적인 특히 언어적인 통일성을 뜻한다. 이 통일성의 특징은 비잔틴의 영향 아래에 있었던 고대 러시아 문화의 각 장르, 특히 건축(교회, 수도원 등)이나 미술, 신앙과 관련된 영역에서 발견할 수 있다. 예를 들면 프레스코벽화, 이콘, 성경, 기도서, 성자전 등에서 발견되는 일관된 관점, 일관된 주제 등의 모습으로 확인할 수 있다. 그러면 언어에는 기독교의 수용이 어떠한 영향을 끼쳤을까? 이에 대해서는 좀 더 자세한 설명이 필요하다.

대체로 종교가 유입되면 당연히 그 종교의 예식 수행을 위한 이른바, 성스러운 문헌(성경 등), 설교집 등이 받아들여지고 또 이것은 전파된다. 서유럽의 국가들에서도 역시 국가가 기독교화된 후 라틴어로 된 성경이 유입되고, 라틴어가 교회의 공식어로만이 아니라 학문과 특히 공문서의 공식어가 되었다. 대체로의 이와 같은 모습을 가진 서유럽과는 달리 10세기의 슬라브인들에게는 종교문헌이 그리스어에서 슬라브어(남슬라브어)로 민간에서 이미 번역작업이 이루어지고 있었고, 생활에 스며들어 있었다. 슬라브인들의 경우 기독교 유입과 더불어 들어온 문자와 이들이 사용했던 언어의 간격이 라틴어와 기독교를 받아들인 각 유럽 국가들의 언어들 간에 존재하는 것처럼 생소할 정도로 큰 차이가 나는 것은 아니었다. 동슬라브인들과 남슬라브인들이 서로 다른 방향으로 이주하여 살기 시작한 것이 약 500년 정도의 시간 격차가 있었으니 언어도 그 정도만큼의 차이가 있었던 셈이다. 키예프(동슬라브인)으로 유입된 문자는 이 정도의 격차가 있는 남슬라브어 말에 기초한 문자였었고, 9세기~10세기 당시 기독교 문헌에 대한 욕구에 의해 수용되었었다. 주로 번역과 기록을 위해 만들어지고 사용되었던 이 문자어는 이른바 "고대 슬라브어(старославянский язык)" 혹은 "고대 불가리아어", "고대 교회 슬라브어(старо церковно славянский язык)"라고 불리는 언어이다. 이 언어에 담겨 있는 종교적 내용이 러시아어(현지어, 동슬라브어)로 번역되었기 때문에 이 언어(주로 문어의 특성)는 기독교 수용과 더불어 러시아어의 토대 위에서 매우 빠르게 퍼져나갈 수 있었고, 이 고대 슬라브어는 민중들의 기독교 신앙생활에 이용되었었다. 이 슬라브어가 민중들이 사용하는 일상의 언어와 동일하지는 않았더라도 고대 러시아에 가까웠기 때문에 상호 영향을 미쳤을 것이다. 서유럽의 기독교(로마 가톨릭)에서는 예식에 오로지 라틴어만 허용하였으나 정교에서는 각 현지어의 사용을 허가하였으므로 동슬라브인들이 기독교의 첫 기착지에서 사용했던 고대 슬라브어를 예식에 사용할 수 있었기 때문이다. 따라서 한편으로 이 문어의 요소가 성스러운 텍스트(성경 등)에만 사용되어지지 않고, 민중의 구어에 스며들기도 했고, 또 다른 한편 역으로 이 언어가 동슬라브 민중의 구어의 영향을 받기도 하였었다. 이와 같이 고대 슬라브어와의 접촉으로 동슬라브어(혹은 고대 러시아어)에도 변화가 생겼는데 이를 러시아-교회 슬라브어(церковнославянский язык русской редакции)라 부른다.[23]

d) 고대 슬라브어(старославянский язык)

러시아어 표준어의 발전에 기여한 고대 슬라브어 혹은 교회 슬라브어의 의미를 좀 더 잘 이해하기 위하여 문어의 출생에 대한 보충설명이 필요하다. 이 고대 슬라브어는 8세기의 가장 오래된 문어로서 슬라브인들이 기독교화되는 과정에서 출현되었다. 고대 슬라브어는 그리스 동북부(sallonik 지방)와 남슬라브의 방언을 그리스 문자를 이용하여 표기한 것으로 알려져 있다. 이 문자는 슬라브전도사라 불리는 콘스탄틴과 메포지우스의 선교활동과 관련이 있다. 이 두 선교사들은 로스티슬라프 공후[24]의 요청에 따라 비잔틴 황제가 슬라브인들에게 슬라브인의 말로 기독교 신앙을 가르치기 위해 파견되었다. 후에 키릴이라고 불린 콘스탄틴이 그들의 전도여행 출발 전에 그리스 문자를 기초로 슬라브어의 알파벳을 만들었고, 이 문자로 그리스어의 기독교 서적이 처음으로 이 지역에 번역되었는데 이 문자를 글

라골리차(глаголица)라고 한다.(그림 1)

번역활동은 모라비아 지역에서 두 형제들과 그들의 제자들에 의해 지속되었고, 전체 성경텍스트와 미사전례를 위한 텍스트, 교회 장로들을 위한 텍스트 등이 번역되었다. 키릴(869)과 메포지(885)가 죽은 후 이들의 제자들은 가톨릭 추종자들(서유럽의 세력)에 의해 모라비아 지역으로부터 추방되어 동북부 지역으로 이동하게 되었고,[25] 새로운 정착지에서 주로 활동하게 되었는데 이곳의 두 지역(Preslav, Ohrid)[26]이 결국 후대에 고대 슬라브어 문헌 중심지로 알려지게 되고, 그리스어로부터 번역된 수많은 필사, 복사, 번역본들이 이곳에서 만들어졌었다.

10세기 때 키릴에 의해 만들어졌던 알파벳(글라골리차)은 불가리아에서 소위 키릴 문자(Кириллица)라는 이름의 새로운 문자로 교체되었다. 이것은 글라골리차를 고려하여 그리스 마유스켈문자로부터 발전된 것이다. 키릴 문자가 키릴과 직접 관련된 것이 아니라 그가 죽은 후 이 문자가 나타났고 그에 의해 만들어진 알파벳(글라골리차)에 기초해 있다. 이 문자는 비록 몇 차례의 변화가 있었지만 오늘날까지 여전히 러시아어, 우크라이나어, 벨로루시어, 불가리아어, 세르비아어, 마케도니아어의 표기로 사용된다.

e) 콘스탄틴 키릴과 메포지우스

비잔틴에서 메포지우스(815~885)는 행정적 분야의 업무를 선택하여 정치와 외교직에 임용되었고, 콘스탄틴(또는 콘스탄틴 키릴, 826~869)은 학문에 관심이 많았던 인물로 콘스탄티노플 대학에서 공부를 하였다. 그 후 올림푸스 산의 수도원에서 이들 형제는 다시 만나게 되어 황제와 수좌대주교의 사절로 860년에 카자르로 파견되기도 하였는데 성공적으로 임무를 마치고 돌아온 후 메포지우스는 수도원장이 되고, 콘스탄틴은 신학교의 철학 교수가 되었다. 마침내 863년, 이들 두 형제는 로스티슬라프 공후의 요청에 따라 비잔틴 황제에 의해 모라비아로 파견되게 되었다.

콘스탄틴은 수 개 국어에 능통하였고, 이 시대의 가장 뛰어난 문법학자이기도 하였다. 그는 포교 활동을 위해 남슬라브어 방언을 문자로 표기할 수 있는 특별한 알파벳을 고안하였다.[27] 그는 이 알파벳을 모라비아인에게 보내는 황제의 선물로 가져갔고, 약간의 복음서와 연도서를 슬라브어로 번역하여 이 문자로 표기하였다. 이로써 비잔틴의 사도들은 서유럽에서 온 선교사들보다 전도활동에 훨씬 우월한 수단을 가지게 되었다.

모라비아에서 콘스탄틴의 포교 활동은 크게 환영을 받았으며 성공을 거두었다. 이것은 곧 프랑크의 성직자들(서부 유럽)의 교회 사업에 큰 타격을 주었음을 뜻하기도 하였다. 당시 로마 교황은 프랑크인이 교황청의 감독권을 거부하였기 때문에 프랑크인의 이 같은 좌절을 오히려 기뻐하고, 그리스인 두 형제를 로마에 초청하여 슬라브어를 사용한 그들의 포교 활동을 공인하였다. 콘스탄틴은 이 여행 중 로마에서 병사하였는데, 그의 임종 시 큐리오스(즉, 키릴)라는 이름을 받게 되었다. 키릴의 사후 교황은 메포지우스를 위하여 파노니아의 주교구를 부활시키고, 이곳에서 모라비아 전체의 교회를 관할하도록 조처했다.

이때 모라비아에서 권력 내분이 일어나 스뱌토폴크(Святополк, 재위 : 870~894)는 동프랑크의 지지를 얻어 라스티슬라브의 권력을 빼앗았다. 그는 프랑크 성직자들과 귀족들의 압력에 의해 메포지우스와 비산틴 사절들을 탄압하기 시작하였다. 로마는 이들을 돕시 못하였고, 모라비아에서의 이들의 전도 활동은 점차 약해지고, 키릴과 메포지우스에 의해 개종한 사도들과 제자들은 다뉴브 강을 건너 크로아티아, 불가리아로 피신하였다.

모라비아 공국은 그 후 아들들의 권력 투쟁과 독일인의 간섭 때문에 쇠락해지고, 또 마쟈르 인의 공격을 받아 건국 70년도 안 되어 멸망하고 말았다. 키릴 형제의 포교 활동의 발자취도 독일인의 교회 조직과 세력에 억눌려 사라져 갔다. 로마 교황청은 이 당시 세속 권력과 결탁한 지방 교회의 조직에 대해 아직 직접적인 실권은 가지고 있지 못하였기 때문에 키릴 형제의 활동이 프랑크의 교회 조직을 변화시키는 데까지는 돕지 못하였다. 이로써 다뉴브 강 너머 동유럽에서 그리스 정교회의 세력이 뿌리박을 수 있는 가능성은 희박해졌다.

모라비아 공국의 붕괴 후에 탄생한 보헤미아, 폴란드, 헝가리는 각각 9세기 말에서 10세기에 걸쳐 기독교로 개종하였으나, 이는 로마 교회의 조직에 의해서 이루어졌다. 키릴 형제의 포교 활동의 유산은 오히려 동부 유럽이 아닌 지역, 즉 발칸 반도와 러시아에서 계승되어 비잔틴 문화를 전수하였던 것이다.[28]

f) 키릴과 메포지우스 형제의 업적

키릴과 메포지우스 형제가 슬라브 문화 발전에 미친 영향은 역사적으로 대단히 중요하다. 이들이 저술한 복음서(Evangelistarion)는 최초로 슬라브어 문자로 번역된 서적이었다. 이 외에도 이들은 많은 서한과 교회 법전을 번역하였고, 기도서와 종교적 시를 작성하여 중부 유럽에 전파하였다. 모라비아에 온 비잔틴의 선교단은 이러한 방식으로 슬라브인들의 기록 문명에 기초를 만들게 되었다. 그 후 정치적 압박을 피해 많은 슬라브인 사제들이 보헤미아로 이동하였으나 당시 성 벤세슬라스는 종교적으로 삭소니의 지배하에 있었기 때문에 라틴어 성서나 문헌이 슬라브어 문헌보다 우월한 지위에 있었다.

비잔틴의 선교단이 떠나간 후에도 모라비아 영토에 슬라브어로 정교식 예배를 따르는 수도원이 남아 있었다. 11세기에 성 프로코피우스가 창건한 사자바(Sāzava) 수도원이 그중에 하나였는데 이와 유사한 교회가 북부 헝가리, 슬로바키아에도 몇몇 있었다. 이들 간의 교류는 오토 1세가 마자르 인을 격파시킨 955년 후부터 더욱 긴밀해졌다. 마자르 인에게 온 최초의 사도들은 정교식 예배를 올리는 슬로바키아의 사제들이었다. 여기에서 슬라브 문학이 다시 배양되기 시작했고, 모라비아 시대의 원고가 복사되고, 라틴어 성서를 슬라브어로 번역했었다.

최근에 발견한 문헌으로 이 당시 보헤미아에서 라틴어로 쓰여진 〈성 비투스의 전설〉(Legend of St. Vitus)이 슬라브어로 번역되었음이 확인되었다. 이 외에도 〈성 베네딕트의 생애〉(Vita S. Venedicty), 라벤나의 〈성 아폴리 나리스의 순교〉(Matyrdom of St. Apollinaris of Ravenna), 또 불가리아로 간 메포지우스의 제자 성 클레멘트가 쓴 설교, 그레고리 대제가 쓴 〈성 교황 스테판의 순교〉 등이 슬라브어 문자(키릴문자)로 번역되었다. 이 중 가장 흥미 있는 것은 황제 오토 2세의 요청에 따라 만투아의 주교 굼폴트(Gumpold)가 슬라브어로 저술한 〈성 벤세슬라스의 생애〉이다. 이것은 체코어(라틴 문자로 표기하는 서슬라브어)의 관용구와 체코 문화가 담겨진 것으로 슬라브어의 언어학적 연구 자료로도 중요한 가치를 가지고 있다.

슬라브어 문헌은 크라코프에서도 발견되었다. 이는 한때 백크로아티아에 속한 지역이었으나, 스비아토플루크에 의해 모라비아에 병합된 적이 있었다. 크라코프가 모라비아 교회와 대단히 긴밀한 관계가 있었음을 증명하는 또 다른 예는 메포지우스의 제자였던 고라즈(Goradz)의 추모식이 여기서 행해지고 있다는 것이다. 고라즈는 그리스 정교에서 존경받는 성인 중의 한 사람으로 폴란드에서는 7월 17일이 그의 영명축일이다. 따라서 로마 가톨릭 국가인 폴란드도 9세기에는 모라비아와 그리고 10세기에는 보헤미아와 종교적으로 대단히 긴밀하였다고 짐작할 수 있다.

파노니아에서도 그 정확한 시기에 대해서는 논란이 많으나 슬라브어 문헌이 발견되었다. 크로아티아와 달마티아에서는 메포지우스 선교 활동 말기 때 이미 슬라브어 연도서 문헌이 전파되었다. 크로아티아인에게는 이 슬라브 문헌이 정치적 목적을 위해 대단히 유용하게 쓰여졌다. 즉 프랑크 지배권하에 있던 드라바(Драва) 강, 사바(Сава) 강, 파노니아 다뉴브 강 사이의 크로아티아 주민에게 슬라브어 연도서가 쉽게 수용될 수 었었기 때문이었다. 그런데 크로아티아 군주들은 달마티아 해안 도시, 특히 자라(Zara), 스팔라토(Spalato), 라구사(Ragusa)를 장악하려는 야심을 가지고 있었다.

10세기부터 스팔라토 주교들이 독립적 교회 사법권을 요구하게 되자, 크로아티아 군주들은 925년 교황의 개입에 따라 라틴어 연도서의 사용을 옹호하는 스팔라토 주교들을 인정할 수밖에 없었다. 이로써 닌(Nin)을 중심으로 한 슬라브적, 민족주의적 주교들이 탄압을 받기 시작하였다. 이 때문에 크로아티아 전역에서 슬라브어 예식이 광범위하게 행해지지 못하였다. 그럼에도 불구하고 중세 시대 슬라브어 문헌이 살아남게 된 것은 달마티아 출생인 성 제롬이 구 슬라브어를 연도서에 도입한 덕분이었다. 슬라브어를 표기하는 글라골리차 알파벳이 오늘날에도 아드리아해 연안 도시에서 간간히 사용되고 있는 것은 이 때문이다.

불가리아의 슬라브어 문학에도 비잔틴 영향은 절대적인 것이었다. 11세기에 불가리아의 주교 테오필락투스(Theophylactus)가 슬라브어로 쓴 〈성 클레멘트의 생애〉를 보면 불가리아 군대가 모라비아에서 피신 온 사도들을 극진히 대접했음을 알 수 있다. 보리스 왕은 마케도니아 지역 포교 활동에 이들을 파견하였고, 시메온 대제는 이들을 불가리아의 고위 성직자로 임명하였다. 이로써 불가리아는 발칸반도에서의 슬라브어 문학의 요람지가 되었다. 클레멘트, 나움, 로렌티우스(Laurentius)는 많은 설교집, 대화록, 성가집을 남겼고, 번역도 많이 하였다. 비잔틴 양식의 각종 전기문 외에 비잔틴 〈교회법 총집〉(Syntagma in Fourteen Chapters)도 번역되었으며 발칸에서 가장 높은 문화수준을 이룩하였다.[29]

g) 기타

고대 슬라브어와 관련하여 다음의 내용을 이해하여야 할 필요가 있다.

1) 고대 슬라브어는 남슬라브어가 기초로 되어 있다. 그래서 고대 불가리아어라고도 불린다. 슬라브인들의 거주 지역의 선교어로서의 기능을 발휘하기 위해선 지역적 한계를 초월하여야 했으므로 비록 처음엔 메렌과 파노니엔 지역에서 기독교의 한 종교어로 사용되었

지만 후일엔 불가리아와 세르비아 전역을 넘어 결국 동슬라브 전역에서 사용되었다.

2) 고대 슬라브어는 민중의 구어와 일치하기보다 문어로 특히 교회를 중심으로 사용된 기능어였다. 이 사실은 "고대 슬라브어"라는 이름 외에 "고대 교회 슬라브어"라는 명칭으로도 확인할 수 있다. 고도로 발전된 언어로부터(그리스어) 종교적 문헌을 번역해야 할 필요성은 그 내용을 그대로 재현해야 할 언어적 수단을 선택해야 하는 번역자의 능력이 요구된다. 번역자는 또 적절한 어휘적, 통사적 표현을 슬라브어에서 찾을 수 없을 때에는 부분적으로 그리스어를 모범으로 삼아 일상적인 의미가 아닌 혹은 새로운 단어(복합어 등)를 만들기도 했다.

2.2 문학

1) 배경(문자 사용)

정교 수용 이후 동슬라브인들은 체계적인 문자를 갖게 되었다. 이 문자는 물론 대중적으로 사용된 것은 아니었지만 종교 지도자 혹은 귀족에 의해 그리고 교회를 중심으로 퍼져 나갔다. 동슬라브인들에게 기독교 수용 이전에도 이미 기록의 수단으로 문자사용의 흔적이 있었던 것으로 유추는 되지만, 그것은 단일 체계의 모습이 아니었을 뿐 아니라 여러 지역에서 독자적으로 편의에 따라 활용된 것으로 간주하는 것이 통설이다.

정교 수용 이후 사용된 문자는 위에서 이미 설명했듯이 테살로니카 출신의 선교사였던 키릴과 메포지우스 형제로부터 시작된다. 고대 희랍어의 알파벳을 바탕으로 슬라브 남부지역의 언어음의 특징을 나타내는 몇 가지를 추가하여 문자를 만들었고 이를 '글라골 문자', 후엔 보다 간소화하여 사용하기 편리했던 "키릴 문자"라 불린 것을 사용했다. 키릴문자가 사용하기에 더욱 간편했으므로 키릴문자가 번역과 기록의 주 수단으로 정착되게 된다. 이런 문자를 기록할 곳이 필요했는데, 당시 공후들이나 부유한 상인계층들은 고가의 송아지 가죽이나 양 가죽으로 된 서책을 사용하기도 하였다. 그러나 대중적으로는 고가인 송아지 가죽 대신 자작나무 껍질을 주로 사용하였다.

2) 번역문학과 창작문학[30]

키예프 시대의 문학은 번역문학과 창작문학으로 대별할 수 있다. 번역문학은 직접 또는 간접적으로 비잔틴으로부터 전해진 것으로 기독교 관계 서적과 세속적 작품으로 구분된다. 로마 가톨릭에 의한 프랑크세력권의 서유럽지역에선 교회 관련 서적에 라틴어로만 사용하게 한 것과는 달리 비잔틴 정교가 전파된 지역은 토착 언어를 사용하였다. 이로 인해 많은 작품들의 번역이 가능하였으므로 당시 키예프 루시의 번영 및 융성과 더불어 많은 번역작업이 촉진되었는데 교회문학의 대표적인 기도문, 설교집, 성자전 등이 동슬라브 전역의 성직자나 수도사를 통해 번역, 확산되었다.

현존하는 가장 오래된 성경인 〈오트밀 복음서〉는 성서로부터 발췌하여 편집한 것인데 이런 종류의 문헌이 성인전과 함께 그 당시의 작품으로 가장 잘 알려져 있다. 그러나 교회 당국에서 공인하지 않은 〈외전〉 혹은 〈위경〉이라 불리는 성서도 번역되어 읽혔다. 예를 들면 성모 마리아가 지옥에 내려가 죄인들이 받는 고난의 모습을 보고 다니는 내용으로 쓰여져 있는 〈성모의 지옥순회〉를 들 수 있다. 이들에게 전달된 비잔틴의 세속문학으로는 조시퍼의 〈유대전사〉, 서사시 〈디게니스 아크리타즈〉, 〈트로이전사〉, 〈알렉산드로스 대왕의 전기〉, 비잔틴 이야기 모음집인 〈스뱌토슬라프 문집〉, 〈알렉산드리아 이야기〉, 〈유대 전쟁사〉, 〈밀봉〉, 〈제브게니의 공적〉 등과 같은 역사의 전설에 관한 일반 문학 서적이 번역되었었다. 이와 같은 비잔틴 문학이 도입될 때 러시아인들에 의해 다소 편집될 수 있었다는 가능성은 염두에 두어야 한다. 또 문자로 표현된 키예프 문헌은 기독교 유입 이후의 일이고, 대체로의 문자는 종교서적을 통한 것이므로 기록은 특정 그룹 혹은 특정 계층의 전유물인 셈이다. 예를 들면 궁정이나 수도원 혹은 귀족들이 독점한 상태이므로 궁정 문학과 설교 문학으로 대별해 볼 수 있고, 결국 이것은 학식 있는 계층에 의해 이루어진 문학인 셈이다. 종교적 운문들은 대부분 고대 교회 슬라브어로 쓰여졌고, 많은 부분이 콘스탄티노플에서 들어온 것의 번역 혹은 모방한 것들이다.

러시아인이 쓴 최초의 문학 작품으로는 연대기 외에 11세기 중엽 키예프의 주교가 된 일라리온의 설교 〈율법과 은총에 대해서〉가 전해진다. 이 책에는 비잔틴 교회 문학의 특이한 수사법의 기교를 상당히 쉽게 발견할 수 있으며 그 내용이 매우 교훈적으로 쓰여 있다. 이에 대한 예로 러시아에서 최초로 성인의 반열에 든 보리스공과 글렙공에 관한 이야기, 키예프 페테르스키 수도원의 교부열전, 수도원장 다닐의 〈성지순례기〉 등을 들 수 있다. 이 외에도 작가의 개성이나 주장이 명확하게 부각된 작품들도 있다. 블라디미르 모노마흐공의 〈자식에의 교훈〉, 〈유형수 다닐의 기원〉, 키예프 문학의 정상을 점하는 〈이고리 원정기〉 등이 그 예이다. 이들 중 몇몇 작품들에 대해 간략히 살펴본다.

가) 일라리온의 〈율법과 은총에 대한 이야기〉

〈율법과 은총에 대한 이야기〉는 중세 러시아 문학작품 가운데 가장 초기의 그리고 가장 뛰어난 작품으로 알려져 있다. 이 작품은 1051년에 설립된 키예프 대주교 관구에 있는 사제들 가운데 러시아 출신으로는 최초로 대주교가 된 일라리온이 기술했다. 이 작품의 기록연대는 1037~1050년으로 추정된다. 야로슬라프 공후 및 그의 주변 사람들 앞에서 키예프 소피아 성당의 합창에 맞추어 일라리온이 이 작품을 낭송했다고 한다. 일라리온은 율법이라는 말로 구약성서를 나타내고, 은총이라는 말로 신약성서를 말하려 했다. 일라리온의 생각에 구약은 하나의 민족, 즉 유대인만을 위한 율법인 데 반해, 신약은 기독교를 수용한 모든 민족을 위한 은총인 것이다. 기독교를 수용한 키예프의 대공 블라디미르 스뱌토슬라비치의 고귀한 사명을 보여 주기 위해 이 이야기에서 일라리온은 철학적 비교와 대조의 방법을 사용하였다. 모세의 율법과 그리스도의 은총, 즉 구약성서와 신약성서의 대조로 시작해 블라디미르를 찬양하는 찬가로 이어진다. 일라리온은 유대교(율법)와 그리스도(은총)의 대립을 지적한 후 은총이 율법보다 더 훌륭하다고 서술했다. 이 작품은 세 부분으로 나뉘어진다. 1부는 기독교의 전 세계적 특징에 대해 말하고, 2부는 러시아 기독교에 대해 이야기하며, 3부는 블라디미르 공과 그의 후계자 야로

슬라프 현제를 찬양하고 있다.

나) 블라디미르 모노마흐의 〈교훈〉

블라디미르 모노마흐(1053~1125)는 야로슬라프 현제의 손자이며, 체르니고프와 페레야슬라프의 공후였다. 1113년부터 그는 키예프의 대공이 되었다. 그 자신의 이름은 비잔틴 제국의 황제 콘스탄틴 대제 가문 출신인 그의 어머니의 이름 콘스탄티누스 모노마코스에서 따온 것이다. 11세기 말까지 블라디미르의 상속자들인 러시아 공후들은 자기들의 영지를 확장하기 위해 친형제 및 사촌 형제들과 지속적으로 충돌하고 있었다. 바로 이 시기에 야로슬라프 현제의 손자인 블라디미르 모노마흐가 권력을 잡고 공후들 사이에서 지배권을 계승하게 되었다. 그는 여러 해 동안 질서와 평화를 유지했으며, 야로슬라프 공후가 시작한 키예프의 황금시대를 그 절정에 이르게 했다. 영지 분쟁은 중지되었고, 러시아 공후들의 단결된 힘은 남 키예프를 점령하고 있었던 터키와 노르만 계통의 폴로베츠인들을 견제할 수 있었다. 블라디미르는 평생 동안 폴로베츠인 및 그 동맹자들과 싸웠으며 강한 국가의 통치자였고, 그 당시 가장 교양 있고 유능한 사령관이었다. 1094년에 그는 자신이 통치하던 체르니고프를 사촌 형 올레그 스뱌토슬라비치에게 양도하였다. 영토 문제로 공후들 사이에서 갈등이 커지면서 올레그는 1096년 모노마흐의 아들을 살해하고 그의 영토를 빼앗았다. 블라디미르는 은혜를 저버린 사촌 올레그에게 복수하는 대신 화평과 공후들의 단결을 촉구하는 편지를 보낸다. 모노마흐는 러시아의 땅의 통일이라는 이상적 과제에 큰 의미를 부여했으며 이러한 그의 생각은 그의 교훈서나 〈올레그 스뱌토슬라비치에게 보낸 편지〉에 잘 나타난다. 이러한 블라디미르 모노마흐의 사상은 그의 통치시기에 쓰인 일련의 다른 작품에서도 주요 주제가 되었다.

이 작품은 하나의 역사적인 기록으로 보관되어 있다. 블라디미르 공후가 1117년에 이 교훈서를 썼고, 1125년에 사망하였다. 블라디미르 모노마흐의 〈교훈〉은 후손들에게 들려주는 도덕적, 정치적 지침서이며 진정한 기독교 정신이 가득찬 이야기다. 이 작품에서 블라디미르는 상당한 학식을 지녔던 인물로 성자와 성자전들에 대해 해박한 지식을 보여 준다. 여기서 블라디미르 모노마흐는 자식들에게 교활한 공후나 성공적인 정복자가 되는 방법을 가르치는 것이 아니라 자신의 신하와 백성을 훌륭하게 돌봐야 한다는 기독교인으로서의 삶의 의미를 가르친다. 이 작품은 자식들에게 주는 교훈, 자서전적인 기록, 마지막으로 충고의 내용으로 되어 있다. 블라디미르 모노마흐가 쓴 이 최초의 자서전은 후일에 이어 나오는 러시아 생애전의 기초가 되기도 하였다.

다) 〈성자전〉

성자전은 성인들의 생애를 규범처럼 전파하기 위한 종교문학이다. 대표적인 작품으로 〈보리스와 글렙 이야기〉, 〈키예프 동굴 수도원의 기원과 설립자 성 안토니〉, 〈동굴 수도원장 페오도시의 전기〉 등이 있다.

〈보리스와 글렙 이야기〉는 〈원초연대기〉에 나오는 이야기다. 블라디미르 1세가 죽은 후에 그의 자식 간에 권력투쟁이 일어났다. 맏형인 스뱌토폴크는 권력을 잡은 후 형제들인 보리스, 글렙, 야로슬라프를 제거하려는 음모를 꾸미기 시작했다. 1015년의 연대기에서는 보리스와 글렙의 죽음을 감동적으로 묘사하고 있다. 이들은 더 많은 피를 흘리는 것을 막기 위해 큰형에 대항해 싸우기를 거절하고 그리스도가 그랬던 것처럼 소극적으로 자신의 운명을 받아들이기로 결정했다. 이들의 비극적인 죽음에 대한 이야기는 중세에 있었던 특별한 사례로 당시 동구 및 서구에서는 인류의 죄에 대한 대가로 죽은 숭고한 구세주 그리스도를 모방하고자 하는 경향을 만들어 냈다. 서구의 로마 가톨릭과 비잔틴의 정교(기독교)에서 그리스도의 이미지는 신을 닮은 사람의 이미지였다. 그리스도의 희생정신은 성 프란시스의 시대까지, 즉 보리스와 글렙의 순교 후 200년 동안 비잔틴에서도 또 서유럽의 기독교에서도 따라야 할 표상이었다. 보리스와 글렙은 그리스도의 희생정신으로 사랑과 평화를 이루었다는 점에서 마침내 정교의 성인으로 추앙되었다.

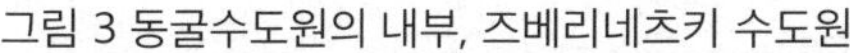
그림 3 동굴수도원의 내부, 즈베리네츠키 수도원

라) 〈키예프 동굴 수도원의 기원과 설립자 성 안토니〉, 〈동굴 수도원장 페오도시의 전기〉도 〈원초 연대기〉에 수록되어 있다. 11세기, 키예프의 교외에 있는 드네프르 강의 구릉지에 있는 동굴 수도원은 (그림 3) 초기 러시아의 정신과 문화의 중심지였다. 동굴수도원을 건설한 성 안토니와 페오도시는 당시 뛰어난 종교 지도자였고, 이들의 삶과 가르침은 러시아인에게 커다란 영향을 주었다. 이 동굴 수도원은 1917년 혁명 때까지 러시아인의 주요 순례지였고, 지금도 교회와 동굴을 방문하는 많은 순례자들이 끊이지 않고 있다.

수도원에서의 생활을 다룬 작품들은 저자가 분명하지 않고, 수도승 가운데 한 사람이라고 짐작된다. 〈원초 연대기〉나 키예프 수도원의 성자전에는 주교 시몬과 수도승 폴리가르프가 1320년대에 쓴 것들이 있다. 이들 두 사람 모두 이 수도원의 수도승이었다. 후에 더 많은 이야기들이 서로 다른 작가들에 의해 성자전에 추가되었다. 〈원초 연대기〉의 마지막 편찬이 있은 지 백 년이 지난 후인데도 시몬과 폴리카르프의 작품은 여전히 예전의 원초연대기의 스타일을 유지했다. 주민에 대한 이야기, 상당히 신비스럽고 환상적인 요소들을 가진 반전설적인 이야기, 수도승과 악마와의 싸움을 묘사한 이야기 등 많은 수도승의 생활사들을 엿볼 수 있다.

마) 〈연대기〉

연대기는 그 말뜻에서도 알 수 있듯이 우리나라 역사의 서술 방식인 편년체와 유사한 작성법을 따른다. 당시 비잔틴의 역법인 천지 창조력을 이용하였으며 네스토르의 〈원초 연대기〉 외에도 〈키에프 연대기〉, 13세기 남러시아를 중심으로 한 〈가리치 보루이니 연대기〉,

전 러시아적 시야로 적은 15세기의 〈모스크바 연대기〉 등이 오늘날까지 부분석으로 전승되고 있다.

〈원초 연대기(Повесть временных лет)〉

〈원초 연대기〉는 슬라브인들의 역사 및 풍습에 대한 기술에서부터 12세기 초엽까지의 러시아의 가장 오래된 역사를 기록한 것이다. 11세기 중엽 키예프 시대의 몇 사람의 수도승에 의해 쓰여지기 시작하여 12세기 초까지 현재 알려진 형태로 이루어졌다. 이것은 네스토르라는 수도승이 편찬자의 한 사람이었으므로 〈네스토르의 연대기〉 또는 긴 표제의 일부를 따서 〈흘러간 세월의 이야기〉로 불리기도 한다. 〈원초 연대기〉의 구성은 매우 복잡하다. 사용된 사료들도 다양하다. 처음에 나오는 노아의 자식에 의한 세계분할과 바벨탑의 전설은 비잔틴에서 전해진 문헌에서, 동슬라브족의 역사와 풍속 그리고 러시아 건국공로자의 무훈에 관한 기술은 구전된 전설이나 서사시에서 인용되었고, 11세기 이후의 사건기록(이것은 편년체로 되어 있고, 전체에서 차지하는 비율이 가장 크다)은 목격자의 진술 또는 편자 자신의 기억을 근거로 서술하는 등 가지각색이다.

이외에도 신약, 구약의 성서, 비잔틴의 성인전, 설교집, 외교문서 나아가서는 키예프 시대 초기에 성립된 것으로 보이는 종군기, 수도원의 창립 유래 등이 설명되어 있다. 이 작품에 대해 문체는 일정하지가 않지만 높은 문학적 가치를 부여하는 것은 전반부에서 북구 전설의 영향을 받았음을 보이고 있는 구전 서사시라든가, 슬라브 고대의 민간설화를 부분적으로 도입한 점과, 또한 후반에서 11세기의 여러 사건 기술에서 가끔 볼 수 있는 형상성이 풍부한 묘사들이 있기 때문이다. 키를 비롯한 3형제에 의해서 이룩된 키예프 시대의 건설, 올레그공의 키예프 점령과 콘스탄티노플 원정, 올레그공의 죽음의 예언과 그 실현, 남편을 죽인 도레브랴네족에 대한 올가의 복수 등 민간의 전승에 입각한 이야기는 얼핏 보면 소박하나 깊은 시정이 흐르고 있었다.

후반 부분에서는 그리스도교적인 세계관이 표면에 나타나 교훈조가 뚜렷하긴 하지만 여러 공후들 사이의 불화와 전투, 외적의 침입, 이들로 인한 민중의 고난에 관한 기술에는 작가 자신의 깊은 인간성과 애국적인 정열이 담겨져 있어 독자의 마음을 감동시키기에 충분하다.

〈이고리 원정기〉

키예프 루시를 대표하는 기념비적인 작품으로 작자는 미상이다. 고대 러시아 문학작품 가운데 가장 뛰어난 것으로 꼽히는 노래시 형식(서사시가)의 〈이고리 무용담〉 혹은 〈이고리 이야기〉라고 불린다. 주 내용은 야로슬라프 대공이 죽은 후 분란이 일어난 키예프 루시에 폴로베츠 족이 침입을 하게 되고, 이에 맞서 주인공인 이고리 스뱌토슬라비치 공후가 출정을 나가 포로로 잡혔다가 결국 풀려나게 되는 사건 등이 서술되어 있고, 루시의 중심이 노브고로드나 모스크바로 옮겨지는 내용이 서술되어 있다.

이 작품은 오랫동안 미발견인 채로 있다가 18세기 말이 되어 비로소 발견되어 1800년에 간행되었다. 이 노래시에서 언급한 것은 러시아 남부의 대공 중 한 사람인 이고리가 그 무렵 더욱 빈번하게 러시아를 침범한 폴로베츠족 정벌을 위해 일족을 이끌고 원정에 나선 것에 대한 이야기이다. 광야 한복판에서 적군과 마주한 이고리군이 처음의 싸움에서는 승리를 하나 다음 날에는 전력을 정비한 폴로베츠족에게 크게 패하여 이고리와 아들은 포로가 된다. 이후 이고리는 감시의 눈을 피해서 러시아로 탈출하고 폴로베츠 수령의 딸을 아내로 삼은 아들도 자신의 가족을 이끌고 조국으로 귀환한다. 이 사건 자체는 다른 연대기에도 기록이 되었다.

그러나 다른 연대기의 기록과 다른 점은 과거에 있었던 러시아 여러 공후들 간의 전쟁을 언급하며 이고리의 패전과 러시아 민중의 재난을 초래한 원인은 내분 때문이라고 비판하고 있다. '루시의 땅을 위해 또 이고리 마음의 상처에 보답하기 위해' 분기할 것을 촉구하는 호소가 이 작품에서 독특한 절박감으로 표현되어 있다. 뒤이어 이고리의 아내 야로슬라브나가 드네프르 강과 태양, 바람을 향해 자신의 불행을 한탄하고 남편의 구원을 희망하는 서정적 장면을 묘사하고 있다. "두견새로 변하여 도나우강을 훨훨 날아가자. 옷소매를 물어 적시어서 내 낭군님 상처의 피를 씻기 위해…"라는 기도가 마침내 이루어져 이고리 공이 루시의 땅에 돌아오게 되고, 이고리 공과 병사에 대한 축복의 말로 이 이야기는 끝난다. 이 작품의 작가는 미상이지만 이고리 공의 수행원 중 한 사람 혹은 문학적 수사를 사용한 것으로 보아 높은 학식을 지닌 당시 음유시인 중 하나일 것으로 추측한다. 또 이 작품이 지어진 연대도 뚜렷하지 않다. 다만 이고리와 그 아들의 귀국에 대한 이야기가 이 작품 중에 서술된 것으로 보아 사건이 일어난 2년 정도 후인 1187년경이 아닐까 추정한다.

3) 민담[31]

구비문학에서 묘사된 내용들 중 특이한 것은 생활 곳곳에서 배어 있는 이들의 신앙이다. 동슬라브인들의 신앙은 조상숭배와 영혼 숭배 등 갖가지 요소가 복합적으로 혼합된 것으로 죽은 사람의 신인 '볼로스'나 벼락과 번개의 신인 '페룬' 등이 그 대상이 되었었다. 이외에도 생활터전 곳곳에 정령들이 있다고 믿고 생활한 흔적들이 구비문학 곳곳에 보인다. 이들이 등장하는 민간 구전 설화들은 후대에 민담집으로 채집되어 있고, 특히 당시의 영웅 서사시(былина)들은 구전되어온 것을 19세기에 채록하여 엮은 것이 많으므로 이 이야기를 담은 언어는 이야기 배경이 되는 당시의 것 보다 훨씬 많이 새로워진 상태의 언어이다. (참고:Афанасьев의 설화집)

기독교 신앙 유입 후의 특이 사항은 반기독교적인 것 혹은 반키예프적인 것은 모두 "적그리스도"로 묘사된다. 기독교를 국교로 선포한 이후 키예프는 모든 슬라브인의 어머니와 같은 도시일 뿐 아니라 하느님의 세계가 현실로 나타나 있는 성스러운 도시로 인식되어 있다. 따라서 키예프를 침공하는 모든 세력은 "적그리스도"가 되는 것이다. 키예프인들이 겪은 몽고인들의 침공 모습은 공포스러웠다. 이 공포스러움의 기억은 결국 몽고인을 최고의 "적그리스도"로 슬라브인의 마음에 자리잡혀있게 되었고, 악의 세계에서 최고의 악에 대한 묘사 방법이 몽고식 이름으로 지칭하는 것이었다. 현실과 관계없이 "적그리스도"는 아주 멀리 있는 바다 저 너머에 살고 있고, 그곳의 우두머리는 몽고식의 이름을 가진 잔악무도한 악마이다.

가) 키예프/노브고로드를 배경으로 한 구전되어 온 민담

영웅서사시에서 신이 아닌 인간이 영웅이 되어 주인공으로 묘사된 데에 특별한 의미가 있다. 초기에는 주인공(영웅)이 신과 자연의 힘에 복종하는 모습으로 묘사되어 있지만 후기로 갈수록 신과 자연에 대립하는 인간의 모습이 강해졌다. 발흐(Валх)와 같이 자연의 힘을 극복하며 동물을 정복하고, 사냥을 잘하는 자의 모습이 자연의 힘에 위협받던 수렵사회 원시인들 사이에서 영웅이었음을 보여 주기도 한다. 스뱌토고르(Святогор)는 농경사회에서 탄생한 영웅으로 새 시대에는 새 영웅 유형이 등장한다는 것을 보여준다. 일리야 무로메츠 같은 영웅이 등장하고, 이를 통해 단순히 힘만 센 것이 아니라 조국에 도움을 주는 인물들이 영웅화되고 있다. 또 다른 예로 도브리냐 니키치치는 이교도를 수장시키는 뿌찰 강에서 목욕을 하다 괴물 뱀을 만나게 되고, 그리스 모자(비잔틴 문화를 상징)로 괴물을 제압한다. 뱀과 계약을 맺었으나 뱀이 계약을 어기고 블라디미르의 조카딸을 납치한다. 도브리냐는 뱀으로부터 조카딸을 구해내고 동시에 뱀 굴에 갇혀있던 수많은 러시아인들을 구해 낸다는 이야기가 서술되어 있다. 이는 러시아인의 정체성 혹은 러시아의 문화적 자의식을 보여 준 것이라 할 수 있다.

민담은 일상적인 삶에서 벌어지는 여러 가지 길흉화복의 내용을 담고 있으며, 낙천적이고, 항상 행복한 결말로 끝이 나는 권선징악의 성격을 띠고 있다. 인간의 고통과 불행은 의인화된 자연의 힘과 여러 가지 다양한 악의 요소들과 싸움을 벌여 결국에는 승리를 거두는 것이 이들 민담의 주된 내용이고 이야기 전개의 특징이다. 고대 러시아 민담은 대부분 동슬라브인들의 삶과 관련된 것이어서 러시아 민담은 10~11세기경에 나타났다고 유추한다. 그러나, 13세기에 나타나는 타타르족과의 이야기도 다루고 있는 것을 볼 수 있기에 13~14세기 이후에까지 이야기가 유지되었음을 알 수 있다.

나) 고대 슬라브의 토속 신앙에 유래한 민담

〈황금사슴뿔〉

등장인물: 에브도키아(과부), 다신카와 마신카(쌍둥이 자매), 마켈(할아버지), 폴란(개), 바스카(고양이), 바바야가, 곰 등이 등장하고, 척박한 자연환경은 아버지의 부재를 상징한다.

줄거리: 버섯을 따기 위해 숲으로 들어간 다신카와 마신카. 어머니가 늪에서는 버섯을 따지 말라고 하였지만 그 금기를 어기고 늪으로 들어가 버섯을 딴다. 마녀 바바야가는 자신의 늪에 들어와 버섯을 따는 다신카와 마신카를 암사슴으로 만들어 버린다. 쌍둥이 자매를 찾으러 떠난 엄마 에브도키아는 도중에 황금뿔을 가진 사슴을 사냥꾼으로부터 구해 준다. 그에 대한 고마움으로 황금뿔을 가진 사슴은 위기의 순간에 도움을 줄 반지를 건네주고, 빨간 태양에게 가면 아이들을 찾을 수 있을 것이라고 알려 준다. 이후 빨간 태양과 밝은 달, 바람을 거쳐 아이들이 바바야가에게 붙잡혀 있음을 알게 된다. 아이들을 찾으러 에브도키아는 마녀의 숲으로 들어가고, 마녀의 숲에 허락 없이 들어온 엄마를 바바야가는 불로 죽이려고 한다. 그때 사슴에게서 받은 반지로 위기를 모면하고 바바야가와 싸움을 벌인다. 바바야가의 사주를 받은 사냥꾼들을 곰이 나타나 막아 주고, 바바야가의 잔인성에 실증이 난 숲의 정령들은 에브도키아를 돕는다. 승리한 에브도키아는 암사슴에서 사람으로 다시 변한 아이들과 집으로 돌아가고,

바바야가와 그녀의 닭다리 집은 늪 속으로 쫓겨난다.

- 바바야가: 여신과 죽음의 신이 포함된 상징적 캐릭터로 노파(인생의 마지막 단계)의 형상(그림 41)
- 닭다리 집(바바야가의 집): 풍요를 상징(그림 B12)
- 닭다리 집의 내부에는 절구와 절굿공이(생명의 탄생), 부엌(여성, 어머니), 전통악기 발랄라이카 등이 있다.
- 전통복장: 사라판/루바시카
- 태양(달, 바람)을 숭배하는 전통 춤: 원무

다) 키예프와 노브고로드 지역에서 활약한 고대인의 무용담에 대한 민담

민담들 중 전쟁과 관련된 군담들은 군사문학으로 발전되고, 승전과 패전의 기록을 통해 애국심과 단결심을 고취시키고 교훈을 주기 위한 목적이며, 종교적으로는 신의 징벌을 표현함으로써 회개의 기회를 만들어 내고 있다. 이러한 유형의 작품으로는 12세기의 〈이고리 원정기〉, 13세기의 〈러시아 땅의 패망에 관한 이야기〉, 13세기 말의 〈알렉산드르 넵스키 생애전〉과 13-14세기 초의 〈바투에 의해 랴잔이 패망한 이야기〉 등이 있다.

키예프 지역이 배경으로 사용된 이야기 속에서는 유목민족인 바자르족과 체네크족, 폴로베츠족, 타타르족과의 투쟁에 대한 모습들이 그려지고 있다. 이러한 투쟁 속에서 영웅서사시적 모습이 주로 들어있으며, 영웅들로는 일리야 무로메츠, 드블리니아, 알료샤 등이 있다. 러시아 민담은 17세기경에 수집되어 서술되기 시작하는데 산문의 시작이 되는 셈이다.

라) 민담을 통해 본 동슬라브인의 정신세계

러시아 정교회의 특징(슬라브인들의 토속신앙+정교회 신앙→이중신앙)

러시아에서는 기독교를 받아들인 시점이 다른 유럽국가들보다 늦었다. 따라서 이전에 가지고 있었던 동슬라브인의 민속신앙과 기독교 신앙이 어우러져서 러시아 정교회의 신앙에는 상당히 미신적인 성향이 발견된다. 예를 들면 성모 마리아에 대한 신심은 전통적인 슬라브 신앙의 대지모신과 결합되었고, 이런 경향은 도스토예프스키의 소설 〈죄와 벌〉에서도 나올 만큼 동슬라브인의 정신세계에 뿌리가 깊다. 17세기 대주교 니콘이 이를 바로잡기 위해 가톨릭과 그리스 정교회의 전례를 도입하여 교정 운동을 펼친 적이 있지만 오히려 교회 분열의 결과를 가져왔고 정치적인 논리 때문에 교회가 국가에 완전히 종속되는 결과를 빚었다. 심지어 황제가 총대주교를 임명하지 않아서 러시아 제국이 몰락할 때까지 약 250년간 총대주교가 공석이었다. 이 구도는 러시아 제국이 붕괴되고 소비에트 시기까지도 이어졌다. 정교회의 교회들은 현지화가 많이 되었기에 교회마다 지역적 차이가 상당히 크다. 애초에 초대 교회가 동로마와 서로마로 분열된 영향으로 정교회 성직자들은 러시아역에 선교할 때는 동로마인 "콘스탄티노플과의 일치"를 외쳤으나 이미 민간 신앙과 융합되어 일치될 수가 없었다. 뿐만 아니라 표트르 대제 때 러시아가 서유럽의 문화를 많이 받아들이면서 러시아 정교회에 가톨릭 색채가 더해지기까지 하였다.

정교회와 토속 신앙:

슬라브의 토속 신앙을 이해하려면 슬라브인의 세계관을 형성하는

데 기본적인 신화 체계와 자연관을 살펴볼 필요가 있다. 슬라브인들은 초월적인 어떤 자연의 힘들이 모든 생명체의 운명을 좌우한다고 믿었다. 광대한 자연과 더불어 살아가야 하는 슬라브인들은 자연관에서 발생한 신화체계를 바탕으로 민족의 기원을 찾고자 하였으며 그러한 필요성에 의해 슬라브인들이 숭배하게 되는 다양한 신격이 창조되었다. 블라디미르 대공이 980년에 만든 판테온에는 국가가 공인한 상위 신격인 여섯 신상이 세워져 있다.

호르스(고대 이란어): "호르"는 둥글다, 빛난다라는 의미에서 태양을 뜻하며 고대 슬라브인들의 봄맞이 축제 "마슬레니차" 시기에 먹던 "블린"이 바로 이 태양을 암시하는 둥근 형태를 띠고 있다. "블린"이 둥근 형태를 띠는 것과 축제에서 추는 원무(хоровод) 역시 여기에서 유래한다. 다지보그와 그 역할과 기능이 비슷해서 이고리 원정기 같은 서사시에서는 "호르스-다지보그"라 하여 동격시 되기도 했다. 러시아에 정교가 민중들의 생활 속에 정착되는 과정 중에 발견되는 특징은 현실인식에 의한 보다 우연한 접근방법이 우선되었다는 것이다. 공식적으로 교회는 민중신앙과 투쟁하였지만 농촌의 사제들은 기독교 신앙심을 성장, 유지시키는 것보다 민간신앙 전통을 기지고 있는 민중의 토속신앙과 타협하면서 살아갔던 것이다. 이러한 타협의 모습 중 하나가 슬라브인의 전통 축제인 마슬레니차는 정교회 도입 이후 교회에 의해 부활절 이전 사순절 전야로 시기가 바뀌었다.

페룬: 폭풍우를 통해 모습을 나타내는 최고의 천신이다. 구약의 선

지자 일리야의 이미지와 겹쳐지고, 한편으론 뱀을 찌르는 성 게오르기 이미지에도 담겨 있다. 성 게오르기는 모스크바 시의 문장에 그려져 있는데 러시아인들에게는 아주 중요한 성인이자 예언자 중 한 명이다.

모코시: 블라디미르의 판테온에 올라 있는 유일한 여성 신격으로 촉촉한 대지가 의인화된 대지를 상징하는 모신이다. 모코시는 하늘과 땅의 물을 결합시키면서 자연과 대지를 소생시키는 물을 가져다주는 여신으로 그리스 정교를 받아들인 후 모코시의 자리에는 순교 성인 성처녀 "파라스케바"의 이미지가 대신 자리하게 되었다. 또한 성모의 이미지와 중첩되어 민중들이 받아들이게 된다. 러시아인들이 땅을 여성으로 연상하여 "어머니 러시아"라는 인식도 이 시기의 유산으로 보인다.

다지보그(러시아인들이 좋아하는 풍요의 신인데 매일 아침 동쪽의 황금궁전에서 불을 토하는 백마들이 끄는 마차를 타고 하늘을 가로지른다): 고대 슬라브 신화에서 태양의 신을 뜻하며 정교회로 개종하기 이전 동슬라브인들의 신앙에 등장한다. 러시아인들 스스로 다지보그의 자손이라 여겼다. 그의 이름은 러시아어로 "주다"라는 뜻의 дать(다찌)에서 유래되었는데 호르스나 벨로보그와 비슷하지만 그는 "햇빛"을 골고루 준다는 데서 "인류의 보호자"라는 특징을 가지고 있다는 점에서 구별된다.

스트리보그: "이고리 원정기"에서 바람을 "스트리보그의 자손"으로 기술하고 있는데 이를 통해 기상현상을 상징하는 신격으로 추정

한다. 한겨울의 눈보라가 몰아칠 때 슬라브인들은 스트리보그의 장난이라고 여기기도 했다.

루살카: 호수에 사는 정령으로 젊은 처녀가 물에 빠져 죽으면 "루살카"가 된다고 믿었다. 정교 수용 후 루살리 주간은 성령강림절과 일치하게 된다. 동슬라브인들의 민담 속에 자주 등장하는 쿠팔라 축제(구력 6월24일) 때가 되면 사람들은 강가에 모닥불을 피워 놓고, 그 위를 뛰어넘으면서 자신이 저지른 죄를 정화하고자 했다. 정교 수용 후 "성 요한"과 결합되면서 "이반 쿠팔라"가 되는데 이는 요한의 러시아식 발음이 이반이기 때문이다.

초자연적인 현상들과 인간의 삶의 관계에 기초하는 동슬라브인의 신화적 상상은 강력한 국가의 형태로 발전해 가는 키예프 루시의 사회를 관리하기에는 역부족이었다. 따라서 통치를 위한 보다 강력한 수단으로서의 이념이 필요했고, 이를 위해 보다 통일된 종교적 신앙이 적절하다고 판단한 권력층의 영향으로 수많은 민간 신앙의 신격들은 점차 기독교의 세계관으로 흡수 동화되기 시작하면서 슬라브인의 신앙이 이중신앙이라고 불리는 특징이 나타나게 되었다.

3. 미술

3.1 배경(키예프 이전)

러시아인들이 사는 지역에서 발견되는 예술의 흔적을 찾는다면 그 기원은 석기시대로 거슬러 올라간다. 오늘날 러시아/우크라이나 지역에서 가장 초기의 예술작품으로 알려진 것은 코스텐키에서 발견된 그라베크문화에 기원을 둔 맘모스의 뼈에 조각된 여성의 모습 "코스텐키의 비너스"(기원전 23000경, 그림 4)이다. 이 외에도 같은 장소에서 선사시대 때 만들어진 것으로 석회석에 새긴 유사한 것들(예: Avdeevo Venuses) 혹은 시베리아 바이칼호 근처에서 발견된 상아에 새겨진 말타 비너스(Mal'ta Venuses) 등이 있다. 이보다 늦은 시기의 것으로 우랄 남부 아무르강 근처 카포바 동굴에서 발견된 도자기 조각도 있다.

청동기, 철기시대

약 2,000년 전 고대 그리스인들이 자신의 건축물, 대리석 조각, 도자기, 과학 등으로 문명화된 세계를 만들고, 영국과 아일랜드인들이 거인상(예: Stonhenge)들을 만들었을 때 러시아 대장장이들은 코카서스

지역에서 정교한 다양한 세속 작품들을 만들었다. 이 철기시대의 미술품으로 1897년 고고학자에 의해 코커서스 산맥 북쪽지역에서 발굴된 마이콥의[32] 황금소(기원전2500)가 대표적이다. 금으로 만들어진 3인치 높이의 이 작품은 귀족의 무덤으로 추정되는 곳에서 발굴되었다. 미술사가들의 해설에 따르면 코카서스는 예술 감각과 금속의 주물 방법을 메소포타미아(오늘의 이라크)로부터 레바논을 거쳐 흑해로 해양운송로를 통해 들어왔을 것이라 추측한다. 1,500년 후 약 기원전 1000년쯤 코커서스와 러시아 남부 스텝지역에 첫 번째로 몇몇의 켈트족들의 이동이 있었다. 이들은 거의 유목민들이었는데 금이나 은보다 철기류를 잘 다루었다.

동슬라브인의 미술

4~5세기의 동슬라브인들은 이미 수목을 건축 재료로 능숙하게 사용하고 있었다. 당시의 목조 건축가들은 목재를 재료로 하는 훌륭한 장인이며 숲속의 예술가들이었다. 뛰어난 도끼 사용법, 주위의 풍경과 조화시키는 목조건축술, 목재에 대한 감각 등은 이들의 예술적 정서의 표현을 위한 기술적 기초가 되었다. 이주가 끝나고 농경사회로 들어온 동슬라브인들에게는 태양과 물, 대지가 가장 중요한 존재로 인식되었고, 이러한 인식은 그들의 예술을 표현하는 주요한 소재가 되었다. 실제로 이들 생활의 주변에서 발견되는 목재 제품들을 살펴보면 자연에 대한 이러한 인식이 표현된 것들이 많다. 예를 들면 태양의 둥근 형태는 많은 목제품의 모형이 되었고, 각종 생활 도구에 그려진 주변의 자연환경과 관련된 다양한 형상들은 이들에게 신비한 주술적인 의미까지 가지게 하였다. 집의 지붕이나 창틀, 배의 고

물에 붙은 장식들이 이를 말해 주고 있다.

원시시대 사람들은 자연에 대한 공포심을 극복하기 위한 방편으로 원시신앙을 만들어 냈는데 동슬라브인들도 역시 숲의 정령, 물의 정령, 집의 정령 등이 있었다. 이와 같은 생활에서 발생한 자연에 대한 경외심은 다양한 이교도적인 주술적인 제품들을 만들어 냈다.

비잔틴시대

러시아의 예술에는 비잔틴의 영향과 흔적이 절대적으로 크다. 대부분의 다른 유럽의 나라들처럼 로마네스크나 고딕, 르네상스로 이해할 만한 것이 러시아에는 별로 없다. 러시아에서의 수많은 전쟁과 민족들의 이동, 거의 200년에 가까운 몽고의 지배하에서조차도 그리고 모스크바의 황제의 반종교적 성향의 치하에서도 비잔틴의 예술의 흔적은 거의 변화 없이 지켜져 왔고, 이것이 오히려 고유한 러시아의 특징으로 여겨질 정도이다. 18세기 초, 표트르 대제에 의해 러시아의 유럽화를 위한 개혁기를 거칠 때도 비록 바로크 풍이 상당하게 나타났었지만 그 속에서도 여전히 비잔틴적인 요소들이 간직되어 있었다. 러시아 초기인 키예프시대 때 수백 년을 지나오면서 당시 선망의 대상이었던 비잔틴 풍이 유입되었고, 이것은 다시 러시아식으로 수용하고 해석됨으로 예를 들면 돌과 목재로 이루어진 돔의 지붕들, 원뿔 모양의 지붕을 가진 타워 등의 모습으로 재 창조되었다.

잘 알려져 있듯 450년 무렵 서로마가 붕괴되면서 기독교 중심이 오늘날 터키인 비잔틴(콘스탄티노플)으로 이동했다. 이 과정에서 동방정교는 차기 예술의 후원자이며 지지자가 되어 주변의 많은 나라에 영향을 미쳤다. 988년 키예프의 블라디미르 공후는 스스로 세례를

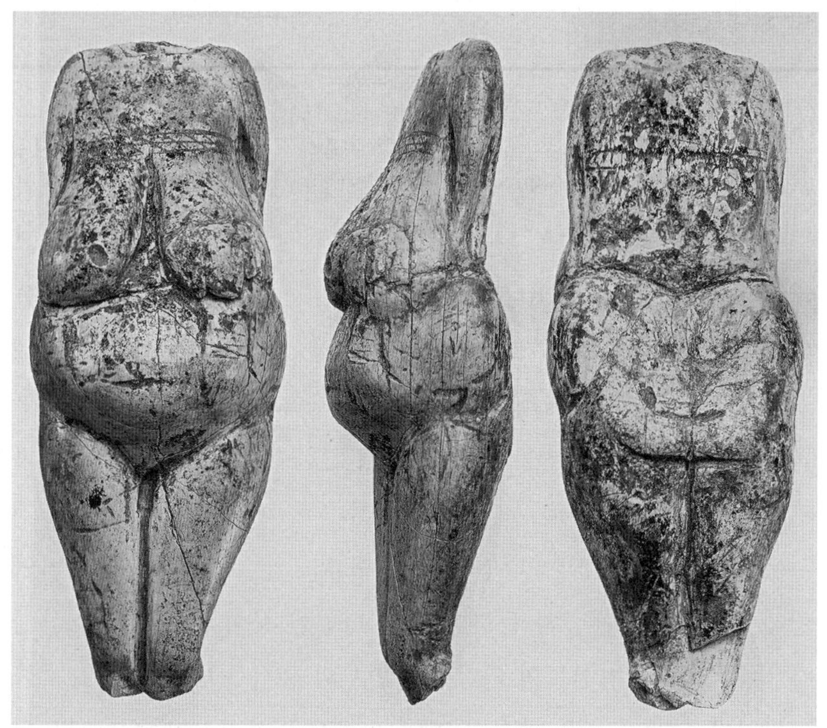

그림 4 맘모스의 뼈에 새겨진 코스텐키의 비너스. 러시아에서 발견된 가장 오래된 예술품

받고, 기독교를 공식 국교로 선언한 후 비잔틴의 건축가들을 고용하여 비잔틴식 건축양식의 교회를 세우고, 예술가들을 후원하여 장대하고 화려한 프레스코 미술과 모자이크식 미술, 이콘으로 교회를 장식하게 하였다. 키예프를 콘스탄티노플과 같은 모습으로 만들고 싶어 했으니 당시 얼마나 비잔틴 문화에 열광해 있었는지 짐작할 수 있다.

3.2 키예프 시대

1) 배경

450년 무렵 콘스탄틴노플이 수도인 비잔틴(동로마제국)은 가장 문화와 문명이 발전된 제국으로 당시 이 지역에 막강한 영향력을 행사하고 있었다. 988년 키예프의 블라디미르 공후는 기독교를 국교로 수용한 후 비잔틴 건축가를 고용하여 비잔틴식 건축양식의 교회를 세우고, 장대하고 화려한 프레스코 미술과 모자이크식 미술로 교회 내부를 장식하게 하였다. 이들 중 미술과 관련한 가장 대표적인 것이 바로 이콘이다.

이콘의 기원은 팔레스타인 지방의 유대교와 그리스, 근동 지역의 헬레니즘과 로마제국의 문화가 섞인 다양한 문화적 융합의 소산이다. 다시 말하면 자신들의 인간적인 면모와 유사한 범 신들을 묘사한 이미지가 실제의 힘을 가지고 있다는 생각을 가지고 있었던 근동지역의 문화이다. 여기에 헬레니즘의 영향이 덧씌워지는데, 신성을 가시적인 묘사를 통해 인간적인 정서를 반영하고자 한 것이 헬레니즘 시기의 신의 모습이었다. 다시 여기에 신에 대한 경외적인 초월적인 인식을 보다 인간적인 속성으로의 표현에 천착한 로마의 영향이 덧입혀지게 된 것이다.

그리스어로는 이미지, 초상, 형상과 모상을 뜻하며, 그리스 정교에서 예수 그리스도나 마리아, 성인과 순교자 등과 성경, 교리의 내용을 소재로 그린 성화를 지칭한다. 목판에 그리거나 벽에 프레스코화로 그리기도 하고 모자이크나 복음서 등의 세밀화로도 그린다.

이콘은 1054년 교회가 동서로 분열되기[33] 이전 함께 공유했던 전통이지만, 서방 교회는 시대적으로 또 민족에 따라 서로 다른 변화를 수용한 반면 동방 교회는 옛 전통을 그대로 간직하고 있다. 교리 전파에서도 글을 모르는 이들과 다양한 사고방식을 가진 여러 민족들에게 그리스도교의 진리를 올바로 대중들에게 전달하기 위해 그림으로 성서와 교리의 내용을 묘사한 것이 출발점인데 교회는 이콘 자체에 대한 경외가 아닌 그 묘사된 대상에 대한 존경과 사랑을 표하는 것임을 늘 강조하며 우상숭배와 차별화하였다. 이콘은 그리스도교 예술의 한 형태라는 점과 지상의 모든 형식과 삶을 초월한 신의 세계를 표상하였다는 두 가지 측면의 특징이 내재되어 있다.

2) 러시아인과 이콘

이콘은 종교와 더불어 문자가 유입되었으나 아직 글을 몰라 성경을 읽을 수 없었던 러시아 민중들에게 교리와 성인의 가르침을 이해시키고, 신의 존재를 더욱 구체적으로 느끼게 하는 매체가 되었다. 러시아인들은 이콘을 단순히 누군가가 그린 그림이 아니라 신의 모습인 신성이 성령이 충만한 상태의 사람의 손에 의해 가시화된 거룩한 존재라 여겼다. 그들의 관념 속에는 성스러운 존재가 빛, 색채 등으로 아름답게 구현되어야 한다는 생각이 깊게 자리 잡고 있었다. 성스러운 존재의 조형적 이미지 역시 이콘에서 성스러운 대상이 빛, 색채 등을 통해 이미지로 그려졌다. 이것은 그리스도가 인간의 육신을 입고 강림했다는 '말씀의 육화(성육신)'의 원리와 일치한다. 따라서 이콘은 인간의 세상을 재현하는 것이라기보다 인간세계 너머의 신적인 세계를 그리므로 신적 존재와 소통하는 장, 다시 말하면 신의 세계를 관조하고, 그 세계를 향해 나아갈 수 있는 통로로서의 창이었다.

이콘은 사실적 재현이나 사실성의 전달이 아니라 영적 감각을 통해 신성의 모습을 직관적으로 드러내려는 목적을 가지고 있으므로 영성의 구현을 위해 현실적인 3차원적 공간의 구체적인 사실적 묘사를 초월한다. 이를 위해 이콘에서는 공간의 입체화가 그려지기보다 평면성이 강조되고, 표정이나 구도 등에 일정한 유형이 존재한다. 이콘은 신분과 관계없이 모든 러시아인의 가정집의 특정한 위치에 놓여 있다. 각 가정의 공간들 중 그들이 가장 신성하게 여기는 해뜨는 동쪽의 모서리(красный угол)에 촛대와 이콘화를 두고, 항상 기도를 드렸다. 이렇게 신성시 여겨졌던 이콘화는 국가의 보물로 간주되었고 또 전쟁에서 승리하면 반드시 전리품으로 이콘을 챙겼다.

고대~중세 러시아 회화에서 가장 중요한 묘사의 대상은 인물이다. 그리스도, 천사, 사도, 예언자, 순교자, 성직자 등 이콘에 그려진 인물의 인간적 모습을 묘사하는 것이 중요하였다. 이콘에 등장하는 뱀이나 짐승은 인간과 적대가 되는 "적그리스도" 세력의 상징으로 묘사되었고, 원시적 세계관인 이교도의 미술과는 전혀 다른 모습의 그림이 그려졌다.

긴 역사의 관점으로 보면 러시아 이콘은 비잔틴의 이콘을 그대로 계승하는 한편 러시아식으로 도 발전시켰다. 기독교 수용과 더불어 비잔틴의 이콘이 키예프에 전해지면서 이콘은 예배의 대상이기도 하였지만 경배의 마음으로 그대로 따라 그리는 신앙의 대상이기도 했다. 그렇다고 하여 늘 비잔틴 이콘을 모사한 것은 아니다. 비록 러시아 이콘의 예술이 비잔틴 이콘의 영향을 크게 받았지만 12세기에 이르면 점차 그 영향으로부터 벗어나 각 지역에 따라 차이가 나는 독특한 모습으로 발전한다. 특히 이러한 현상은 프스코프나 노브고로드 같은 북부의 도시에서 두드러졌다. 이 도시들은 지리적으로 키예프 보다 비잔틴으로부터 더 멀리 떨어져 있었고, 또 상업도시로 비교적 자유로운 생활 분위기가 있던 지역이었다. 따라서 예술적인 표현에서도 보다 자유롭고 과감할 수 있었다. 게다가 지리적 위치로 몽고의 압제에 따른 직접적인 피해를 피할 수 있었고, 또 몽고의 압제로 말미암아 외부와의 교류가 힘들었던 탓에 오히려 자신의 전통을 더 잘 보존하며 자신의 전통위에 새로운 것을 소화한 자생적인 예술의 특징들을 자유롭게 표현할 수 있기도 했었다. 상대적으로 모스크바의 경우는 이들 도시보다 이콘에 러시아적 색채가 발현되는 과정이 보다 더디게 진행되었고, 비잔틴 전통으로부터 과감히 탈피하지는 못했다.[34]

러시아 이콘의 역사에서 러시아 미술에 끼친 비잔틴의 영향을 보여주는 작품들이 있다. 특히 비잔틴에서 그려져서 러시아에 들어온 이콘 작품들이 있는데 이들 중 "블라디미르의 성모"(그림 A1)는 가장 폭넓게 민중의 사랑을 받아온 이콘이다. 이 그림은 비잔틴의 콘스탄티노플에 있던 것을 유리 돌고루키 대공 시기에 러시아로 가져온 것이다. 유리 돌고쿠키 대공의 아들 안드레이 보골류프스키 대공이 이 이콘을 1150년에 블라디미르로 옮겨와서 오늘날의 이름인 "블라디미르의 성모"라 칭하게 되었다.

키예프 시대에 그려진 이콘은 대체로 같은 시기에 건축된 성당 내부에서 찾아볼 수 있다. 아래의 이콘("시현의 성모"와 "성모영보", 그림 A2, A3)은 키예프의 성 소피아 대성당(그림 A11, A12) 벽면에 그려진 프레스코화이다. 성당 벽면에 묘사된 이 사람의 모습은 자연의 힘으로부터 해방된 당당함을 지니고 있다고 설명된다. 인물의 표정과 자세 등을 통해 이와 같은 해석이 가능해 보인다. 인물상은 문양과 섞이지 않고 구별되어 있으며 문양에서도 특별한 특징이 없는 관계로 인물이 두드러져 보인다. 11세기에 그려진 것으로 추정하는 "오란테형(손을 들고 기도하는 자세)의 성모"(그림 A7)에서는 좌우가 같은 대칭적으로 표현되어 있으며 발밑에 포도의 잎과 넝쿨로 이루어진 양식화된 소용돌이 문양이 있다. 〈오란테 형의 성모〉에 대해 러시아인의 독특한 믿음이 있는데 이는 도시를 견고하게 지켜 준다는 것이다. 이러한 믿음, 즉 "견고한 성벽의 지킴"으로써 이 이콘이 성 소피아 대성당뿐만 아니라 루시 전역으로 보급되었다. 양손을 들어 올린 성모상이 성벽을 지키는 상징이 되었기 때문이다. 12세기의 것으로 알려진 노브고로드의 "성모영보"(그림 A3) 역시, "견고한 성벽의 지킴"에 대한 믿음으로 "오란테형의 성모"의 독특한 변형으로 된 북방의 도시 노브고로드의 상징이 되었다.

3) 이콘의 주요 테마

아래에서 설명되는 이콘의 세 가지의 테마는 가장 널리 그리고 가장 많이 이콘에 그려진 것이다. 많은 도시에서 서로 다른 많은 변이형들을 발견할 수 있다.

가) 성삼위일체(Holy Trinity, 성부, 성자, 성령으로 되어 있으나 본질은 하나): 비잔틴 이콘의 원래 모습을 유지했으나 위에서의 설명과 같은 러시아적인 특징도 보인다. 삼위일체는 비교적 친숙한 형태의 구도로 이루어져 있는데, 순례자의 모습을 한 세 명의 천사가 등장하여 방문을 받은 사람이 준비한 소박한 식탁에 둘러 앉아 있는 모습으로 많이 그려져 있다. 하느님의 온유함, 자비로움, 인간에 대한 연민을 강조한

그림 5 테오파네스의 삼위일체

다. 안드레이 루블료프의 삼위일체 그림이 널리 알려져 있다. 그리스인 테오파네스의 이콘(The Icon of the Theophany)과 대조해 보면 경외감을 불러오는 데에 집중하여 강렬하고 위압적이며 색채가 상대적으로 어둡다는 사실을 볼 수 있다.

나) 구세주, 그림 A5: 권좌에 앉으신 구세주와 손으로 만들지 않은 구세주 두 개의 모습이 있다. 권좌에 앉으신 구세주는 가장 널리 그려지는 형태로 한 손에는 복음서를 들고, 다른 한 손으로는 기도를 하고 있다. "손으로 만들지 않은 구세주"(그림 A6)는 그리스도 얼굴을 닦은 천에서 유래한 형태로 얼굴만 나타나며 엄숙하고 무서운 분위기를 풍긴다. 십자가를 멘 고난의 길에서 수건에 그려진 구세주의 모습을 상징하는 작품으로 12세기 노브고로드에서 그려진 작자 미상의 이콘이다.

다) 성모상: 러시아에서는 성모를 구세주 예수를 낳으신 어머니로

그림 6 기도하는 성모

매우 중요시한다. 성모상에도 크게 두 가지의 유형이 있는데 하나는 "블라디미르 성모"(그림 A1)이고, 다른 하나는 "기도하는 성모"(그림 A7, 그림 6)의 모습이다.[35] 전자는 러시아인들이 가장 좋아하는 형식이며 "블라디미르 성모"는 비잔틴에서 제작되어 12세기 초에 루시로 들어왔다. 몽고-타타르를 물리치는 기적을 발휘했다는 전설이 있으며 모자 간의 친밀함과 애정이 강조된 그림이다. 다른 이콘인 "기도하는 성모"(그림 6)는 키예프 성소피아 성당 모자이크로 동방적인 분위기를 풍긴다. 위로 든 두 손은 기도를 하는 것이며 외세로부터 키예프를 지키는 수호자로 여겨진다. 동슬라브인의 민속신앙의 대상인 대지모신의 굳건한 이미지와 성모가 합쳐진 것으로 해석하기도 한다.

4) 교회와 러시아의 이콘

러시아의 이콘에 대한 설명을 위해 우선 러시아 교회와 수도원의 건축물에 대한 설명이 필요하다. 키예프의 블라디미르 공후가 정교를 국교로 공인한 이후 키예프의 문화에 큰 영향을 준 비잔틴의 종교예술 중 이콘화는 교회와 수도원의 건축물과 매우 밀접한 연관을 갖고 있다. 지상과 천상을 연결하는 상징인 돔(dome)과 바실리카 양식[36]을 절충한 키예프의 성 소피아 성당과 블라디미르의 성 드미트리 사원, 우스펜스키 수도원 등이 이 시기의 대표적인 교회 건축물이다. 이콘은 이 건축물 내 "성소"라 불리는 제단 뒤의 공간에 위치한다(이코노스타시스). 이것은 프레스코 벽화와 함께 교회의 내부를 장식하는 중요한 성스러운 물품 중 하나이다. 비잔틴의 이콘이 주로 모자이크 방식을 통해 그려졌던 것과 달리 러시아에서는 목재 판넬을 사용한 이콘이 발달했다. 그 이유는 당시의 러시아가 양질의 목재를 바탕으로 목조술이 잘 발달된 문화권이었기 때문이다. 러시아 교회 내부에서 볼 수 있는 모자이크나 프레스코 벽화방식은 러시아 초기에 비잔틴에서 유입된 이콘의 양식을 보여 주는 것이다. 초기 키예프 이콘화가들 대부분은 그리스인들이었으므로 이러한 이콘은 비잔틴의 이콘 양식에 따라 제작된 것이고, 후일 러시아인들이 이들에 의해 이 이콘의 기법을 전수받은 흔적들이 남아 있는 것이다.

5) 이콘의 미학

기하학적 구조(삼각형, 사각형, 원형, 비례, 대각선/반원구): 이콘의 구성에 있어 표현되는 주제의 내용과 일치시키기 위해 사용되는 기법은 전체의 구도를 위한 삼각형, 사각형, 원형 등의 기하학적 구조와 등장인물들에 대한 일정한 비례, 역원근법, 색채와 빛의 상징이다. 이콘의 화면은 전체적으로 기하학적인 구성을 통해 관조적인 안정감을 마련하고 있으며 인물들의 상반신은 주로 이등변 삼각형 구조를 바탕으로 한다(그림 A8). 이등변 삼각형은 전체적으로 안정감과 균형을 나타내는 역할을 하기 때문이다. 이 기하학적 구도 중에서 가장 중요한 요소는 원형의 구도이다. 원형의 구도 속에서는 일체감, 안정감, 동일한 소속감을 나타내는 주제들이 표현되곤 하므로 "성삼위일체"(그림 A4)에서의 세 천사, "성목요일"(그림 39)의 이콘에서와 같은 주변 제자들 배치에 이용되곤 한다. 동시에 대각선이나 반구의 구도의 활용을 통해 인물들의 동작이나 표정이 자연스럽게 보이게끔 한다. 인물의 비율도 기하학적인 구도 속에서 빼놓을 수 없는 요소이다. 비잔틴의 이콘에는 얼굴과 몸의 비율이 일반적으로 1:7의 비율, 러시아의 이콘에는 1:8, 1:9의 비율이다. 따라서 비잔틴의 이콘에 나타난 인물들이 전체적으로 키가 작고 손발이 작으며 가슴이 넓게 표현되었다면 러시아 이콘의 등장인물은 키가 크고 손발이 길며 가슴이 좁은 형태로 제시되어 있다.

역원근법: 역원근법은 대상을 느낀 그대로 표현하는 방법인 "일점 원근법"과는 달리 소실점이 없는 2차원적인 공간 표상, 쉽게 말하면 그리는 대상을 앞으로 끌어다 놓을 수도 있으며 실제 본 것과는 다르게 확대 또한 가능하다. 대상을 본대로 재현하는 것이 아니라 느낀 대로 나타내는 경우이다. 이러한 관점은 관찰자와 대상 사이에 놓인 거리를 자유롭고 신비로운 감각적 체험을 통해 조절할 수 있는 까닭에 신이 중심이 되는 종교적인 특징을 드러내는 데 적합한 관점으로 알려

져 있다. 여러 가지 시점을 그림에 투영하는 것이야말로 그것의 진실된 모습이라고 생각했다. 다른 각도에서 설명하면 그림의 중심을 그림 속의 중심인물에게 두느냐 혹은 그림을 보는 관람자에게 두느냐에 따라 원근의 느낌을 다르게 표현할 수 있다는 뜻이다. 대개의 경우 원근법은 그림을 보는 사람에게 중심을 두어 관람자로부터 멀어진 대상은 작게, 가까운 대상은 크게 그리게 되는 것이 일반적이지만 시선의 중심을 이콘에 등장하는 예수님 혹은 성모, 천사에게 두면 그로부터 멀리 위치해 있는 대상물은 작게 보일 것이고 따라서 작게 그려지게 되는 것이다. 이를 역원근법이라 부른다(그림 A4, 안드레이 루블료프의 "삼위일체").

일점원근법이 관점의 직선들을 균일한 비율로 대상에 투영하는 것이라면 역원근법은 동일하지 않은 비율로 관점으로부터 나오는 직선을 배분하는, 즉 일그러트리는 관점을 말한다. 따라서 일점원근법과 달리 역원근법은 가까이에 보이는 것이 더 작게 그려지고, 오히려 멀리 있는 것이 더 크게 그려지게 되며 때로는 기준이 되는 관점이 복수가 되어 전체 그림이 일그러지게 그리기도 한다. 이는 보는 시선이 하나가 아니라 복수가 되어 서로 다른 방향에서 보기 때문이다.

색과 빛

긍정적 가치: 생명, 순수, 평화, 선 – 흰색, 적색, 초록색, 하늘색

부정적 가치: 죽음, 위협, 더러움 – 검정, 회색, 갈색 계통

이콘은 역원근법을 통해 주제에 상응하는 상징적인 내용들을 표현할 수 있었던 것처럼 색채의 상징을 통해 그 내용을 보다 더 직접적으로 구체화할 수 있다. 역원근법이 이콘의 골격이었다면 색채는

그것의 상징적인 의미체인 것이다. 이콘의 색채상징은 단지 하나의 상징으로 그치는 것이 아니라 색채 속의 철학이면서 세계를 구원할 아름다움을 색채 속에서 영원히 하는 방법의 하나인 것이다. 이콘의 성스러운 이미지는 바로 신의 빛의 반영이었고 이러한 신의 빛은 색에 의해 표현되었던 것이다. 생명과 순수함 평화와 선이라는 긍정적인 가치를 가지고 있는 색채로는 흰색, 적색, 초록색, 하늘색을 들 수 있으며 죽음과 위협과 더러움의 부정적인 가치는 검정, 회색, 갈색 계통의 무채색에 의해 표현된다.

흰색: 신성의 상징이며 빛과 가장 근접하게 나타나는 색이므로 순수함과 고요함의 의미를 전달한다. 이와 동시에 사라짐과 죽음을 상징하기도 한다. 하나의 원처럼 탄생과 사망, 충만과 공허의 이중적인 가치가 순환하며 나타남을 의미한다.

푸른색: 지상의 현세적인 다른 색채들에 비하여 보다 초월적인 성격을 가지고 있다. 깊이감과 고요함과 비현실적인 세계를 떠올리게 하는 상승효과의 색. 초월적인 세계의 신비와 신성한 삶의 신비를 드러낸다. 주로 그리스도의 망토와 성모, 성인들의 의복을 나타내는 데 사용한다.

붉은색: 가장 활동적인 색으로, 피의 빛이자 생명의 빛이다. 피의 이미지를 통해서 생명, 열정, 분노, 위험을 나타내기도 하는 붉은색은 그리스도교에서는 사탄을 상징하기도 한다. 그러나 붉은색은 신의 세계의 창조와 구원에 대한 하느님의 무한한 애정을 상징함과 동시에 그리스도의 수난의 색이자 성령의 불로 나타난다. 붉은색은 이콘에서 성령강림의 색이자 순교의 색으로 제시된다.

십자가 처형의 그림에서 순교성인들의 의복을 붉은색으로 표현하는 것은 자신의 삶을 희생하여 그리스도의 가르침을 실천하는 것을 상징한다.

판토크라토 이콘에서 그리스도의 진홍빛 망토는 구세주가 자신의 피를 흘리며 인간에게 구원을 가져다주는 것을 상징한다.

자주색: 봉헌을 상징한다.

검정색: 지옥이자 동시에 지고한 수도의 경지를 의미한다.

노란색: 황금의 후광과 가장 근접한 색으로 성스러운 색의 상징이다.

초기 키예프의 이콘 화가들은 대부분 그리스인들이었고 그들에게서 러시아인들은 이콘의 기법과 영성을 전수받았다. 그러나 현재 남아 있는 키예프 시대의 목재 판넬을 사용한 이콘은 존재하지 않는다. 당시의 이콘 양식에 대해서는 프레스코화를 통해 짐작해 볼 수 있을 뿐이지만 위에서 설명하였듯 비잔틴의 영향이 강하게 작용한 것으로 짐작한다.

바) 노브고로드의 이콘

몽고의 침입으로 말미암아 키예프공국의 세력이 약해지고, 지방분권의 경향이 나타나기 시작하면서 이콘화파 역시 지역적 특색을 보이기 시작했다. 이콘 "경배"(그림 A9)와 "선택된 성인"들(그림 A10)은 노브고로드의 이콘들로 현재 트레티야코프(Третьяков) 미술관에 전시되어 있다. 위에서 살펴본 "손으로 만들지 않은 구세주의 모습"(그림 A6)과 이 두 이콘들을 비교해 보면 전반적으로 색이 가벼워졌고, 부드러워진 분위기이며 무섭고 엄격한 느낌이 상대적으로 덜하다.

4. 음악

러시아는 지리적으로 유럽대륙에 속해 있으나 최변방에 자리 잡고 있는 위치적 특성으로 그들의 고유 민속을 오래도록 간직하였고, 외래문화의 유입 이후에도 고유 문화와의 조화로운 발전으로 개성 있는 러시아 문화를 창조해 냈다. 이러한 연장선에서 러시아의 음악 역

그림 7 유랑악단(스코모로히скоморохи)

그림 8 여왕과 개구리, Viktor Vasnetsov 그림

시 슬라브 민족의 민요와 러시아 정교의 전례음악을 바탕으로 슬라브 민족 특유의 깊은 애수는 어두운 분위기를 반영하여 감명 깊은 민요가 탄생했고, 러시아의 광활한 대지와 만난 정교회 전례음악은 다른 나라의 것과는 달리 장엄하고 힘찬 음악으로 변화했다.

1) 정교 수용 이전의 음악

정교 수용 이전에는 민요의 발달이 두드러졌다. 러시아 민요는 다양한 색채를 가지고 있었는데 장조인 곡과 단조인 곡으로 비교하면 단조인 곡이 많았다. 이에 따라 대부분의 러시아 민요는 어두운 느낌을 주고 있다. 뿐만 아니라 러시아 민요는 본래부터 다성적(폴리포닉)인

성질을 가지고 있다. 예를 들면 먼저 독창으로 시작되는 경우에도 곧 이어 합창으로 옮겨 가는 것 같은 연주가 많다.

2) 노래 시 - 브일리나(Былина)

구비문학과 더불어 키예프 루시 시대 이후 러시아 민중들이 민요풍으로 노래한 구전 영웅 서사시를 브일리나라고 한다. 이 서사시를 노래할 때 대체로 구슬리를 연주하며 운율에 맞추어 했고 서사시의 내용, 즉 브일리나는 과거에 있었던 사건 혹은 일이라는 의미를 지닌다. 이 서사시에는 일반적으로 키예프와 노브고로드를 중심으로 보가티리(Богатырь)라는 용사들이 민중들의 평화로운 삶을 지키기 위해 용감하게 외적의 침입을 물리친 이야기를 담고 있다. 그러므로 브일리나의 주제는 민족의 자주성과 용맹성, 애국심과 같은 영웅적 행위에 대한 찬미를 바탕으로 한다. 브일리나에 등장하는 보가티리들은 러시아의 각지를 주유하며 약자나 과부들을 도와줄 뿐 아니라 부와 명예에 연연하지도 않고 공후나 권력 있는 귀족들을 두려워하지 않는다. 하지만 반대로 키예프나 노브고로드의 공후들은 연회로 시간과 재산을 낭비하는데 위급한 일이 닥치면 그때서야 보가티리에게 도움을 청해 외적을 격퇴하게 된다.

가) 키예프의 브일리나

키예프프의 브일리나에서 대표적으로 등장하는 주인공은 '일리야 무로메츠', '도브리냐 니키티치', '알료샤 포포비치'가 있다. 이들은 19세기 사실주의 화가 바스네쪼프(Виктор Васнецов)가 그린 〈보가티리〉(트레티야코프 미술관에 소장)라는 작품에 잘 묘사되어 있다(그림 9). 일

그림 9 영웅들(보가티리, Богатырь), Виктор Васнецов의 그림, 트레티야코프 박물관 소장

리아 무로메츠는 화면의 가운데에, 도브리냐 니키티치는 왼쪽에, 알료샤 포포비치는 오른쪽에 위치하고 있다. 가장 힘이 센 보가트리인 무롬의 아들, 일리아 무로메츠는 병들고 나약한 아이였지만, 33살의 나이에 기적적인 치료를 받고 건장한 무사로 변모한다. 그는 도덕심과 정의감이 충만한 인물로서 키예프 민중을 상징하고 있다. 그의 왼편에는 키예프의 상류 지배 계층에 속하는 도브리냐 니키티치가 엄숙하고 거만한 자세로 측면을 응시하고 있다. 그가 쓰고 있는 투구가 비잔틴 양식의 의전용 투구인 것으로 보아 키예프의 상류층 출신일 것이라 추측된다. 이와 달리 무로메츠의 우편에 있는 용사는 알료샤 포포비치로 익살스러운 표정을 짓고 있다. 영리하고 계책에 뛰어난 인물임을 보이고 있다. 3명의 보가티리의 모습을 통해, 키예프 루시

시대의 무기인 창과 활, 투구, 갑옷, 칼, 마구 등의 장식을 짐작해 볼 수 있다.

나) 노브고로드의 브일리나

노브고로드의 브일리나는 주로 일상생활에 얽힌 내용을 노래하고 있다. 그중에 잘 알려진 브일리나는 "사드코(Садко)"이다. 사드코는 "구슬리(гусль)"(그림 12)라는 루시의 전통적인 현악기를 잘 타며 노래를 잘해 귀족들의 주연에 초청을 받는 인물이었다. 이야기의 구절에서 '아무 것도 가진 것 없이 단지 구슬리만 잘 연주할 뿐'이라 묘사하듯 그는 처음에 상당히 가난한 젊은이로 등장하였다. 더 이상 귀족들의 주연에 초청을 받지 못하게 되자 어느 호숫가에서 구슬리를 홀로 연주하고 있었는데 그의 연주를 들은 바다의 용왕이 그에게 많은 상금을 내렸다. 많은 돈을 받은 사드코는 유럽과의 무역으로 많은 돈을 번 상인과 귀족의 도시인 노브고로드로 돌아와 어느 포목상인과 내기를 하게 된다. 내기의 내용은 "과연 호수에 황금 비늘이 달린 기이한 물고기가 살고 있는가"에 대한 것이었다. 이 내기에서 사드코는 용왕의 도움으로 황금 비늘이 달린 물고기를 잡아, 내기에서 이기고 큰 부자가 된다는 내용이다. 이 사드코는 19세기에 들어와 러시아 예술의 새로운 주제로 부각되어 그림, 오페라, 만화 등의 다양한 방식으로 재생산되었다. 예를 들면 알렉세이 톨스토이의 시, 림스키-코르사코프의 오페라, 일리야 레핀의 그림(그림 10), 미하일 브루벨의 조각 등에 묘사되고 있다. 또한 이고리 원정기에는 고대 루시에 존재했다는 '바얀'이라는 서사시 음유 시인의 이야기도 언급되고 있기도 하다.

그림 10 사드코(레핀의 그림)

3) 악기 - 돔라/발랄라이카

러시아의 전통악기인 발랄라이카(балалайка, 그림 14)에 대해 이야기하기 전에 먼저 스코모로히(скоморохи)의 개념을 설명할 필요가 있다. 키예프시대의 〈원초연대기〉에 처음 "스코모로히"라는 단어가 등장한다. 스코모로히(그림 11)는 일종의 유희를 주관하는 사람인데, 그들은 국가의 공식 일정이나, 결혼식 같은 즐거운 자리에 초대되어 청중들을 기쁘게 해주는 역할을 수행했다. 이들은 동물, 마법사, 마녀와 같은 모습을 하고 공연을 진행하였는데, 그들이 가장 선호했던 악기는 돔라였다. 스코모로히들은 당시 정교수용 이후로 활동이 금지되었다. 무언가를 따라하는 행위가 정교적 교리에서 금기시되었고, 스코모로히들이 주로 공연했던 장르가 연극이었는데 이는 신을 모

그림 11 스코모로히

욕하는 것으로 인식되어 스코모로히들의 활동이 억압, 중단되었다. 결국 이들은 사람이 많이 사는 도시에서 쫓겨나게 되고, 상시적인 공연을 할 수가 없게 되는 상황에 이르렀다.

이들이 사용하던 악기를 만드는 장인들 역시 도시에서의 고객들을 잃게 되는 셈이어서 악기제조로 생업을 꾸릴 수가 없어 그만 두게 되었다. 이러한 상황의 연장으로 이전에 전문 악기제작자에 의해 많이 만들어졌던 돔라(그림 13)도 이를 연주하기 위해서는 연주자가 직접 악기를 만들어야 했다. 이러한 과정에서 악기들의 모양이 상당히 이전보다 단순화되었고, 이름도 바뀌게 된다. 이전까지 가장 인기 있었던 악기인 돔라는 결국 제작과정을 보다 단순화하고 모양을 만드는 데도 쉽게 하기 위해 울림통도 둥그런 모양 대신 삼각형의 모양을 하게 된다. 이와 같은 삼각형의 돔라는 발랄라이카(그림 14)라고 새 이름이 붙여지게 되었다.

이러한 이름의 배경에 대해서는 여러 가지 이야기가 있는데, 그중 가장 가능성 있는 가설은 "떠들다, 시시콜콜한 대화를 하다"라는 뜻을 가진 몽골어의 "발라(bala)"와 러시아어의 "발라까찌(балакать)"라는 것이다. 바이올린이 "노래를 한다"라는 뜻이 내포되어 있는 것과 같은 맥락으로 발랄라이카는 "이야기한다"라는 의미를 가지고 있다. 연주 방법에도 변화가 있었다. 돔라는 깃털이 달린 나무막대기로 연주를 했지만 발랄라이카는 이보다 단순화되어 손으로 연주하게 되었다. 이렇게 변화하며 정착된 것이 바로 러시아의 발랄라이카이다. 18세기 이후부터는 돔라라는 단어가 여러 가지 문헌에 더 이상 등장하지 않는데 이는 발랄라이카가 돔라 대신 러시아인들의 음악생활 속에 정착이 되었음을 뜻한다.

그림 12 구슬리(현악기)

그림 13 돔라

그림 14 발랄라이카

4) 정교 수용 이후의 음악

러시아에는 정교수용 이전부터 있던 농사력에 따른 의례의 노래와 혼례, 장례식의 노래가 민요 형태로 오늘날까지 전승되고 있다. 10세기 말 그리스 정교가 공인되자, 공식적 음악은 정교회의 성가에 한정되어 텍스트, 선율, 선법체계, 기보법 등이 거의 그대로 비잔틴으로 부터 계승되었다. 중요한 것으로는 가사의 음절에 의거한 '즈나멘니 성가'와 장식음이 많은 '콘다카르느니카 성가'가 있고, 악보는 각각 쿠리우키라고 불리는 네우마보를 손으로 베낀 책 형태로 많이 남아 있다.

기독교 수용 이후 러시아 정교의 단선율 예배 성가, 11~13세기까지의 악보 필사본을 통해 러시아 성가가 처음에는 비잔틴 성가의 가락을 거의 그대로 받아들여 교회 슬라브어 강세 형태에 맞추어 사용했음을 유추할 수 있다. 이 시기의 러시아 필사본은 '콘타키온'이라 하는 매우 화려한 비잔틴 성가와 그 당시 비잔티움에서는 이미 사라진 복잡한 비잔틴 기보법을 담고 있는 현존하는 유일한 자료이다. 그러므로 러시아 음악 자료는 비잔틴 음악 및 기보법의 갈래를 재현하는 데 중요한 문서가 될 수 있다.

남성 아카펠라, 저음의 웅장한 성가, 악기 없이 오로지 목소리에 의지한 음악이 특징적이다. 악기를 허용하지 않는 데에는 몇 가지 이유가 있다. 그리스도인들은 인위적인 악기가 아닌 세상에서 가장 자연스럽고 고귀한 악기 즉 인간의 음성으로써 하느님의 영광을 찬미해야 한다는 생각을 가지고 있다. 또 다른 이유로 정교회 전례 자체를 들 수 있는데 기도와 복음의 낭송과 강론은 모두 말을 기본으로 한다. 그러므로 악기로 연주되는 음악은 오히려 본래의 의미를 흐리게 할 소지가 있다고 여기기 때문이다.

5. 건축

5.1 초기 슬라브인의 주거지 형태 및 목조 건축

고유한 러시아식 건축물은 현 도시에서 볼 수 있는 스카이라인을 이루는 콘크리트로 된 건물들이 아니라 순수 목조로 된 구조물이다. 그동안에 겪어 온 전쟁과 관리 소홀로 불행히도 전통적인 러시아식 목조 건물이 어우러진 풍경을 보기는 어렵다. 순전한 목조 건축물로는 18세기 이후 지어진 것조차 찾기가 쉽지 않다. 그러나 현재 확인할 수 있는 러시아의 통나무집(изба)은 러시아 전통적인 건축양식과 건물의 장식을 이해하는 데 매우 중요한 의미를 지닌다.

현대에도 이러한 전통적 방식을 고수하며 목조 건축을 짓는 경우가 있는데 대체로 늦가을 혹은 초겨울에 목재를 잘라 통풍이 잘되는 땅 위에서 겨울을 지나고 늦봄까지 얼리며 건조를 시킨다. 러시아인들은 통나무집을 지을 때 거친 표면의 소나무, 가문비나무, 전나무 등을 선호한다. 그러나 오래된 고목이나 죽은 나무, 길에 버려진 나무를 사용하지는 않는다. 이들은 나쁜 에너지를 품고 있어 이 목재로 지은 집에 거주하는 사람들에게 나쁜 영향을 줄 수 있다고 생각하기

그림 15 창문장식

때문이다. 대체로의 전통적인 목재 작업은 돌이나 금속, 유리 등을 사용하지 않고 오로지 도끼로만 다듬는다. 러시아인들의 목조 건축은 단순히 통나무집 이상의 독특하고 정교한 건축술이 내재되어 있다. 이들의 목조 건축에는 세심한 수공의 작업 - 페인트, 널빤지 붙이기 등이 포함된다.

러시아 초기 민속예술의 모티프는 동물의 형태를 만들거나 아니면 자연의 힘을 표현한 것들이었다. 그 이후 러시아 예술 분야에 단일하면서도 강력한 영향력을 미친 사건은 바로 988년 키예프의 블라디미르 공후에 의해 이루어진 기독교 수용이었다. 비잔티움의 그리스 정교를 수용한 러시아로 기독교뿐만 아니라, 비잔티움(콘스탄티노플)의 종교예술과 건축양식이 고대 루시의 수도였던 키예프로 유입되었고, 키예프는 1240년 몽고 타타르 군대에게 점령당하기 전까지 고대 러시아문명의 중심지 역할을 담당하였다.

러시아 건축의 특징

러시아는 자연적으로 질 좋은 나무가 풍부했기에 생활 전반에 목재가 많이 사용되었으며 전통적인 러시아의 건축물은 대부분 목재로 지어졌다. 미학적인 측면을 중요시하는 러시아인들이 988년 "아름다움의 종교"라고 불리는 동방정교를 수용한 이후에는 러시아에서 성당 건축 문화가 발달하기 시작했다. 그들은 비잔티움(콘스탄티노플)의 성당 건축 방식을 모방하는 동시에 '쿠폴' 같은 러시아만의 독특한 건축문화를 발달시켰다. 정교 수용 이후 비잔틴 문화의 영향을 받은 석조를 사용한 건물이 나타났으며, 비잔티움의 프레스코, 모자이크 기법 등이 도입되었다.

5.2 정교의 건축

980년 키예프 루시의 권좌에 오른 블라디미르 대공은 988년 비잔틴 황제 바실레이오스 2세의 누이 동생 안나를 아내로 맞이하고 비잔틴의 황제의 신정제적 통치이념을 수용하여 지배권을 한층 강화하였다. 그리고 같은 해 그리스 정교 예배의식의 아름다움에 매료되어 정교를 국교로 받아들인다. 블라디미르 대공은 단일한 신앙 체계를 선택하기로 결정하고 986년부터 이슬람교와 유대교 등 여러 종교 사절단을 맞이하여 국교로 받아들인 종교를 모색했다. 그리고 자신의 대사들이 콘스탄티노플에 있는 성 소피아 사원의 예배에 참석하고 돌아와서 그 교회의 장엄함과 예배의 아름다움을 경탄하자 블라디미르 대공은 그들의 증언을 토대로 기독교를 국교로 선택하였다. 즉, 러시아가 그리스 정교를 받아들이는 데 미적인 가치, 시각적인 아름다움이 큰 영향을 미친 것이다. 이는 시각 중심적인 러시아의 문화적 특징을 보여 주는 대목이며 예로부터 러시아 인들의 관념 속에는 모든 성스러운 것과 선한 것은 시각적인 아름다움으로 형상화되었을 때 완전하다는 인식이 자리 잡고 있었다. 11세기와 12세기의 여러 연대기에 성당이 아름다우면 그 내부 장식과 장엄한 의식과 더불어 건물 외부의 정면이 묘사되곤 한 것도 같은 맥락이다. 이후 러시아의 성당 건물은 하나의 종합적인 예술로서 종교전통의 미학적인 의미에 부응하여 건설되었고 그 뒤에 형성되는 러시아 건축사의 특징을 대변한다. 러시아 정교의 건축사에서 가장 명확한 특징은 보는 이를 즐겁게 하는 건축 형식들, 그리고 성당 외부 장식과 내부 장식을 강조하는 것이다.

1) 비잔틴 건축의 특징

가) 동서양의 절충

비잔틴은 지리적으로 동양과 서양의 경계지역에 위치하여 본래부터 지니고 있던 고대 로마의 전통적 건축기법을 바탕으로 동양의 건축기법을 수용하여 동서양을 절충한 비잔틴만의 건축양식을 형성하였다.

나) 새로운 교회건축

동, 서로마 분리 이후에는 서유럽 지역의 일반적 건축양식과 구별되도록 의도적으로 새로운 건축 형식을 추구하였으며 이후 서양 교회 건축의 기본적인 양대 양식으로서의 역할을 한다.

다) 건축재료

비잔틴은 건축용 재료로 적합한 양질의 석재가 부족하여 벽돌을 주요 건축 재료로 사용하였다. 벽돌 중에서도 점토를 주재료로 하여 모래, 석회 등을 혼합하여 건조한 후 가마 속에서 높은 온도로 구운 소성벽돌(원료를 분쇄·혼련·성형·건조·소성의 공정을 거쳐 만든 벽돌)을 사용하였다.

라) 형태 및 장식

비잔틴 건축에서 돔은 내외부 형태에서 가장 대규모이자 상징적인 구성요소로 중앙에 높이 솟아오른 채 자기를 중심으로 소형 돔, 벽체 등 주위의 2차적 구성요소를 통합하고 지배하였으며, 중기 비잔틴부터는 여러 개의 고측 창을 지닌 높은 드럼 위에 설치되며 전체적 형태가 점차 장식화되었다. 외벽은 별다른 장식이 없는 벽체에 의해 단순하게 구성하다 점차 석재와 벽돌을 섞어 쌓고 수평 띠를 장식하고, 처마 및 창문 주위를 꾸미는 등 복잡하게 장식하였으며, 내부는 벽면 및 천장을 모자이크 또는 프레스코 기법에 의해 매우 화려하게 꾸몄고 바닥은 대리석 등 석재에 의해 화려하게 장식하였다.

마) 벽화: 프레스코 기법

벽화를 그릴 때 쓰는 화법으로 이탈리아어로 '신선하다'라는 뜻을 가진다. 덜 마른 회반죽 바탕에 물에 갠 안료로 채색한 벽화로 그림물감이 표면으로 배어들어 벽이 마르면 그림은 완전히 벽의 일부가 되어 물에 용해되지 않는다. 그래서 그림의 수명이 벽의 수명만큼 지속된다. 프레스코는 석고가 마르기 전에 재빨리 그림을 그려야 하는 어려움이 있으며, 그림의 수정도 거의 불가능해 정확하고 숙련된 기술이 필요하고 사용할 수 있는 안료의 색깔도 제한되어 있다. 벽이 마를수록 색이 옅어지며 색의 농담을 이용한 효과도 얻을 수 없다. 프레스코 화법에서 석고는 안료를 접착시켜 주는 매체로 작용하며, 흰색만이 사용된다.

바) 모자이크 기법

대리석과 석회석을 비롯한 석재, 금박과 은박을 비롯한 금속, 색유리, 조개껍질 등의 작은 조각을 실내 벽, 천장, 바닥 등의 표면에 부착하여 성화, 인물화, 문양 들을 구성하는 표면 장식 기법으로 표면의 작은 조각들이 빛을 다양한 색상과 방향으로 반사함으로써 매우 화려하고 강렬한 효과를 창출한다. 고대 로마와 초기 기독교 건축에서는 주로 석재를 이용하는 단순한 방식의 모자이크 기법을 사용했던 반면에, 비잔틴 건축에서는 재료와 기법이 더욱 발달하였다. 특히 돔 및 원형 평면의 도입과 함께 곡면의 마감 및 장식 기법으로 매우 적합하였던 모자이크 양식은 비잔틴 건축의 가장 대표적이고 특징적인 장식기법으로 널리 이용되었다.

사) 돔(Купол, 쿠폴)

비잔틴 건축의 가장 핵심적 건축 기법이다. 고대 로마에서 유래된 후 비잔틴에 들어와서 페르시아 등 동방지역의 돔 기법과 결합되면서 구조적 성능이 획기적으로 개선되었다. 펜덴티브 돔(pendentive)[37]라는 새로운 기법이 개발되었으며 이후 구조, 공간, 형태 등 모든 건축적 구성의 중심적 요소로 역할을 하였다.

5.3 러시아식 비잔틴 양식

러시아에서 가장 중요한 건축양식 중의 하나인 러시아식 비잔틴 양식은 동로마의 그리스 정교 성당의 건축 양식이 유입된 후 러시아의 자연환경과 러시아의 고유한 건축 양식 등이 활용되어 독특한 러시아식으로 발전한 건축 방식이다. 러시아식 비잔틴 양식은 키예프 공국이 전성기를 누리던 12세기 이후부터 키예프뿐만 아니라 동슬라브 일대의 대도시를 중심으로 교회건축에 활용되다가 1238년 몽고의 침입 이후에는 모스크바를 중심으로 16세기경까지 지속되었다.

러시아 교회건축의 지붕은 두 가지의 상이한 형식이 사용되어 왔음을 발견할 수 있다. 하나는 천막식이라 불리는 러시아 전통적인 목조 건축의 지붕 형식을 활용한 8각추의 탑 모양으로 된 것과 다른 하나는 비잔틴 양식을 이어받은 둥근 돔을 이고 있는 것이다. 둥근 돔의 지붕 형식은 그리스 십자형을 내장한 정사각형 또는 그에 가까운 형태를 기본 평면으로 하고, 그 중심에 세운 굵은 기둥이 둥근 지붕을[38] 떠받치고 있고, 그 정상에 녹색이나 금색으로 빛나는 양파모양의 돔을 얹었다. 간혹 이것을 중심으로 조금 낮게 4개 혹은 보다 많은 작은 돔이 무리를 이루어 솟아 있다. 비잔틴의 고유한 양식이 러시아식의 형식으로 변형되어 그때그때에 따라서 구조, 장식, 색채의 변화가 다채롭고 또 건물의 미적 요소를 가미함에 따라 장엄하기도 하고, 우아하기도 하는 등 매우 다양하다.

석조교회는 전형적인 비잔틴의 양식을 따랐는데 여러 개 혹은 그보다 많은 원형 지붕(купол)을 씌우는 모습을 선호했다. 그러나 북부지역에서는 좋지 못한 날씨에 견디도록 두꺼운 벽과 작은 창문 그리고 각이 가파른 지붕을 선호하는 것과 같은 러시아적 특성이 나타났다. 러시아 성당은 비잔티움을 통해 전해진 크로스돔 평면도를 보편적으로 사용했다. 크로스돔 평면도란 정방형 안에 네 개의 기둥이 세워져 중앙의 둥근 천장 아래쪽 공간에 인접한 작은 사각형들이 십자

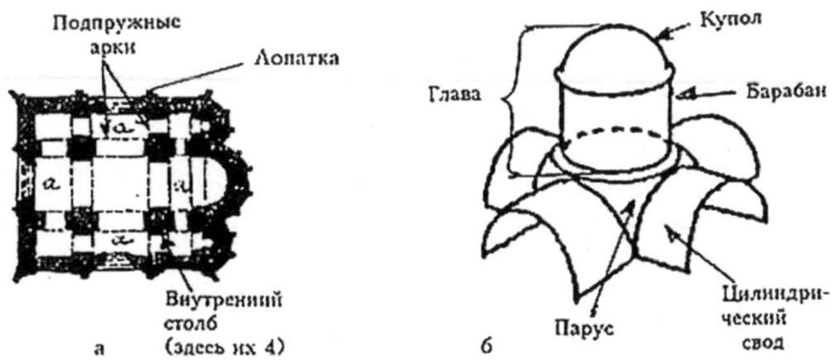

그림 16 크로스돔 평면도

가 형태를 이루는 것을 의미한다. 여기서 사각형이 지상을 상징한다면, 원은 하늘을 상징하는 것이며, 사각형과 원으로 이루어진 성당은 지상과 천상의 합일의 의미하였다. 그림 16에서 보이는 파루스(парус, 돛)은 속세를 거쳐 인간을 구원으로 인도한다는 의미에서 붙여진 명칭이다.

1) 건축적 특성

그리스 십자형 평면을 기본으로 중앙에 대형 돔을 단독으로 설치하거나 또는 주위 여러 개의 소형 돔들과 결합하여 설치한 후 돔 위에 둥근 첨탑을 첨가하고 다양한 색상과 장식을 부가했다. 매우 화려하고 장식적인 독특한 형태의 돔이 러시아 비잔틴 건축의 대표적 특성이다.

2) 쿠폴(купол, 돔 형식)

"돔"을 러시아어로 '쿠폴(купол)'이라고 한다. 단순히 '머리(голова)' 또는 '루코비차'라고 불리는 러시아 특유의 양파형 돔이다. 비잔티움에서 들어온 돔 양식이 14세기경 노브고로드를 중심으로 새로운 형태의 돔으로 발전한 것이다. 러시아 비잔틴 건축의 가장 특징적인 부분으로 여러 개의 작은 돔이 중앙의 돔을 둘러싸는 형태를 보인다. 쿠폴의 특이한 모양에 대해서는 여러 가지 설이 있는데 가장 대표적인 것은 눈이 많은 러시아의 날씨 때문에 눈이 쌓이는 것을 방지하기 위해 현재의 모양을 갖추었다는 설이다. 이외에 신자들의 기도를 모아 하늘에 전달한다는 의미라는 설, 즉 기도와 촛불은 전통적으로 서로 상관관계를 갖는 것으로 인식되는데 기도들이 모여 촛불처럼 하늘에 전달한다는 뜻으로 돔이 이러한 의미의 형상화로 촛불의 모습을 갖게 되었다는 것이다. 타오르는 촛불 형상으로도 볼 수 있는 쿠폴은 신에 대한 간절한 염원과 간절한 기도를 상징한다. 러시아인들은 불꽃 모양의 쿠폴이 천 년 이상의 세월 동안 러시아 전역으로 그리스도의 빛으로 밝게 비추어 주는 불꽃이라 여겼기에 여건이 어려워도 쿠폴에는 정성을 다해 황금을 입혔다고 한다. 또 다른 설명에 의하면 성당은 신앙을 수호하는 병사라는 것을 나타내기 위해 고대 러시아 병사들의 투구를 모델로 했다는 등의 다양한 해석이 있다. 이러한 돔들 중 가장 큰 것은 교회의 가장 중심이 되는 그리스도를 상징한다고도 한다. 따라서 이러한 해석의 연장으로 주변의 4개는 4명의 사도를 상징한다고 설명한다.

이처럼 쿠폴의 형태와 숫자에도 나름의 의미가 있다. 쿠폴의 수는 성당 크기에 따라 1개 혹은 5개인 것이 보편적이지만 7개, 9개 심지어 33개나 되는 수를 가진 성당도 있다. 보통 하나의 돔은 하느님을 의미하고, 2개는 그리스도 안의 신과 인간적인 속성인 신의성을, 3개의 돔은 삼위일체 하느님을 상징하며, 5개는 그리스도와 복음서를 쓴 그의 사도 4명을 의미한다. 쿠폴의 색은 황금색, 녹색, 파란색 등 다양하며 특히 황금빛 쿠폴은 햇빛을 받았을 때 빛나는 모습이 장관을 이룬다. 쿠폴 아래에는 '바라반'이라고 하는 원통형 구조물이 있는데 이곳에는 태양빛을 받아들이도록 창문이 만들어져 있다. 중기 비잔틴부터 발달한 여러 개의 고측 창을 지닌 높은 드럼의 형태가 변형된 것으로 생각된다.

3) 팔각십자가(슬라브 십자가)

정교회는 십자가 끝이 6면이거나 8면인 십자가를 사용한다. 십자가의 맨 윗부분은 그리스도의 머리, 중간의 긴 횡목은 못 박힌 그리스도의 두 팔, 맨 아래는 그리스도의 두 발을 상징한다. 맨 아래쪽의 횡목의 왼발이 있는 부분이 보다 아래로 기울어져 있는데 여기에는 다양한 해석이 있다. 두 발이 포개져 있었으므로 한쪽 발이 다른 발보다 더 높은 위치에 있음을 나타낸다는 설명과 그리스도를 믿는 이들은 새로운 삶을 살고 불신자들은 죽음을 맞는다는 설명도 있다. 두 번째 설명은 그리스도를 인정해 천국에 올라간 사람이 오른쪽을, 그리스도를 부정해 나락에 떨어진 사람이 처진 왼쪽을 상징한다는 해석을 바탕으로 예수와 함께 처형될 때 좌우에 매달린 두 사람의 처지를 반영한 것이라고 한다. 또한 고대 신화 구조에서 오른쪽은 긍정을, 왼쪽은 부정을 나타낸 것과도 관련을 지을 수 있다. 러시아어에서도 오른쪽을 의미하는 '프라브이(правый)'는 '옳은', '정당한'이라는 의미도 지니고 있으며, 올바른 믿음, 즉 정교를 의미하는 러시아어의 '프라보슬라비에(православие)'의 어간 '프라보(право)'도 이러한 상징적 의미를 담고 있다. 중세의 이콘 화가들은 보는 사람의 입장에서는 왼쪽과 오른쪽의 방향이 뒤바뀌게 되는 문제를 해결하기 위해 그리스도의 왼쪽, 즉 바라보는 쪽에서 오른편에 그리스도를 부인한 베드로를 그려 놓았다고 한다. 정교회의 지붕에 십자가를 달고 있는 것은 그리스도가 묻힌 골고다의 무덤 위의 십자가를 상징하고 이 점에서 교회는 그리스도의 안식처이자 세계의 중심을 상징한다고 볼 수 있는 것이다. 또한 쿠폴을 신에 대한 간절한 기도를 형상화한 불꽃으로 볼 때 그 위의 십자가는 촛불의 심지를 뜻한다고 할 수 있다. 촛불은 자신을 정화하고 온전히 불태우는 지고지순의 희생을 상징하고 지상과 천상을 이어 준다.

4) 색채

러시아 문화에서 색은 초월적 세계를 표현하는 언어로 기능한다. 흰색, 붉은색, 초록색, 하늘색 등은 생명과 순수, 평화와 선을 상징하는 긍정적인 의미를 지니는 반면 검정색, 회색 갈색 계통의 무채색은 죽음과 위협, 더러움을 상징하는 부정적인 의미를 가진다. 이런 색채의 위계성은 러시아의 시각 중심적인 성격을 잘 반영해서 보여 주며 러시아의 교회 건축에서 무채색이 아닌 다양한 색이 쓰이는 것도 같은 맥락으로 볼 수 있다. 초기 그리스 정교 교회의 건축에서 가장 기본이 되었던 색채는 흰색과 황금색이었다. 흰색은 평화와 순결을 상징하며 성당 중심을 이루는 부분에 칠해지는 가장 보편적인 색이었다. 황금색은 신성과 빛 고귀함을 상징하며 주로 돔에 칠해졌고 돔의 황금색은 시대를 아울러 러시아 전역을 밝혀 주는 불빛이었고 이런 불빛을 가장 잘 표현해 주었던 색채가 바로 황금색이었던 것이다. 러시아의 많은 그리스 정교 성당이 흰색과 황금색으로 이루어져 있다

5) 종

정교회는 일요일이나 정교의 축일에 다양한 소리를 내는 종들을 울려 조화로운 종소리를 낸다. 우리나라의 밖에서 치는 종과는 달리 정교의 종은 내타식, 즉 종 안의 쇠방울을 울려서 내는 종이다. 쿠폴과 함께 러시아 정교의 대표적인 상징물이다.

6) 내부 구조

성당의 내부는 세 부분으로 나뉘어진다. 입구의 출입구가 제일 처음 나타나고, 중간의 내부는 일반적으로 회중석이라고 하여 신자들이 예배를 드리는 장소를 말한다. 정교회의 회중석은 가톨릭이나 개신교와는 달리 앉을 수 있는 의자가 마련되어 있지 않다. 회중석의 양쪽 벽에는 프레스코화와 이콘이 걸려 있으며, 신자들은 이 이콘 앞에서 초를 봉헌하고 기도를 드린다. 회중석과 지성소 사이에는 이콘으로 만든 벽 '이코노스타스(иконостас)'에 의해 구별된다. 지성소는 지극히 성스러운 장소라는 뜻으로 사제들이 예배를 드리는 장소를 말한다. 성당 내부는 바라반의 채광 창과 아치형 천장에 의해 밝은 빛으로 가득 차고 동시에 웅장한 음향효과를 지니고 있어 성가대의 노랫소리가 메아리 효과를 낸다.

5.4 러시아 비잔틴 건축의 대표적인 예

1. 성 소피아 성당(현 우크라이나 키예프, 1037-1046년 17세기경 일부 증축 및 개보수): 비잔틴 문화의 영향을 받아 건축된 대표적인 건물로 러시아 최

초의 비잔틴 양식 성당으로 평가된다. 이스탄불(콘스탄티노플) 하기야(성자) 소피아 성당을 모델로 한다. 러시아 비잔틴 성당의 원형이자 표준형으로 교차부 상부 최고 높이 12m의 대형 돔을 중심으로 주위에 소형 돔 12개를 설치하고 내부는 프레스코 기법과 모자이크 기법에 의해 매우 화려하게 장식하였으며, 17세기 말~18세기 초 외부 마감재료를 변경하였다.

2. 성 바실리 성당(모스크바): 러시아 비잔틴 건축의 장식적 경향을 보여주는 대표적 건축물로 러시아 민족의 조화 정신을 잘 드러낸다고 평가된다. 러시아 특유의 문화적 다양성을 나타내며 비잔틴 형식의 석조 성당으로 가장 유명하다.
3. 성 소피아 성당(러시아 노브고로드, 1042~1052): 859년에 세워진 러시아 최초의 수도인 노브고로드는 러시아 정교의 영적 중심이자 러시아 건축의 중심지였다. 정교계에서 '하느님의 지혜의 교회'라고 알려진, 훌륭한 돔을 지닌 이 성당은 러시아 최초의 석조 건물 중 하나로 러시아 정교회 건축의 면모를 보여 주는 건축물이다.

5.5 지역별 건축의 특징적 모습

건축의 영역에서도 몽고의 침입으로 말미암아 키예프공국의 세력이 약해지고 지방분권의 경향이 나타나기 시작하면서 역시 지역적 특색을 보인다. 각 공국의 위치에 대한 지역적인 이해를 돕기 위해 당시의 지도를 참고하며 당시의 중요한 공국별로 교회 건축의 모습을 살펴본다.

그림 17 십일조교회

1) 키예프 루시(Киевская Русь)

988년 기독교 유입은 고대 러시아의 예술과 건축의 발전에 근본적인 영향을 끼쳤다. 고대 루시의 건축술이 비잔틴 석조 건축 위에 조성이 되었다. 그렇지만 초기 기독교 교회는 목조로 만들어졌다는 것은 이미 알려져 있다.

첫 번째의 장대한 석조 건축 작품은 블라디미르 공후에 의해 지어진 키예프에 있는 "십일조교회"(Десятинная церковь, 989-996년, 그림 17)이다. 기록에 따르면 교회는 러시아 첫 번째 성인인 표도르와 이반이 서거한 자리 위에 세워졌다. 십일조교회는 블라디미르 대공이 공국의 세금을 받아 얻은 이익의 10%를 교회를 건설하는 데 사용했기 때문에 그러한 이름을 갖게 되었다. 십일조교회는 비잔틴 제국에서 온 그리스계 건축가에 의해서 건설된 것으로 알려져 있다. 이 일에 대해 연대기에서는 "블라디미르는 성모교회를 기억했고 또 그리스에서 장인이 파견되었다"라고 적혀 있다. 건축의 기초에는 십자돔 형식이다. 복도에 기둥으로 정방형으로 나뉘어져 있고, 둥근 천장은 십자가 형태에 위치된 반 원통형으로 되어 있다. 정방형은 교회의 가운데 회중석에 있는 기둥으로 나뉘어져 있고, 반원통형의 둥근천정의 겹쳐진 부분은 십자가의 형태로 위치되어 있다. 돔은 원통 위에 위치해 있고, 원통은 아치 위에 있다. 지진이 있은 후 12세기에 외형의 변화를 겪으며 복원되었으나 1240년 바쿠의 침략으로 파괴되었다.

키예프 루시의 중심적인 건축물은 현자 야로스라브 공후(재위 1016년~1054)[39]에 의해 11세기에 지어진 소피아 성당(1036~1041/1046?)으로 여겨진다. 이 교회는 모자이크와 프레스코로 장식된 5개의 회랑과 13개의 돔으로 이루어져 있고 비잔틴 장인들에 의해 시공된 고대 예술의 명품으로 인식되어 있다. 이 성당은 17~18세기 사이에 우크라이나 바로크 양식으로 재건되었지만 성당 내부는 모자이크와 프레스코 벽화의 부분이 온전히 남아 있어 콘스탄티노플의 참다운 면모를 그대로 전한 엄격함과 숭고함을 잘 보여 주고 있다. "성소피아 성당"은 야로슬라프 공후가 페체네그족(유목민족)을 격퇴한 것을 기념하여 격퇴한 장소에 건축하였다.(1036~1041). 이 성당은 이후 17~18세기에 우크라이나 바로크 양식으로 재건되어 있지만 성소피아 성당의 초기 모습 역시 비잔틴 양식을 닮아 있다.

키예프 "동굴수도원" 역시 1051년 야로슬라프 공후 때 지어졌다. 그리스의 아토스 산의 수도원에서 젊은 시절을 보냈던 키예프인인 성 안토니우스가 고향으로 돌아와 수도원 생활을 권장하고자 도시

외곽에 있는 동굴을 거처로 삼았던 것이 시작이다. 그를 따라 많은 추종자들이 몰려왔고, 이어진 터널과 수도할 수 있는 독방을 짓기 시작했다. 두 개의 인공 동굴 체계를 기반으로 하였는데 이어진 터널과 수도할 수 있는 독방을 지으며 건설된 지하 수도원에는 거주하는 구역뿐 아니라 여러 채의 교회도 있다. 11세기 후반에는 지상에 '영면의 대성당'이 건축되었으며, 여러 채의 소규모 교회, 다양한 신학 아카데미, 이를 둘러싸는 방어벽, '라브라 종탑' 등이 뒤이어 들어섰다. 이 종탑은 1745년 완공되었을 때 세계에서 가장 높은 독립된 종탑이었으며 지금도 수도원 안에서, 그리고 키예프 시 전체 내에서 가장 뛰어난 건축물 중 하나이다. 이후 17~18세기 재건되었지만, 크로스돔 형식을 띠고 비잔틴 양식이 반영된 것을 확인할 수 있다. 12세기로 접어들 무렵 거의 1천 명의 수도사들이 거주하여 정교회에서 가장 중요한 중심지가 되었었지만 1920년대에 소비에트 정권이 이곳의 의미를 격하시켰고, 2차 세계대전 때 나치가 키예프를 점령할 것에 대비하여 '영면의 대성당'에 지뢰를 설치하였고, 이후 이의 폭발로 성당은 거의 완전히 무너졌다. 그림 18의 건물은 후에 18세기의 모습으로 복원한 것이다.

키예프의 북동쪽에 위치한 코스토모로프의 스파스키 동굴수도원의 모습을 보면 어떻게 동굴이 수도원으로 사용될 수 있었는지를 눈으로 확인할 수 있다.(그림 20)

키예프 근교에 위치한 체르니고프 공국에 있는 "현성용 성당"(그림 21) 역시 키예프와 비슷한 모습을 보이며 비잔틴 양식을 띠고 있음을 알 수 있다.

그림 18 페체르스키 수도원과 라브라의 종탑

그림 19 동굴수도원 내부

그림 20 코스토모로프의 스파스키 동굴수도원

그림 21 체르니고프 공국에 있는 현성용 성당

2) 노브고로드와 프스코프의 건축 양식(Архитектура Новгорода и Пскова)

노브고로드는 '민회'식 공화제를 기초로 막강한 힘을 구축한 상공업 도시이다. 당시 가장 강성하여 동슬라브인들의 성지의 역할을 했던 키예프는 봉건의 분열로 러시아의 수도로서의 역할이 약화되었다. 북부에 위치한 노브고로드는 '타타르인의 파괴'를 모면하고 오랫동안 번영을 누려 예술의 영역에서 노브고로드 시대라고 불리는 알찬 시기를 이룩하였으며, 시내에는 유리예프수도원, 근교에는 네레디츠아의 구세주성당, 그 밖에 이색적인 건축 작품들을 볼 수 있다.

노브고로드의 건축 역시 돔의 형태를 띠고 있지만, 북부 지역의 기후적 요인(강설)로 인해 돔이 투구 모양, 보다 경사진 모양을 하고 있다. 몽고의 영향이 적었던 노브고로드에서는 보다 전통적인 모습이 유지되었다. 노브고로드의 성소피아 성당은 야로슬라프 공후가 그의 아들에게 지으라고 명령한 것으로, 키예프 못지않게 노브고로드의 위상이 중요했다는 것을 말해 주는 예시이다. 가장 기념비적인 건축물인 성소피아 사원(1045~1050)은 노브고로드 성채 내의 옛 사원 자리에 건축되었다. 5개의 회중석(현관에서 중심부까지의 주 통로)을 가지고 있고, 교회의 벽은 지금도 일부 보존하고 있는 프레스코식 벽화로 장식되어 있다. 노브고로드는 키예프와 멀리 떨어져 있었기 때문에 키예프와는 다른 모습의 문화를 발전시킬 수 있었으며 동시에 지리적 위치로 인해 유럽과 활발하게 교역하였다.

프스코프의 성삼위일체 성당도 노브고로드의 성소피아 성당보다 규모 면에서는 작지만, 노브고로드의 성소피아 성당과 매우 유사하다. 12세기는 강하고 위풍당당한 사원들이 세워졌었다: Николо-Дворищенский собор(1113), собор Рождества Богородиц

A1 블라디미르의 성모

A2 시현의 성모

A3 성모 영보

A4 안드레이 루블료프의 삼위일체

A5 안드레이 루블료프의 구세주

A6
손으로 만들지 않은
구세주

A7 기도하는 성모

A8 이콘의 기하학

A9 경배. 12세기 중반 노브고로드의 이콘

A10 선택된 성인들. 13세기 중반 노브고로드의 이콘

A11 소피아 성당 내부

A12 소피아 성당

A13 노브고로드의 성소피아 성당

A14 예수 현성용 교회

A15 미로스키 수도원의 예수 현성용 교회

A16 보리스와 그렙 교회(키덱쉬)

A17 블라디미르의 우스펜스키 사원

A18 황금문

A19 드미트리 사원

ы Антониева монастыря (1117) и Георгиевский собор Юрьева монастыря (1119). 아래의 그림은 이들 중 하나인 성 게오르기 사원의 전경이다.(그림22)

봉건의 분열로(12세기 말) 규모가 중요치 않은 다른 유형의 사원들이 지어졌다. 이 시기의 중요 건축물로 그 지역의 석회암으로 지은 구원의 교회(церковь Спаса на Нередице)가 있다. 대조국 전쟁(1941~1945년의 독일과 소련의 전쟁) 때 공중공격으로 파괴되었으나 1956~1958년에 재건되었다.(그림23)

14세기 후반은 노브고로드의 개화기였다. 이 시기의 중요한 기념물은 루취에 있는 표도르 스트라티라트(Феодор Стратилат) 교회이다. 이 건축물의 핵심은 돔으로 지붕이 되어 있는 4개의 원주로 쌓인

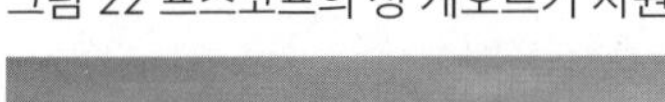
그림 22 프스코프의 성 게오르기 사원

그림 23 네레디체의 구원의 교회

입방체이다. 외벽면은 벽홈과 아치 같은 장식적 요소로 치장되어 있다. 외벽면의 벽홈은 이전엔 북쪽의 건축 스타일이 아닌 프레스코 벽화였을 것으로 생각된다. 별관과 종루는 17세기에 증축하였다. 교회의 내벽의 그림들은 부분적으로 남아 있으나 중세 러시아 미술의 전범으로 중요한 의미가 있다.(그림 24)

예수 현성용 교회(Церковь Спаса Преображения, 그림 A14)는 페오판 그렉(Феофан Грек)의 프레스코화로 널리 알려져 있다. 이 교회는 목조 교회가 위치해 있던 거리의 주민들의 기금으로 건축되었는데 위쪽으로 향한 삼각형 모양의 외벽(후에 돌출된 삼각형 지붕/восьмискатный крыш으로 정착)의 우아함이 특징이다. 벽을 분할하는 중간의 기둥, 아치모양 혹은 눈썹 모양의 장식, 돌이나 조각한 십자가로 장식한 반원

그림 24 표도르 스트라티라트 교회

모양의 창문 등 외벽은 다양한 장식으로 되어 있다.

프스코프(Псков)의 초기 건축물은 미로스키 수도원(12세기)에 있는 예수 현성용 교회(그림A15)로 생각한다. 이 건축물은 다른 것들과 비교해 독특하다: 중심건물엔 그리스 십자가[40]가 있고, 사원에 있는 특별한 예술적 가치가 있는 그림들은 그리스 화가들에 의한 것들이다. 17세기에 회반죽으로 덮여 있다가 1958년에 개방되었다. 사원의 창문은 17~18세기에 개조되었고 원통모양의 형태만 그대로 남아 있다.

다음의 사진(그림 25)은 프스코프(Псков)의 삼위일체 성당으로 돔을 받치고 있는 지붕이 천막식의 모습을 띠고 있다. 동부의 도시 블라디미르를 중심으로 또 다른 우세한 유파가 일어났는데, 이곳에도 시내에는 성모피승천성당(1158~1161), 성 드미트리 성당 근처의 네를리 강

그림 25 프스코프의 삼위일체성당

변에 있는 작은 성당 등의 우수한 건축물이 많다. 수즈달·야로슬라블·로스토프 등 여러 도시도 각각 성당건축의 중요한 거점이 되었다.

3) 블라디미르-수즈달 공국 건축 양식(Владимиро-Суздальская архитектура)

동슬라브의 분열은 블라디미르 모노마흐(1113~1125)가 사망한 후 공국 간의 세력 다툼이 심해지면서 더욱 심각해졌다. 유리 돌고루키(1125~1157) 공후 통치 시절 블라디미르-수즈달 공국의 영향력은 크게 확대되었고, 12~13세기 사이 비잔틴 전통을 계속 발전시킨 가장 중요한 문화중심지가 되었다. 지속적인 외부문화의 유입 속에도 불구하고 블라디미르-수즈달 공국의 건축은 키예프와도 구분되는 그들 자신의 고유한 특색이 있다(참고: 그림 27). 사원은 동일한 십자-돔의 체계로 지어지긴 했어도 건축자재는 흰색 돌이었고, 외벽은 유럽의

그림 26 블라디미르-수즈달의 구세주 변용교회

로마네스크 양식의 교회를 닮은 조각(carve)으로 장식되었다. 유리 돌고루키(Князь Юрий Долгорукий)는 북서부 러시아 지역 석조건축의 창시자이기도 하다. 1152년에 건축된 "구세주 변용교회(Спасо-Преображенский собор, 그림 26)"는 블라디미르-수즈달에서 가장 오래된 그리고 이 지역의 건축 특색을 보여 주는 교회 중의 하나이다. 이 교회는 세 개의 긴축을 가지고 있는 하나의 중심 십자가 돔으로 이루어진 모습이다. 몽고압제 이전의 건축과 비교해 보면 이 교회는 장식에서 소박하고 자그마한 외형이다.

키덱쉬(Кидекш)에 있는 보리스와 그렙 교회(그림 A16) 역시 12세기 설립된 교회인데 장식에서 차이가 크다: 분리된 교회 외벽의 블라인드 아케이드(건물 벽면에 있는 아치 모양의 장식), 돌출되어 있는 정면의 아치 위에 있는 머릿돌. 이것들은 안드레이 보골륩스키 시기에 건축에 있

그림 27 중보교회

어 새로운 봄이었다.

블라디미르 공국의 수도에 우스펜스키 사원이 건립되었다(1158~1160). 우스펜스키 사원(그림 A17)은 모스크바 전성기 전까지 공후의 주 예배장소이었다. 세 개의 장축을 가지고 있는 6개의 예배당(храм)으로 이루어진 하얀 석조 건물이며 그 비율이 조화롭고 우아하다. 내부에는 안드레이 루블료프(Андрей Рублёв)와 다니일 쵸르느이(Даниил Чёрный)의 프레스코 벽화가 보존되어 있다.

블라디미르 공국에 방어와 공국의 부유함을 상징한 황금문(Золотые ворота во Владимире, 1164년, 그림 A18) 도 건축되었다. 엄격하게 확고한 균형이 특징이다. 크지 않은 규모의 교회문 같다. 연대기 작가는 공후가 이 문을 구리로 덧씌울 것을 명했고 이것은 당시 사람들에게 인상적인 황금처럼 보였다. 이로부터 이 문은 황금문으로 불려졌다고 한다. 이 문에 추가해서 도시의 주변에 6개의 문을 만들었으나 지금은 존재하지 않는다.

넬에 있는 중보(Покров)교회(그림 27)는 1165년에 안드레이 보고류브스키의 아들의 죽음을 회고하기 위해 건축되었는데 걸작으로 평가되는 건축이다. 12세기부터 지켜 온 전체적인 4각형의 건물 모습과 장식, 원주 부분의 아케이드와 두드러져 보이는 정문은 스파스키 사원과 대조되는 우아한 비율의 모습이다.

12세기 말에 공후 브세보로드(Всеволод Большое Гнездо)에 의해 지어진 드미트리 사원(그림 A19)도 조각된 하얀돌로 지어진 반구형 지붕의 기념비적인 건축물이다. 4개의 장축을 가진 반구형 지붕과 그 비율 그리고 외벽의 화려한 장식, 특히 원주 부분의 도드라진 아치의 현관, 조각으로 장식된 원주와 외벽에 장식된 600개가 넘는 부조물들이 특별하다.

브세보로드(Всеволод)의 아들 스뱌토슬라프(Святослав)에 의해 유리예프-폴스키(Юрьев-Польский)에 성 게오르기 사원이 건립되었다(1230~1234). 황폐해진 옛 사원의 터에 지어졌다. 1460년대에 들어 부분적으로 붕괴되었고 17세기, 18세기, 19세기에 재건되었다. 몽고의 침입으로 블라디미르-수즈달의 하얀돌의 건축 전성시대는 마감되었다.

6. 정리

6.1 키예프인들의 비잔틴(기독교)문화 수용태도

1) 의구심이나 비판에 대한 생각이 없이 무조건적으로 수용하였다는 사실을 파견된 특사들의 다음과 같은 설명으로 유추할 수 있다. "…하늘에 있는지 땅에 있는지 모를 지경… 이런 장관이나 아름다움은 땅에는 없으며 … 신이 이곳 사람들과 함께 계신다는 것과 이들의 예배가 다른 모든 나라의 예배보다 더 훌륭하다는 것뿐입니다…."(원초연대기 Повесть Времменых Лет.)(참고: S. Zenkovsky, Medieval Russia's Epics, 67~68. 혹은 Fedotov, The Russian Religious Mind, 373.)

2) "추상적 개념보다는 구체적인 아름다움이 초기의 러시아인에게 기독교의 메시지와 비잔티움의 예술과 학문이 꽃피우도록 자극했다. 사람이 하는 역할은 결정된 것을 분석하거나 신비한 것을 설명하는 것이 아니라 물려받은 찬양과 예배의 형식을 사랑을 담아 겸허한 자세로 아름답게 꾸미는 것이었다."

3) 이상적인 공후에 대한 글에서 자비와 자선 외에 빠지지 않고 등장하는 "몸이 아름답다"는 이를 반증하는 현상이기도 하다. 즉 사상의 내용보다 심미적 장식성이 더 중요하게 여겨졌다. 초기 러시아에 빠진 부분 없이 전체가 다 갖추어진 판본의 성경은 없어도 다채롭게 장식하는 일에는 성의를 다한 모습이다. 예를 들면 현존하는 가장 오래된 필사본의 오스트로미르 복음서(Остромирово евангелие)는 읽을거리를 추려 예배용으로 요일별로 모아 배열하여 색색이 장식한 것이다. 따라서 옛 러시아에는 지적으로 정교한 비판적 신학은 찾기 어렵고 모스크바 시대 때도 이론적인(зрительный) 것보다 존경받는 교사는 보는 사람(смотрительный)이었다. 이로 인해 동굴 수도원의 수도가 중요시되었고 그리스도와 같은 순수한 고난을 겪은 보리스(Борис)와 글렙(Глев)이 성자로 존경받았다.(빌링턴, 〈이콘과 도끼 1〉, 13쪽)

4) 초기 러시아인이 기독교에 이끌린 것은 기독교의 신학의 합리적인 모습이 아니라 예배의 심미적 호소력 때문이었다. 말, 소리, 그림들은 모두 상호 연관되고 공통된 찬양의 방법이었다.

5) 이러한 배경에서 고대 러시아 신학은 역사를 연대기 형식으로 성화시키는 것이었고, 이것이 키예프 시대의 중요하고 독특한 문예활동이었을 것이다. 12세기 초엽에 편찬된 최종 형태의 연대기는 11세기 여러 사람의 손을 거쳐 완성되었을 것이고 이후 후속 연대기의 모범이 되었을 것이다. 성스러운 역사를 숭상하므로 공후들의 투쟁뿐만[41] 아니라 세속적인 잡다한 비기독교적인 요소들, 심

지어는 민담 같은 것들도 소재가 되었다. 이를 반증해 주는 것이 키예프에 있는 성소피아 성당의 신성한 벽엔 일련의 세속적인 프레스코화들이 있다. 키예프의 동슬라브인의 통합은 무엇보다 종교 신앙의 통일이었다. 엉성한 이 문명세계에서 믿음과 예배형식은 정치, 경제의 응집과 달리 유일하게 통일된 형식이었다.

3 중세 모스크바 시대

13세기~17세기

1. 역사

러시아의 중세 봉건국가 시대(13~17세기)를 크게 3시기(전기, 중기와 후기)로 나누어 설명하는 것이 그 내용을 이해하는 데 훨씬 편하다. 전기(1.1)는 동슬라브인들의 주거지가 공국들로 분열되어 있었고, 이로 인해 몽고의 침입을 제대로 방어하지 못한 채 맥없이 무너져 그들의 지배 속에서 사는 모습을 관찰하는 기간이고(전기: 몽고침입과 압제, 1240~1480), 중기(1.2)는 슬라브인의 의식이 다시 고취되면서 단결하여 몽고로부터 독립하며 통일을 이루며 일어서는 전성기(중앙집권국가, 이반 3세 이후, 차르의 시대)의 모습이고, 후기(1.3~1.4)는 다시 두 시기(후기1, 후기2)로 나누어 후기1(1.3)은 혼돈의 시대로 이반 4세 이후 고두노프의 등장, 참칭 드미트리(폴란드) 사건, 폴란드의 침공 등이 있었던 시기이다. 후기2(1.4)는 "젬스키 사보르"에 의해 로마노프(미하일) 왕조의 시작과 도시봉기와 농민반란 등이 있었던 시기이다. 두 시기 모두 사회혼란이 연속된 때인데 굳이 두 시기로 구분한 것은 새로운 왕조의 시작점을 구분지을 필요가 있기 때문이다.

1.1 전기(13~15세기): 중세 봉건국가 시대

1) 배경

이 시대의 큰 사건으로 몽고의 침입과 압제, 해방의 사건이 있었다(1240~1480). 이 시기는 키예프 공국이 약해지면서 새로이 모스크바 공국이 강국으로 부상한 때이다. 12세기 말까지 동슬라브인들의 봉건국가들은 나름의 높은 수준의 경제와 문화를 이루며 살았으나 1125년 블라디미르 모노마흐(Владимир Мономах) 공후가 죽고 나서 봉건적 분열과 끊임없는 내란으로 약화된 상태에서 동쪽에서는 몽고가, 서북부에서는 튜튼 기사단이 공격을 개시하면서 결국 붕괴되기 시작했다.

칭기즈칸(테무진, Temuchin)에 의해 통일(1206)된 몽고가 세력 확장을 위한 침략을 개시했다. 이들은 이미 척박한 환경에 적응하며 살아왔고, 언제 닥쳐올지 모를 전쟁에 대비해 사는 것이 생활화된 사람들이었다. 엄격한 규율과 부족 간의 긴밀한 연대로 강력한 전투조직을 가지고 있었고, 기동력이 장점인 기마병으로 이루어진 군대였다. 특히 이들의 조직은 10명, 100명, 1000명 단위로 이루어진 단위 부대로 씨족 간의 혈연관계로 결속되어 있었고, 규율은 가혹할 정도로 엄격했으며 부대장의 몸짓 하나로 일사분란하게 움직일 수 있을 정도로 조직적이었다. 이들은 침공 시 일관되게 사용된 전략(기습-후퇴-기습)이 있어 이미 숙달될 대로 숙달된 노련한 침략군이었다.

몽고군의 침략과 동슬라브 주변의 동향을 간략히 살펴보면:

- 1215년 북중국의 수도인 북경을 점령하고 나서 1219년 코커서

스 산맥을 넘어 사마르칸트를 점령하고, 드디어 카스피해 북쪽 러시아에 인접한 폴로베츠를 침략했다.

- 1223년 키예프-폴로베츠 연합군이 대항하였으나 아조프해의 칼카강에서 참패로 결국 동슬라브인들의 굴욕이 시작되었다.
- 1227년 칭기즈칸 사후에도 그의 후계자들에 의해 계속적인 정복이 시도되어 1237년 랴잔공국, 모스크바, 블라디미르-수즈달, 키예프(1240) 공국이 점령되었다.
- 1243년 볼가 강변의 사라이를 도읍으로 하는 킵차크 한국이 세워졌고, 독립을 잃어버린 러시아의 여러 공국들은 이 킵차크 한국의 통제를 받았다.
- 몽고-타타르인들과의 전투로 동슬라브의 세력이 약해진 틈을 타 독일, 스웨덴의 영주들이 발트 연안과 루시(Русь, 동슬라브인)의 북서쪽 땅을 호시탐탐하였고 또한 바티칸 그레고리 9세도 정교의 영역인 이곳을 "십자가의 적"이라 규정하였다.
- 스웨덴이 네바(Нева) 강을 따라 침공(1240)하여 하구에 진을 치고 있을 때 노브고로드의 영주인 알렉산드르 야로슬라비치(Александр Ярославич) 공후가 추드호(Чудское озеро)에서 중무장한 기사단을 호수 가운데로 유인하여 섬멸(1242)하였다. 이 승리는 알렉산드르에게 넵스키(Невский, Нева 강 이름에서 따옴)라는 별칭을 갖게 하였고, 러시아인들에게는 두고두고 역사에 기록될 자부심이 되었다.[42]

2) 슬라브인들의 대항

칼카강의 전투

몽고군이 그루지야를 넘어 카스피해 북쪽에 이르러 자신의 거주 지역까지 접근하자 폴로베츠인들은 인접한 동슬라브인(통칭, 러시아인)들에게 구원병을 요청했고, 상황의 심각성으로 인해 키예프-폴로베츠 연합군이 결성되었다. 연합군은 드네프르강 동쪽으로 진군하면서 소규모의 타타르 군대를 격파하며 사기를 올렸으나 1223년 아조프해(칼카강의 하류)에서 드디어 몽고군의 주력 부대와 마주하게 되어 이른바 "칼카강의 전투"가 시작되었다. 로마노비치가 이끄는 러시아(키예프의 므스치슬라브 로마노비치)의 군대는 산위에서 진지를 구축하고 대기하고 있었고, 폴로베츠의 군대가 몽고군과 접전을 벌였다. 팽팽해 보이던 전투는 시간이 지나며 기동성이 뛰어난 몽고군에 의해 전열이 붕괴되었고 대기하던 러시아의 군대가 가세하였으나 이미 기울어진 대세를 만회하는 것은 불가능하였다. 러시아는 전세의 불리로 퇴각을 시도했으나 맹렬한 몽고군의 기세로 퇴각도 어려웠고, 드네프르강을 따라 간신히 후퇴하였을 때는 이미 군사력이 절반으로 줄어든 상태였다. 몽고군은 상승의 기세를 몰아 러시아군의 방어진지를 포위하여 3일간이나 전투를 벌였고, 키예프는 지칠 대로 지쳐버린 상태였다. 지쳐 있는 러시아인들은 몽고군이 항복하면 고향으로 보내주겠다는 회유에 동조를 하여 결국 방어진의 문을 열었으나 몽고군은 약속을 어기고 이들을 닥치는 대로 죽였다. 공후와 귀족들을 묶고 그 위에 판지를 깔아 잔치를 벌여 질식하게 하는 등 러시아인들에게 야만적인 보복이 가해졌다. 이들의 잔혹성은 주변의 모든 슬라브인들로 하여금 치를 떨게 할 정도의 소문이 되어 퍼져 나갔다.

3) 랴잔 공국의 방어전

칭기즈칸이 죽은 후 그의 손자인 바투에 의해 정복전은 계속 진행되었다. 볼가강 가에 진을 친 몽고군에게 화친을 시도하기 위해 랴잔 공후(유리 이고리예비치)는 자신의 아들을 포함하여 사절단을 보냈으나 갖은 모욕과 수모를 주며 죽여 버렸고, 이 소식을 들은 랴잔 공후는 울분으로 군대를 몰아 진격하였으나 이를 대비한 바투에 의해 평원에서 참패를 당했고, 결국 1237년 수도가 함락되기에 이르렀다. 랴잔 성을 지키기 위해 모든 성 주민들이 밤낮없이 방어전을 이어 갔으나 시일이 지날수록 지치고 전열이 흩어져 간 랴잔 성민들에 비해 몽고군은 빠른 기병대를 통해 횃불을 던지는 화공전을 펼치며 마침내 성벽을 허물어 버렸다. 최후까지 방어를 위해 남녀, 노소를 가리지 않고 참전한 성민들에게 몽고병들은 표현할 수 없을 정도로 잔인하게 화풀이하여 거의 전 성민들이 죽고 나서야 전투가 끝날 정도였다.

4) 모스크바공국, 블라디미르공국, 수즈달공국

랴잔공국을 함락시킨 몽고군들은 자신들의 침략 경로대로 동슬라브인들의 영토를 하나씩 장악해 나가기 시작하였다. 신생도시였던 모스크바 공국은 강력하게 저항했으나 얼마 버티지 못하였고, 당시 기독교의 영향으로 고도의 문화를 향유하고 있던 도시였던 블라디미르-수즈달의 주민들은 몽고인들의 잔혹함을 이미 소문으로 잘 알고 있었다. 이들에게 포로가 되느니 차라리 아름다운 성전에서의 죽음을 택하겠다는 각오로 버텼으나 몽고군들은 아름다운 성전들을 불살라 버렸고 성민들은 모두 불더미 속에서 죽어 갔다. 군대를 더 모으기 위해 블라디미르를 빠져나갔던 유리 프세볼로도비치도 결국 포위되어 죽임을 당했다. 인근의 로스토프, 트베리 등 모든 도시들을 그들의 말발굽으로 유린하고 잠시 볼가강에서 숨고르기를 하다가 다시 1239년 정복전을 시작하였다. 볼가강 연안을 따라 북진을 하며 모르도바 등의 지역을 폐허로 만들고 다시 드네프르강을 따라 체르니코프 등 주요 도시들을 점령하며 마침내 키예프에 이르렀다. 드미트리를 중심으로 키예프 주민들이 합세하여 치열하게 저항을 하였으나 결국 1240년에 함락되고 말았다. 이로 동슬라브인들의 마음의 고향이며 수도였던 키예프는 역사의 뒤안길로 들어가 버리게 되었다.

바투는 자신이 거느린 군대의 피해를 점검하며 볼가강 하류로 회군하여 킵차크 한국을 세우고 그곳에서 동슬라브인들의 많은 공국들로부터 공물을 받으며 슬라브인들을 통제하였다. 처음엔 바투가 점령한 모든 도시를 직접 통치하며 무장한 군대를 동원하여 공물 징수하였으나 후엔 성직자 등을 매수하여 이들을 대리자(야를릭)로 내세워 간접 통치를 하였다.

5) 노브고로드 공국의 활약

몽고와의 전쟁으로 인해 많이 약해진 동슬라브인들의 영토를 스웨덴과 독일, 폴란드의 영주들이 발트해 연안을 포함하여 동슬라브인들의 땅, 북서쪽을 탐내기 시작했다. 동로마의 세력권과 경쟁 중이던 서로마, 즉 바티칸도 이들을 지원하겠다는 약속을 했고, 마침내 로마 교황(그레고리 9세)의 교서에서 "십자가의 적"으로 규정해 버린 동로마의 영향권(그리스 정교)에 있던 슬라브인들의 영토에 대한 침략을 서두르기 시작하였다. 이 무렵 노브고로드의 공후인 알렉산더 야로슬라비치(별칭: 넵스키)는 이러한 움직임을 이미 간파하여 병사들을 미리 훈련시켰고, 핀란드만의 해안가의 국경지대의 경비를 강화하였다. 1240년 네바강을 따라 침공하고 있는 스웨덴의 군사의 접근 소식을 받고 이들의 군대를 유인하며 분산시킨 후 기습전을 펼친 끝에 패퇴시켰다. 이 전투를 통해 슬라브인들의 서구로 향하는 교두보를 확보하게 되었고, 몽고군에게 연패하여 사기가 저하되어 흩어진 슬라브인들에게 다시 용기를 가지고 단합을 꾀할 수 있는 계기가 되어 주었다.

이 전투 외에도 독일 영주들이 연합하여 기사단을 꾸려 에스토니아의 거주지를 통과해서 알렉산더 넵스키가 공국을 비운 사이 노브고로드 공국의 국경선까지 침공하여 들어왔다. 이 소식을 들은 넵스키 공후는 곧 군대를 소집하여 침공하여 주둔해 있던 기사단을 야간 기습을 하고, 또 성동격서와 같은 전략으로 에스토니아, 프스코프를 회복하였고, 마침내 중무장한 주력 기사단을 얼음 호수위로 유인하여 격퇴함으로써 이들의 침공 야욕을 완전히 접게 만들었다. 이 전투를 승리로 이끈 알렉산더 넵스키의 이름은 두고두고 러시아인의 자부심이 되어 훗날 무공 훈장의 이름(넵스키훈장)으로 남기도 하였다.

6) 타타르의 멍에의 시기 구분과 타타르의 통치방식의 특징

몽고는 압제 초기에 직접 통치하였으나 후기에는 "야를릭"이라는 대리자를 내세워 간접방식의 통치를 했다. 몽고의 지배 시기를 다음과 같이 구분할 수 있다.

- 제1기: 1240-1380(쿨리코보전투)
- 제2기: 1380-1480

1.2 중기(15세기~16세기): 중앙집권국가(이반 III 이후, 차르의 시대)

중기는 모스크바공국을 중심으로 동슬라브인들이 다시 일어서 단결을 하며 몽고의 압제로부터 벗어나고 왕권을 강화하며 중앙집권국가의 모습 갖추는 시기를 말한다.

1) 모스크바의 등장

모스크바(Москва)의 창건은 당시 동북지역의 수즈달(Суздаль)의 통치자인 돌고루키(Юрий Долгорукий, 1125년에 죽은 키예프 대공 모노마흐(Владимир Мономах의 아들)에 의해서이다. 당시는 쿠츠코바(Кучкова)라는 작은 마을이 있었는데 오늘날 모스크바 강 언덕에 성을 가지고 있던 스테판(Степан)의 영지였다. 처음에 그는 유리(Юрий, 수즈달의 공후)에게 복종할 것을 거부하였으나 결국 유리의 손에 정복되고, 이 마을의 이름도 모스크바로 바뀌게 되었다(1147). 유리는 1155년 키예프도 점령하여 키예프의 대공도 겸하게 된다. 그의 아들 보고로프스키(Андрей Боголовский)는 키예프에 상주하지 않고, 수즈달에서 통치하다가 수도를 블라디미르(Владимир)로 옮기는 등 루시(русь)의 중심지가 오카강과 볼가강 사이에서 힘에 따라 이동되었다. 당시 이와 같은 동슬라브인들의 영토 내의 정치적 갈등과 분쟁이 심하여 단결하지 못했을 때 몽고의 침입이 있었고, 결국 모든 공국들이 몽고의 압제하에 들어가게 된 것이었다. 동슬라브인들은 이때 공국 간의 분열과 대립이 그들을 암흑과 같은 오랜 수난의 시기를 겪게 한 주된 이유였으며 종교적으로는 타락한 심성에 대한 하느님의 징계라고 생각하였다. 이에 대한 반성과 회개의 의미로 통일과 단결에 대한 필요성을 강조하게 되었고, 이것이 각 장르의 예술작품에 중요한 주제로 떠오르게 되었다. 240년이라는 긴 세월 동안의 몽고 압제하에서 모스크바 공국이 아래와 같은 몇 가지의 유리한 환경으로 다른 공국들을 제치고 동슬라브의 중심지로 부상하게 된다.

지리적 환경: 모스크바 공국이 급성장하게 되는 데는 자연적인 환경도 큰 몫을 한다. 첫째, 몽고의 침입 때는 랴잔 공국이 방패가 되어 주었고, 스웨덴이 침입했을 때는 노브고로드 등이 방어막이 구실을 해주어 다른 도시들에 비해 비교적 피해가 적어 평온한 가운데 성장할 수 있는 환경에 놓여 있었다. 이로 말미암아 전쟁을 피한 많은 유민들이 유입되어 주거 인구가 급팽창하게 되어 사회의 규모가 커지게 되었다. 또한 대외적으로 동-서, 남-북으로 연결되는 상업의 통로가 되어 자연히 상인들의 왕래가 많아지면서 상업의 중심지가 되고 더욱이 모스크바강과 볼가강의 연결로 더 한층 교통의 중심지로 되었다.

대외적 환경: 모스크바의 첫 공후는 다니일인데 주변의 후계자 없는 인척들의 영지를 상속받기도 하며 영토가 커졌는데 여기에 이반 1세인 칼리타에 이르러 대외적인 위세가 한결 강해졌다. 그의 별칭인 "칼리타(돈주머니)"가 말해 주듯 재리에 밝은 그는 스스로 "야를릭(몽고 지배자의 대리인)"을 자처하며 주변 공국들로부터 몽고에게 바칠 공물의 분량을 분배하기도 하고, 거두기도 하면서 몽고와의 관계를 호전시켜 신임을 받아 몽고로부터 러시아의 대공이라는 호칭을 받기도 하였다. 이를 통해 몽고와의 우호적인 관계 속에서 주변의 공국들을 관리하는 지위를 얻게 되었고, 이를 통해 만들어진 모스크바의 평온한 모습을 보며 많은 이주민들이 정착하게 되었다. 정착한 이주민들을

통해 농지 개발을 하는 등 모스크바 공국의 규모가 커지면서 점차 러시아(동슬라브)를 대표하는 강국으로 발돋움 하게 되었다.

대내적 환경: 위와 같은 대외적으로 유리한 점 외에도 교회 지도자들이 모스크바를 적극 지원하게 되었다. 블라디미르에 머물던 동슬라브의 정교 수장이 모스크바로 옮겨오며 모든 교회 지도급의 인사들이 적극 모스크바를 지지하게 되었다.

몽고의 내분과 쿨리코보의 전투: 동슬라브인의 도시들을 속령으로 관리하던 킵차크한국에 내부분열이 시작되었다. 몽고의 각 한국들(오고타이한국, 차카타이한국, 일한국, 킵차크한국)은 서로 갈등하며 패권 경쟁을 벌이다가 결국 티무르로부터 공격을 받게 되어 날로 쇠약해져 갔다. 1359년 드미트리 돈스코이가 모스크바 대공에 즉위하면서 모스크바 내에 주둔하고 있던 몽고군들을 몰아내며 공물 납부를 거절하기에 이르렀다. 몽고군은 리투아니아와 연합하여 돈강 유역에서 개전 준비를 하였고, 드미트리는 주변의 공후들(블리지미르, 야로슬라프, 로스토프 등)에게 지원군을 요청하여 15만의 대군을 만들었다. 국교인 정교의 지도자들은 전 슬라브인들의 단결과 적 그리스도를 물리쳐 지상의 천국을 회복하자는 기도와 호소로 뭉쳐진 드미트리의 군대는 결국 승리하게 되었고 이 승리로 말미암아 모스크바의 지위는 일개 공국이 아닌 전 슬라브인을 아우르는 자격을 갖게 되었다. 뿐만 아니라 이 쿨리코보 전투의 승리로 슬라브인에게 단결만 하면 굴욕적인 몽고의 굴레에서 벗어날 수 있다는 자신감과 민족의식의 고취를 경험하게 되었다.

2) 모스크바의 중흥

쿨리코보의 승리를 통해 드미트리 돈스코이는 동슬라브인의 영토를 단결과 통일이라는 대의 명분으로 꾸준히 모스크바로 합병하는 노력을 기울였다. 이 전투(쿨리코보)의 승리로 몽고의 굴레에서 완전히 벗어난 것은 아니었지만 조금씩 상처를 씻어 가며 자존감을 회복해 나갔고, 동북과 서남으로 영토를 확장해 나가며 서유럽국가들과 그리고 중앙아시아의 국가들과도 교역을 넓혀 나갔다. 비잔티움은 물론이고 그리스, 이탈리아 상인들과도 교역하며 선진 문화들이 유입되었다. 몽고의 지배하에 있던 오랜 시간의 암흑기에서 경제, 학문, 문화 모든 영역에서 활발하게 활동이 재개되었던 것이다. 동슬라브인들의 통일이라는 대의에 따라 모스크바의 세력이 넓혀져 가는 흐름에 가장 강한 반발을 보인 곳은 노브고로드이다. 노브고로드는 몽고의 압제 기간에도 독자적인 노선으로 서구와 교류하며 선진 문물을 받아들였고 가장 높은 문화를 구가하던 곳이었다. 노브고로드인들은 정치적 지도자들도 스스로 선출하는 등 모스크바의 간섭과 영향을 거부하였고, 노브고로드의 종교적 지도자들도 모스크바의 간섭을 거부하였다.

3) 동슬라브의 통일

이반 3세는 등극하면서 모스크바 공국을 전 동슬라브인의 국가로 만드는 데 전력을 다했다. 이 과업에 가장 큰 걸림돌은 위에서 보듯 노브고로드였다. 그에게 노브고로드는 발틱해로 나가기 위해선 꼭 필요한 지역이었고, 이 노브고로드를 병합하지 않고는 동슬라브인의 통일 왕국이 성립될 수 없었다. 다행히 노브고로드 주변의 삼림지역으로 개척해 나간 이주민들은 모스크바를 지지하는 사람들이 많았다. 이 이주민들은 이들보다 먼저 생활의 근거지를 확보하며 마련한 수도사들의 수도원 근처로 몰려들었고, 이 수도원은 결국 새로이 경작지를 개척하는 시발지가 되었다. 또 이 삼림지역은 이주민에게 재산을 불려줄 수 있는 모피를 얻을 수 있는 지역이므로 끊임없이 이주민이 몰려드는 지역이 되기도 했으며 이와 같이 자연발생적으로 형성된 노브고로드 주변의 신개척지는 이반 3세가 차지하기 쉬운 지역이 되었다. 이러한 분위기의 연장으로 결국 노브고로드의 귀족들을 이주시키고, 그들의 영지를 이반 3세가 파견한 관리에게 나누어 주며 통치하게 하였다.

동 스라브인들의 많은 영토를 모스크바로 합병하여 중앙집권국가의 모습을 갖추어 나가기 시작한 이반 3세는 마침내 모스크바에 남아 있던 몽고의 관리들을 추방하면서 조공을 공식적으로 거부하였고(1480), 몽고군과 경계를 이루고 있는 우그라강 이편에서 방어진지를 구축하고 있었다. 이에 격분한 킵차크한국의 아흐마트는 몇 차례 도강하여 공격을 시도했지만 성공하지 못했고 이미 심하게 분열된 한국들의 세력은 다시 일어날 수 없었다.

240년간의 몽고 굴레를 종식시킨 이반 3세는 스스로 "차르"라 칭하며 비잔틴(동로마)의 후계자로 자처하며 모스크바를 "제3로마"라 불렀다. 종교계에서도 지구상에 남은 회복할 수 있는 천국은 오로지 모스크바밖에 없다고 설교했으며 스스로의 신앙이 부족하여 성스럽던 키예프가 파괴되었고, 지옥 같은 몽고의 굴레를 경험했다고 생각한 슬라브인들은 그들의 설교를 그대로 믿고 있었다. 이 당시는 귀족뿐만 아니라 많은 일반인들도 수도승 길을 택했고, 사람이 적은 산림지대로 들어가 고행(참고: 헤시카즘)을 감내하며 지상에 천국이 건설되기를 기도하며 소망하던 그런 사람들이 많았던 시대였다.

마침내 바실리 3세가 이반 3세의 정책을 이어받아 프스코프, 랴잔, 스몰렌스크까지 모스크바 공국으로 합병하여 영토적으로 슬라브인들의 통일된 국가를 완성하였다. 그러나 여전히 남아 있는 봉건의 잔재는 모스크바국으로 통일된 후에도 중앙집권 확립은 만만찮은 과제였다. 어린 나이로 등극한 그의 아들 이반 4세 때는 어머니 엘레나를 중심으로 한 친인척의 섭정으로 귀족 가문들 간의 갈등이 고조에 이르렀다. 이와 같은 불안정하고 살얼음판 같은 정쟁 속에서 자란 이반 4세는 절대적인 왕권에 대한 욕망으로 불타올랐다.[43] 그는 귀족들 간의 갈등을 조정하고 중앙집권 강화의 방향으로 정책을 추진하며 왕권강화에 힘을 쏟았다. 자문기구를 만들고 서구와의 교류를 촉진하고, 외국으로부터 각 분야의 전문 기술자등을 초빙하기도 했다. 내치에 이어 이반 4세는 대외로 시선을 돌려 모스크바 왕국의 동남부에 남아 있던 몽고군 진영(카잔한국)을 공격했다. 몇 차례의 공격 실패를 통해 반면 학습을 하면서 보다 철저한 준비 끝에 드디어 1552년 카잔의 몽고진지를 함락시킴으로써 아시아로 가는 진출의 교두보를 구축했다.

몽고 압제의 영향:
몽고가 러시아인에게 준 것은 지적이거나 예술적인 것이 아닌 군사와 행정분야의 유산이다.(돈과 무기를 뜻하는 몽골어가 러시아어에 들어와 있다. денги-돈, челобитная-머리 조아리는 형식). 1240년에서 조공이 끝난 1480년 사이는 중앙권력이 없는 지역주의 시대가 되었었다. 몽고정

복자들은 이슬람을 받아들였고, 서쪽의 공격(1380년 쿨리코보 전투)보다 동쪽의 새로운 정복자(Тамерлан)로부터 타격을 입고 15세기를 거치며 킵차크한국(금장한국)은 무너졌다.

4) 왕권강화를 통한 중앙집권의 노력과 공포정치

통일 왕국을 이룩한 후 이반 4세에게 남아 있던 힘든 문제는 교회와 귀족 세력에 대한 견제였다. 무엇보다 교회는 방대한 땅을 가진 수도원들이 도처에 있었고, 수도원에 딸린 농지 개간에 많은 노동자들이 동원되어 있었다. 자신에게 충성하는 측근에게 나누어 줄 토지가 부족한 이반 4세로서는 이들의 토지를 어떠한 명목으로든 국가로 회수해야만 했었다.

앞에서 이반의 즉위정황을 설명했듯 인척을 배경으로 한 귀족들의 권력 갈등을 겪은 이반으로서는 대귀족들에 대한 불신이 컸었다. 그가 생각하기에 이들 귀족들은 러시아의 통일과 왕권의 강화에는 관심이 없고, 자신들의 세력을 유지하며 세습 영지를 늘리는 일에만 몰두하고 있다고 여겼다. 따라서 귀족의 도움을 통한 정치보다는 자신의 명령에 복종하는 군인이나 자신이 선임하여 구성한 자문기관(예: "이즈브란나야 라다"-선발된 인민 회의)에 의한 정치를 하게 되었다. 이반 4세는 대귀족의 힘을 약화시키기 위한 노력으로 1549년에 하급 귀족과 관리, 성직자 및 도시 자본가의 대표들로 구성된 일종의 국민의회 같은 "젬스키 사보르"(선출된 협의회)를 구성했다. 이 회의에서 이반 4세는 대귀족들의 권력 남용을 비난하고, 러시아 국가의 통일을 공고히 하기 위해 단결을 주장했다.

그는 또 '100교구의 협의회'라는 기구를 구성하여 전국의 교회들을 모스크바 총주교의 지도 체제 아래 단일화시켜 교회에 대한 차르의 통제력을 강화시키고, "스제브니크"라는 법을 제정하여 교회에 대한 차르의 영향력을 확보하였다. 이러한 노력으로 1) 지방 장관들을 중앙정부가 임명하게 되었고, 2) 지방에서 귀족들이 받던 주민들이 내는 세금(코름)을 폐지하는 대신 중앙정부가 월급을 주었고, 3) 지방 정부의 재판권과 징세권을 없앴고, 4) 중앙정부는 상비군 "스트렐치(총기병)"를 창설했고, 5) 교회와 수도원의 대금업과 지나친 토지 소유를 금지시켰다.

이러한 조처들은 대귀족들의 불평과 불만을 낳았다. 1560년에 황비 아나스타샤가 죽자 "이즈브란나야 라다"의 핵심 간부들이 그녀를 독살했다는 소문이 돌았다. 실의에 빠진 이반 4세는 이 소문을 믿고 "이즈브란나야 라다"를 해산하고 관련된 지도자들을 유배시켰다. 이를 계기로 이른바 공포 정치가 시작된다. 이반 4세는 1565년에 "오프리츠니나(Опричина 황실의 땅)"를 확보하고, 이를 수비하는 자신의 친위대를 조직하여 "오프리츠니키(Опричники)"라고 불렀다. 이들이 주로 한 활동을 보고 사람들은 이들을 "이반 4세의 비밀경찰"로 설명하기도 하였지만 이들은 국가의 반역자들을 제거하겠다는 뜻으로 검은 옷을 입고, 검은 말을 탔으며 이들의 강압적이고 공포스러운 활동으로 "오프리츠니키"라는 단어가 공포라는 의미로 사용되기도 했다. 예를 들면 1570년에는 모스크바의 예속에 여전히 불만을 품고 있는 노브고로드의 귀족들을 체포하여 5주 동안 이들을 고문 혹은 처형하였었고, 모스크바에서는 수백 명의 관리들을 극형으로 죽였다. 이와 같이 이들은 이반 4세의 반대파에 대한 무자비한 테러의 도구가 되었다. "오프리츠니키"는 차르 체제를 강화하고, 봉건적 분열의 잔재를 일소하며 중앙집권화를 촉진하는 데는 이바지하였으나 무제한적 폭력 행사는 나라 전체를 공포와 무법적 상황으로 만들어버렸다. 더욱이 도시 방화와 파괴는 빈민층과 농민들에게도 그 피해가 막심하여 결국 1572년에 "오프리츠니키"를 폐지하였다.(참조: 젬시치나)

5) 이반 4세의 영토 확장

위에서 언급하였듯 이반 4세는 카잔한국(1552)과 아스트라한국(1556)의 점령을 통해 볼가강 전체를 확보함으로써 동방의 여러 나라들과의 무역을 확대하게 되어 러시아(모스크바국)는 우랄산맥까지 이르는 '커다란 다민족 국가'가 되었다. 북해를 통해 동방으로 진출할 수 있는 해로를 찾으려는 영국의 상인 챈슬러(Richard Chancelour)를 만난 이후 그를 통해 대서양으로 진출할 수 있다는 기대를 가지고 영국과의 통상을 허용하였고, 이를 통해 러시아(모스크바국)의 여러 곳에 영국의 무역관이 생겨 러시아는 이들을 통해 전쟁 물자를 사들였다. 발트해로 꼭 진출해야겠다고 결심을 굳힌 이반 4세는 리보니아(Livonia)를 공격했다(1558). 이 전쟁은 폴란드와 리투아니아와 스웨덴 및 덴마크 등을 연합하게 만들어 무려 25년이 지속되었으나 성과 없이 휴전으로 막을 내렸다(1583).

발틱해의 진출은 좌절되었으나 동북부 즉 시베리아지역으로의 진출은 예르마크(카자흐의 지도자)의 도움으로 이룰 수 있었다. "시베리아"란 지명은 본래 우랄 동쪽에 위치한 작은 도시의 이름이었다. 1407년에 처음으로 러시아의 문헌에 등장하게 된 이 지역은 당시 가장 좋은 돈벌이의 수단이 된 모피(수달)를 공급받는 곳이었다. 모피에 욕심을 낸 많은 개척자들이 진출하였으나 본격적인 개척은 카자흐의 우두머리였던 예르마크 티모페예비치에 의해서이다. '카자흐'의 뜻은 '이주민' 또는 '떠돌이 노동자'를 의미하는 단어로 세금과 노역을 피해 변경 밖으로 이주한 농노들 또는 수렵 또는 약탈 등으로 생계를 유지한 사람들이 살던 곳이었으므로 이런 지명을 갖게 된 것이다. 그는 볼가강 지역 일대에서 약탈을 일삼던 도적으로, 단속을 피해 우랄의 동쪽으로 피신해 들어가게 되었는데 그의 정보를 활용하여 세묜 볼호프스키(Семьон Больховский)를 대장으로 하는 지원군을 파병하여 이곳의 타타르국인 쿠춤(Kuchum)한국을 정복했다(1584). 이를 계기로 슬라브인들이 우랄을 넘어 시베리아로 진출하여 거주하게 계기가 되었다. 그러나 1584년 이반 4세가 죽은 후 러시아는 '혼란의 시대'를 맞이하게 되었다.

1.3 후기1(혼돈의 시대)

이반 4세의 세 아들 중 황태자였던 장남 이반은 아버지 이반 4세의 정신병 발작으로 철장에 맞아 죽었고[44], 남은 두 아들 표도르(Фёдор, 1584~1598)와 당시 생후 6개월 된 드미트리(Дмитрий)가 있었다. 표도르는 테오도르(Theodore)라고도 불렸으나 병약하여 국정을 볼 수가 없었다. 이로 인해 차르의 권력은 이반 4세의 친위대의 대장이었던 표도르의 처남인 대귀족 고두노프(Борис Годунов)가 장악하게 되었다. 뛰어난 책략가인 그는 모스크바의 대주교구를 비잔틴의 콘스탄티노플 총주교구로부터 독립하여 총주교구로 승격시켜 교회의 지지세력을 확보했다(1588). 한편, 이반 4세의 남은 아들 드미트리는 그의 어머니와 함께 모스크바 북쪽의 작은 도시 우글리치(Углич)로 쫓겨났고, 거기서 죽었으며,[45] 그의 어머니는 시골의 작은 사원으로 유배된 채 마르타(Марта)라는 이름의 수녀가 되었다. 표도르는 후계자가 없는 상태에서 죽었고(1598), 이로써 이반 칼리타의 왕조는 막을 내렸다. 후계자가 없는 상태에서 차르가 죽자, "젬스키 사보르"는 고두노프를 새 차르로 뽑게 되는데 이 과정에서 모스크바 총주교구의 역할이 지대했다. 새 차르는 경제의 부흥과 국방력의 강화에 심혈을 기울였다. 이로 인해 모스크바 대공국의 영토는 상당히 커지게 되었다. 그러나 그가 시행한 정책들은 귀족들의 불만을 사게 되어 반기의 분위기 고조되는데 이 무렵 고두노프에게 매우 불리한 두 가지 사건이 일어났다. 하나는 농민봉기이고 다른 하나는 가짜 드미트리의 출현이다.

1) 농민반란

3년이나 계속된 흉년으로 많은 사람들이 굶어 죽으면서 농민과 노예 및 도시민의 봉기가 여기저기에서 시작되었다. 인구의 대다수를 차지하고 있는 농민들은 사회경제적 지위가 열악했다. 이들 대부분은 관리들과 군인들 그리고 지방 귀족들의 땅을 경작해 주며 그 대가를 받으며 살았고, 지주들은 국가에 의무적으로 바쳐야 할 돈을 농민들을 통해 확보했기 때문이다. 농민들은 또 교회가 요구하는 헌금과 부역에도 응해야 했다. 이러한 상황이 되자 농민들은 보다 좋은 환경의 영지로 이동하거나 혹은 어느 누구에게도 속박받지 않는 곳으로 가기를 희망했으나 이반 4세 때 이동금지법(1597)에 의해 이동이 제한된 데다가 1601~1603년의 흉년이 최악의 상황으로 가게 했다. 계속된 큰 흉년으로 많은 사람들이 굶어 죽게 되자 이러한 상황에서 벗어나고자 농민들은 대규모로 모이게 되고, 결국 농민과 노예 및 도시민의 봉기가 시작된 것이다. 일부 농민들은 남부러시아의 몽고 타타르가 쇠망해 비옥한 땅이 주인 없는 상태로 놓인 이곳으로 탈출을 시도하였고 중도에 체포되면 가혹한 형벌을 받아야 했다. 자연히 농민들과 도시 빈민들의 불만과 원성이 쌓이면서 자신들을 박해하는 대귀족과 지주와 지방관에 맞서 싸우는 한편, 자신들을 구원해 줄 "구원자" 차르의 출현을 열망했다. 이러한 바람 속에서 농민들은 당시 민중을 배경으로 하며 등장한 많은 참칭자(스스로 이반 4세의 아들 드미트리라고 칭하는 사람)들 혹은 봉기의 주동자들을 지지하게 되었다.

2) 1차 가짜 드미트리의 출현

농민들과 도시 빈민들의 불만과 원성이 극에 달하게 되었고, 자신들을 박해하는 귀족, 지주 그리고 지방관리 맞서 싸우는 한편, 항상 자신들을 구원해 줄 '좋은' 차르의 출현을 열망해 온 사회적 분위기를 이용하려는 자들이 나타났다. 스스로를 이반 4세의 아들, 보리스 고두노프에 의해 추방되었던 "드미트리" 황태자라 칭한 사람들이 나타나기 시작하였다. 일차로 폴란드에서 등장하였는데[46] 사실은 서로마 교황청의 지지를 얻고 호시탐탐 러시아를 침략하려던 폴란드의 음모였다. 그러나 민중들은 단순하게 자신의 어려운 처지에서 구해 줄 사람이면 그가 진정한 구세주라고 생각하여 이들을 지지했다.

고두노프가 갑자기 죽자(1605), 그의 아들 표도르(Фёдор)가 제위에 올랐으나 그동안 고두노프를 비난하던 세력들이 참칭자를 지지하며 고두노프 일가를 죽이거나 추방했다. 이러한 배경을 업고 참칭자는 모스크바까지 입성하여 차르가 되었다. 더욱이 유배되었던 진짜 드미트리의 어머니(마르타)는 가짜 드미트리가 자신의 진짜 아들이라고 거짓 증언한 댓가로 풀려났고, 모스크바 총주교구까지 그에게 차르의 관을 씌워 줌으로써 어느 누구도 이를 거부할 수 없었다(1606). 가짜 드미트리 차르는 폴란드 사람들을 고관으로 임명하고, 폴란드 용병들과 자신에게 충성하는 귀족들에게 국고를 무상으로 퍼 주었다. 그러나 모스크바에 입성한 가짜 드미트리를 호위했던 폴란드 용병들이 마치 개선군과 같은 횡포를 부렸고, 가짜 드미트리의 지나친 친폴란드적 정책과 행태에다가 서로마의 가톨릭적인 모습까지 덧붙여져 동로마의 정교 신앙을 가진 러시아 사람들의 불만과 반감을 불러일으키게 되었다. 결국 러시아의 몇몇 대귀족들은 바실리 슈이스키(Василий И. Шуйский)를 지도자로 '대변혁'을 추진해 마침내 가짜 드미트리를 죽이고 그의 추종 세력을 몰아냈다. 제위에는 바실리 슈이스키가 올랐다. 하마터면 폴란드의 속국이 될 뻔한 위기를 넘긴 셈이다. 그러나 그의 통치는 모스크바시에 국한되었을 뿐이며, 그 밖의 지역들에서는 여전히 혼란이 계속되었다.

3) 볼로트니코프의 봉기

이반 이사예비치 볼로트니코프(Иван И. Волотников)는 카자흐 출신으로 키예프 동북방의 푸티블리(Путивль)를 기점으로 '차르 드미트리'의 지방관임을 자처하며 농민, 노예, 도시 빈민이 주축이 된 반란을 일으켰다. 모스크바로 진군하는 동안 곳곳에서 차르의 군대를 격파하였으며(1606), 많은 도시들에서 호응 봉기가 뒤따랐다. 70여 개의 도시에서 호응하며 질풍같이 그 힘이 상승세를 타자 새 차르 슈이스키를 제거하고 싶어 하던 툴라(Тула)와 리아잔(Лиазан)의 귀족들마저 볼로트니코프에 가담하여 이 반란군의 힘을 빌리고자 했다. 드디어 볼로트니코프의 반란군은 같은 해 10월에 모스크바에 접근했다. 그러나 이러는 와중에 비조직적이었고 더욱이 이반하는 세력이 발생하여 반란군은 패퇴하여 칼루가(Калуга)에 진을 치고 버텼으나 항복하면 용서한다는 차르의 약속을 믿고 항복하였다(1607). 그러나 차르는 볼로트니코프를 비롯한 많은 지휘자들을 처형하였다. 일련의 농민들의 소요는 몇 해 더 계속되었고 곳곳에서 농민, 노예, 도시 상공인들의 봉기가 일어났으나 가혹한 탄압으로 점차 수그러들었다. 그러나 볼로트니코프가 이끈 농민봉기는 봉건 영주들을 놀라게 했고, 농민들의 농노화를 여러 해 동안 지연시켰으며, 후일에 발생하게 될 라진의 농민전쟁, 푸가초프의 농민전쟁의 전례가 되었다.

4) 2차 가짜 드미트리의 출현

농민전쟁이 가라앉은 그 다음 해에 폴란드의 봉건 영주들은 국왕 지그문트 3세와 공모하여 또 한 차례의 가짜 드미트리 연극을 벌였다(1607). 가짜 드미트리에게 군대와 무기를 주고 모스크바로 진격하게 하여 1608년 여름에 모스크바의 투시노(Тушино) 마을에 진지를 구축하기에 이르렀다. 자신들을 구원해 줄 자비로운 황제의 출현을 갈망한 농민들은 새로운 가짜 차르의 출현을 뜨겁게 환영했다. 이처럼 가짜 차르의 세력이 커지자 슈이스키에 불만을 품었던 대귀족들과 일부 귀족들은 투시노로 이동했다. 첫 번째 가짜 드미트리와 결혼했던 마리나 므니셰크(Марина Мнишек)는 이 새로이 나타난 두 번째의 가짜 드미트리를 자신의 남편이라고 인정했고, 또 첫 번째 가짜 드미트리를 자신의 아들이라고 했던 마르타는 두 번째 가짜 드미트리에 대해서도 자신의 아들임에 틀림없다고 확인해 주었다. 이들의 세력이 1610년까지 모스크바 대공국을 슈이스키와 양분하여 통치했을 뿐 아니라 권력의 중심이 투시노로 바뀔 지경에 이를 정도로 세력이 커지게 되었다. 차르 슈이스키의 지위와 러시아는 매우 위태롭게 되었다. 가짜 드미트리는 친폴란드적인 정책을 폈고, 차르 슈이스키는 친스웨덴 정책을 기조로 하던 중 가짜 드미트리 측 귀족들이 마침내 폴란드 용병들의 모스크바 입성을 허락하기에 이르렀다(1610). 모스크바에 입성한 폴란드 용병 부대는 전국을 휩쓸면서 주민들을 약탈하고 괴롭혔으므로 이들을 모스크바 사람들은 "투시노의 도적"이라 불렀다. 이러한 러시아의 혼란을 틈타 스웨덴은 러시아 북부 도시인 노브고로드를 침략하였고, 폴란드는 스몰렌스크를 비롯한 러시아의 많은 지역들을 차지했다. 이러는 와중에 가짜 드미트리가 처형되었으나(1610) 폴란드 침략군은 이를 빌미로 다시 모스크바로 진격해 들어왔고, 이에 호응한 일부 러시아 대귀족들은 차르 슈이스키를 폐위시킨 뒤 폴란드 왕자 블라디슬라프(Владислав)를 새로운 차르로 선출했다. 동슬라브인들의 모스크바국은 사실상 사라질 위기에 놓이게 되었다.

5) 러시아(모스크바국)의 소생

스웨덴과 폴란드의 침공으로 국가적 위기에 직면하여 대체로 침묵을 유지했던 러시아 국민 전체가 일어났다. 총주교 헤르모겐(Патриарх Гермоген)이 궐기하였고, 곧 이어 니즈니 노브고로드 상공인들의 대표인 쿠지마 미닌(Кузьма Минин)과 포자르스키(Дмитрий Пожарский) 공작이 총사령관이 되어 국민군을 조직해 폴란드에 대

그림 28 미닌과 포자르스키 동상

한 대대적 민족적 항쟁을 벌였다. 이 항쟁에는 영주들과 상인은 물론 농민과 농노까지 참여했고, 카자흐와 변방에 있던 타타르인들도 참가하여 세력이 커졌다. 이 기세에 쫓겨 폴란드군은 모스크바 성 안으로 퇴각하였고, 굶주림에 시달리다가 마침내 항복하였다(1612.11). 이로써 동슬라브인들이 잃어버릴 위기에 몰렸던 통일 국가를[47] 되살렸으며 이 일을 계기로 로마노프 왕조가 시작되었다.

이렇게 국가가 되살아나는 과정에서 숨어 있는 많은 애국자들이 있었다. 대표적으로 이반 수사닌(Иван Сусанин)을 들 수 있는데 그는 후에 글린카에 의해 노래와 노랫말로 추앙되었다(참고:3.4 오페라, 이반수사닌의 줄거리). 기나긴 몽고의 압제하에서 낙후될 대로 낙후된 모스크바 대공국은 이러한 혼동의 시기를 거치면서 더욱 황폐해져 갔다. 상공업이 발전해 나가던 유럽과는 달리 모스크바공국은 여전히 농노에 의한 농업위주의 경제였다. 상업과 수공업 및 무역에 종사하는 사람들이 있었으나 그 수와 규모는 미미했으며, 국민의 대부분은 농업에 종사했다. 농업 기술의 수준도 여전히 원시적 상태에 머물고 있어서 그 생산물도 빈약했다. 따라서 유럽의 다른 나라들에 비하면 모스크바 대공국의 경제규모는 열악하고 비참한 수준일 수밖에 없었다.

1.4 후기2(로마노프 왕조의 시작)

폴란드 점령군이 항복하고 모스크바가 해방되자, 국민군 총사령관 포자르스키 공작은 새 정부를 구성하기 위해 젬스키 사보르(земский сабор, 국민의회)를 소집했다(1613). 러시아 사상 처음으로 모든 계층의 대표가 참석한 것으로 여겨지는 이 국민 의회는 이반 4세의 조카(첫번째 황후의 오빠의 손자)인 로마노프 집안의 17세 소년 미하일(Михаил Романов)을 차르에 선출하여 로마노프 왕조를 출발시켰다.[48]

1) 새 왕조의 시작

모스크바 대공국이 중흥하여 러시아가 유럽에서 하나의 제국으로 부상하고 강대국의 지위를 굳힌 것은 로마노프 왕조에 이르러서 비로소 시작된다. 이 시대를 흔히 제정러시아라고 부르고 영토가 넓어지고, 차리즘(царизм)으로 집약되는 전제정치 체제가 완성되어 로마노프 왕조는 약 300년 동안 계속되지만 실제로 차르의 전제권력이 공고히 되고 러시아가 유럽 국가의 일원으로 도약하게 된 것은 5대 차르인 표트르 대제(Пётр Алексейвич Романосов, Peter the Great)에 이르러서이다. 그가 실제로 러시아를 제국으로 만든 황제이다. 그 이전의 로마노프 왕조는 모스크바 대공국의 연장선에 있었다. 따라서 그의 시기부터는 장을 달리하여 "유럽의 강국으로 부상"이라는 제목으로 다음 장에서 다루고, 여기에서는 그 이전 즉 표트르대제 이전시대로 제국으로 성장하기 위한 배경의 시기를 살피기로 한다.

1대 차르인 미하일(1613~1645)은 어리고 마음이 약하였다. 그의 즉위와 더불어 폴란드에 인질로 잡혀 있던 아버지 필라레트 로마노프(Филарет Романов)를 귀국시켜 32년(1613~1645)의 기간 동안 공동 차르가 되게 했다. 왕조의 기반이 불안정한 10여 년간 젬스키 사보르는 해마다 열렸으나 그 후는 점차 소집이 드물어져 갔다.[49] 미하일의 통치기간인 모스크바국은 비록 새 왕조를 세우는 데는 성공했으나 폴란드와의 전쟁 및 스웨덴과의 전쟁의 지속으로 참혹한 상황이었다. 몇 가지를 나열하면 1617년에는 스웨덴과 평화 협정을 맺고 핀란드만 일대를 넘겨주었고, 그 이듬해에는 스몰렌스크와 노브고로드의 북부를 폴란드에 넘겨주었고, 1632년부터 2년 동안은 스몰렌스크를 되찾고자 폴란드와 전쟁을 벌였으나 패배하였으며, 1645년 그가 죽고 그의 외아들인 알렉세이가 즉위하였다.

2대 차르인 알렉세이 미하일로비치(Алексей Михайлович, 1645~1676)는 '젊은 수도사'라 불릴 정도로 경건하고 신앙심이 깊어 수도원을 자주 찾는 바람에 권력은 황후(Мария Милослвская)의 인척 – 황후의 형부였던 모로조프(Б. И. Морозов) 와 밀로슬라프스키(Милославский) 집안 – 으로 흘렀고 특히 모로조프의 권력 농단으로 국민들의 원성이 높아 수차례의 도시 봉기가 있었다.

2) 혼란

가) 도시 봉기와 농민 반란

국민들의 원성은 도시의 봉기와 농민 반란으로 나타났다. 세 차례의 도시 봉기와 한 차례의 농민반란을 살펴본다. 1차 도시 봉기는 1648년에 시작되었다. 지나친 세금에 시달리던 도시 외곽의 상공인들과 빈민들이 모스크바를 비롯한 여러 도시들에서 봉기한 것이다. 모로조프는 상비군에 발포를 명령했으나 상비군은 오히려 봉기한 군중의 편을 들게 되었고, 이에 용기를 얻은 군중은 모로조프를 비롯한 고위층의 집들과 재산을 파괴하고, 포병 대장 트라하니오토프(П. Т. Траханиотов)와 상공인 지대 관리관 플레스체예프(Л. С. Плещеев)를 죽였다. 성난 군중들의 모로조프의 처형 요구가 있었으나 모스크바 밖으로의 추방으로 타협되었고, 불합리한 세금 제도를 개선했다.

도시 봉기는 1650년 프스코프와 노브고로드에서 또 되풀이되었다. 정부가 스웨덴을 위해 이 두 도시에서 곡물을 조직적으로 사들임에 따라 곡물의 값이 지나치게 오른 데 대한 저항이었다. 프스코프의 경우에는 잠시나마 인민공화국의 형태마저 등장했다. 두 곳 모두에서 정부군에 의해 봉기는 진압되었다.

세 번째는 "동전 반란"이라고도 불리는데 1622년에 시작되었다. 장기(13년째)화된 폴란드와의 전쟁으로 재정난을 타개하고자 세금을 지나치게 물리며 동화를 새로 만들어 세금은 은화로 받고 수공업자들에게는 동화로 대금을 지불했다. 정부뿐 아니라 일부 귀족들과 상인들도 동화를 만들어 사용하게 되면서 화폐가치가 절하되어 물가는 급속히 오르게 되어 굶주림에 시달리는 사람들이 속출하였다. 1662년 7월 드디어 모스크바에 동화를 만든 황제 측근의 귀족들을 비난하는 공고문이 붙고, 이에 동요된 사람들이 황궁으로 몰려가 이른바 동전 반란을 일으켰다.

동전 반란이 진압되고 5년이 지난 후 농민 폭동이 일어났다. 젬스키 사보르가 농민들의 이주를 제한한 법령집 〈울로제니예(уложение)〉로 말미암아 농민들이 농노화된 것이 시작이었다. 이로 인해 "세습 영주들의 땅에 살고 있는 모든 농민 가족들은 토지 소유자의 영원한 소유 재산이 되어 주인을 떠날 수 없었고, 봉건 영주들은 기한이 없이 무한정으로 도망간 농민들을 찾아내어 다시 데려올 수 있도록 허용되었다." 이러한 제도 아래 농민들의 생활이 점점 극도로 비참해지게 된 것이 여러 곳에서 반란을 일으키게 된 원인이 되었다. 우크라이나에서 시작된 농민 반란은 전쟁의 규모로 커졌으며, 리투아니아 지역에서 봉기한 농민들은 귀족들을 화형에 처하기도 했다. 가뜩이나 이주자가 많던 카자흐에서는 거의 매년 농민들의 반란이 있었는데 전국의 도시빈민과 농민들의 참상을 목격하고 스텐카 라진(Стенка Разин)이 1667년 드디어 원정대를 조직하여 볼가강과 우랄강을 통해 여러 도시들을 점령하며 노예 시장을 파괴했다. 그의 세력은 페르시아왕의 70척 군함과 4,000명의 병사를 격파할 정도로 커졌다. 자신의 봉기는 차르의 뜻에 어긋나게 백성을 착취하는 못된 관리들을 타도하려고 할 뿐이고 황제에게는 충성한다 하여 일부의 지방 관리들과 성직자들의 지지를 받기도 했다. 그는 1671년 돈강에서 포로가 되어 모스크바에서 처형되었다.

나) 교회의 분열

도시에서는 봉기, 농촌에서는 반란이 연이어 발생하는 동안 교회는 분열되었다. 황제 알렉세이는 누구보다도 신앙심이 깊은 차르였었지만 교회 분열을 막는 것과 그의 신앙심과 아무 관계가 없었다. 교회를 개혁하고자 하는 세력(니콘 총주교가 중심)과 자신들의 전통을 고수하고자 하는 세력(아바쿰 대사제장) 간의 갈등의 골이 깊어짐에 따라 자연히 분열되었다. 이들의 광신적인 태도가 교회 분열을 가속시켰다. 알렉세이는 니콘을 신임하였었고 대주권자(Great Sovereign)라는 칭호도 함께 사용하였다. 이렇게 황제의 신임을 받은 니콘은 고위 성직자들의 종교회의를 통해 개혁안을 채택(1654)하고, 그를 반대하는 구교도들을 추방하며 러시아 정교의 개혁을 감행하였다. 그러나 시간이 지나며 사사건건 황제의 권위에 도전하던 니콘은 황제의 미움을 받아 결국 총주교직을 박탈당한 뒤 수도원에서 쫓겨나게 되었다. 니콘은 알렉세이가 죽은 뒤에야 간신히 사면을 받아 모스크바로 돌아오게 되지만 귀환 길에서 죽게 된다.

구교도들은 박해 속에서도 볼가강 너머의 숲 속으로 들어가 종교공동체를 이루고 살기도 했고, 많은 농민과 수공업자와 상인 등의 지지를 받아 가며 신앙을 지켰다.[50] 개혁파와 구교도 간의 갈등은 러시아 사회 각 분야에서 발생하는 갈등의 골이 깊은 뿌리가 되었다.

다) 우크라이나의 편입

알렉세이의 통치 기간 러시아의 대외 관계는 여전히 갈등의 연속이었다. 폴란드에 예속되었던 우크라이나는 독립전쟁을 수행하면서 모스크바 대공국과의 병합을 제안하면서 지원을 요청했다. 이에 모스크바 정부는 우크라이나를 자신의 일원으로 받아들이고 폴란드에 선전포고를 했다(1653). 13년간 전쟁이 지속되다가 1667년 우크라이나의 국토를 나누는 내용의 강화 조약(동슬라브인의 옛 수도인 키예프를 2년 뒤 폴란드로 넘긴다는 내용이 포함)으로 끝났다. 이어 스웨덴과도 전쟁을 벌였으나(1659~1661) 카르디스 조약(Кардисский мирный договор)으로 발트해 연안 지역을 스웨덴에게 내어 주었다. 알렉세이는 1676년에 죽었고 그의 첫 황후의 장남인 표도르(Фёдор)가 즉위했다.

라) 궁정갈등

3대 차르인 표도르(Фёдор, 1676-1682)는 병약하여 후계자 없이 1682년 27세로 죽었다. 표도르의 죽음은 2대 차르 알렉세이 때부터 내재되어 있던 궁정 안의 권력 갈등이 표출되었다. 알렉세이 때는 첫 번째 황후의 밀로슬라프스키(Милославский) 집안이 정권을 장악했고, 첫 번째 황후가 죽은 뒤 알렉세이는 나리슈킨(Нарышкин) 집안에서 두 번째 황후를 취함으로 정권은 나리슈킨 집안으로 넘어갔었다. 알렉세이가 죽은 후, 첫 번째 황후로부터 출생한 장남인 표도르(Фёдор)가 즉위하면서 권력의 중심은 다시 밀로슬라프스키 집안으로 옮겨졌다가 후사를 남기지 못하고 황제가 죽자 다시 계승문제가 복잡해졌다.

알렉세이의 첫 번째 황후의 차자이자 전 황제 표도르의 동생인 이반(Иван)과 알렉세이의 두 번째 황후의 아들이자 역시 전 황제 표도르의 이복 동생인 표트르(Пётр) 두 사람이 왕위 계승의 대상이 되었다. 두 황후의 집안이 4대 차르의 자리를 놓고 정쟁을 하게 되었다. 관례로는 당연히 첫 번째 황후의 아들인 이반이 계승해야 했으나 이반은 건강(장님에 가까울 정도로 눈이 나쁜 데다가 다리마저 절었다)에 문제가 많았던 반면 표트르는 몸이 컸고 활동적이었으며 영민했다. 보다 중요했던 것은 어느 집안에서 섭정을 맡을 것이냐 하는 문제였다. 대귀족들은 나리슈킨 집안을 선호하는 편이었고, 총주교 역시 표트르를 지지하는 입장이어서, 귀족 회의는 결국 표트르를 새로운 차르로 선포했다.

그러나 황녀 소피아(София)를 중심으로 하는 밀로슬라프스키 집안이 끝내 승복하지 않았다. 성격이 강한 소피아는 자신의 친 동생 이반이 차르, 혹은 적어도 공동 차르가 되어야 한다는 주장으로 밀로슬라프스키 집안 사람들의 협조를 얻어 황제의 친위대인 스트렐치(стрельцы)를[51] 사주, 선동하였다. 선동 내용은 "나리슈킨 집안이 표도르를 독살한 뒤 자기 집안에 연결된 표트르를 불법적으로 차르의 자리에 선출했다는 것, 그리고 새 집권 세력은 외국인들을 정부나 군대의 요직들에 배치해 러시아적인 전통 질서의 기둥들인 러시아정교와 스트렐치를 탄압할 것"이라는 것이었다. 이 소문으로 선동된 스트렐치들은 궁성으로 진입하여 나리슈킨 집안의 귀족들을 죽이고, 이반을 제1차르로, 표트르를 제2차르로 선포했다. 소피아는 이반(Ⅴ세)의 친누이로 섭정을 맡았다.

마) 소피아의 섭정(1682~1689)

독신이었던 소피아(25~32세 사이)는 7년 동안 섭정하였다. 그녀의 통치를 뒷받침한 귀족으로는 외삼촌인 이반 밀로슬라프스키, 스트렐치의 신임 사령관인 표도르 샤클로비티(Фёдор Шакловитый), 고승 실리베스트르 메드베데프(Сильвестр Медведев), 그리고 바실리 골리친(Василий Васильевич Голицын)이었다. 이들 가운데 총리직에 있었던 골리친은 친서방적인 인사였으나 큰 업적을 이루지는 못하였다.

앞에서 언급한 바 있는 폴란드와의 강화 조약(1667)에서 키예프를 폴란드에게 넘기기로 했었으나 러시아정교의 고도이고 동슬라브인의 마음의 고도인 키예프를 가톨릭인 폴란드에게 넘긴다는 것은 생각도 할 수 없는 일이었다. 골리친의 교섭을 통해 키예프를 확보하는 대신 러시아는 오스만 제국(Османская империя)과 전쟁 중인 폴란드와 스웨덴을 지지하기로 했다. 러시아가 대항해야 할 대상은 오토만 제국의 속국인 크림의 칸이었다. 1687년과 1689년 두 번 원정을 떠난 골리친은 모두 패하고 청나라와 네르친스크(Нерчинск) 조약으로 두 나라 사이의 국경을 확정하였다. 이 무렵 소피아는 차르로 즉위하려는 계획을 은밀히 추진하고 있었으나 소피아의 욕망을 눈치챈 반소피아 및 반반골리친 세력은 표트르(Пётр)[52]를 중심으로 모여들었다. 표트르는 모스크바 근교의 프레오브라젠스코예(Преображенское)에 거주하며 자신과 같은 또래의 소년병들과 함께 용병술에 몰두하는 한편 수학과 포병술과 역사학 등을 공부하였다. 소피아와 표트르 사이에 긴장이 높아 가던 어느 날 밤 소피아가 스트렐치를 동원했다는 소식이 전해지자 표트르는 트로이츠키 수도원(Троице-Сергиева лавра)으로 피신하였다. 총주교와 궁정 대귀족들, 그리고 그의 소년병 부대가 곧바로 지원하여 대세는 표트르에게 유리하게 전개되어 소피아를 노보데비치(Новодевичий) 수도원에 유폐시키고, 그녀의 측근들을 처형하거나 유배시켰다.[53] 소피아 섭정이 몰락한 후 제2 차르인 표트르가 곧바로 국정을 전담하지는 않았으나 권력의 중심은 그의 어머니의 친정인 나리슈킨 집안으로 돌아갔다.[54]

2. 언어/문학

2.1 동슬라브의 문어(키예프 시대에서 모스크바 시대로)

위에서 설명한 11~13세기 사이에 사용한 언어를 "동슬라브어" 혹은 "고대 러시아어"라고 부르고 이때의 문화 중심지는 키예프였으므로 이 시대를 포함한 9세기 이후의 동슬라브인의 역사를 키예프시대라고도 한다. 키예프 공국을 중심으로 통일 동슬라브를 추구하며 언어적 단일체를 형성하였던 고대 러시아어의 시대(11세기~14세기 초)가 지나고 14세기부터 융성한 모스크바 공국을 중심으로 대 러시아어 시대(14세기~17세기)가 시작된다.

9~10세기에 동슬라브인들은 키예프와 노브고로드를 위시하여 몇 개의 공국들을 중심으로 봉건제 사회를 발전시키며 크게 번성하였다. 특히 블라디미르(Владимир) 1세 이후 강력한 키예프가 중심이 되어 동슬라브인들의 의식에 하나가 된 통일의 의식을 갖게 되었다. 그러나 블라디미르 2세(Владимир Всеволодович Мономах, 12세기) 이후 후손들에게 영토를 분봉하여 다스리게 한 후 공국들 간의 갈등, 경쟁, 투쟁은 결국 통일 이전과 같이 다시 분열되었다. 분열, 약화된 동

슬라브는 13세기 중엽 몽고-타타르(Tatar)의 침입으로 무기력하게 무너진 후 무려 240년간 킵차크 한국의 지배를 받아 개별 도시국가로의 분화가 심화되었다.

뿐만 아니라 몽고의 압제를 피해 동슬라브인들의 도시이탈에 따른 이주로 말미암아 주거지역이 점차 확대되어 넓어지면서 동슬라브인들과 동슬라브어의 일체적인 단일성이 서서히 옅어지게 되었다. 공통 슬라브어 시절부터 공유해오고 있던 말소리가 수백 년 사이에 서로 구별되는 현상이 나타나기 시작하며 분화를 보이기 시작했다. 이러한 현상은 결국 14세기에서 15세기에 이르러 "동슬라브어 → 대러시아어(혹은 러시아어), 우크라이나어, 벨로루시어(혹은 백러시아어)"로 분화되는 배경이 된다. 이 세 방언들에는 동슬라브어로부터 내려온 공통된 특징과 함께 저마다의 독특한 새로운 언어적 특성을 갖게 되었다.

1) 몽고-타타르의 침입으로 인해 겪게 되는 동슬라브인들의 변화

가) 키예프를 중심으로 형성되었던 고도의 문화 수준을 향유한 기존의 질서는 마비되었고, 생존이 버거운 현실의 암울함이 지배적이었다.

나) 동슬라브의 남부와 남서부는 리투아니아의 영지였다가 14세기에 들면서 점차 우크라이나와 벨로루시의 국가 기초가 될 정도로 정치적 문화적 발달이 각각 이루어지고, 이것은 동슬라브어의 분화(러시아어, 우크라이나어, 벨로루시어) 현상을 촉발시키는 원인이 되었다.

다) 키예프의 붕괴로 말미암아 동슬라브의 중부 지역은 새로운 강력해진 봉건 영지들이 발생하게 되고, 이들 중 모스크바(도시로는 1147년에 처음 언급)가 우위를 차지하게 되면서 14세기 후반에 경쟁지였던 트베리 공국마저 밀쳐 내며 강자로 부상하게 된다. 더욱이 1380년 타타르에 대항하여 모스크바가 중심이 되어 수행한 쿨리코보 전투를 승리로(битба на Куликовом поле) 끝냄에 따라 마침내 명실상부한 동슬라브인의 중심지가 되며 이른바 "모스크바 시대"가 시작되었다.

2) 민중어의 형성과 발달

동슬라브인의 문화 중심지가 키예프에서 모스크바로 이동되던 시기에 후일 러시아 표준어의 기반이 되는 민중들이 사용한 언어의 모습을 살펴보자. 우선 모스크바는 동슬라브어의 북부 방언에 속하였으나 남부의 구어적 특징이 많이 섞여 있었다. 이것이 모스크바 방언을 북부, 중부, 남부 중 어느 한곳에 국한되지 않을 수 있는, 즉 지역적 제한을 극복하고 전역에 확장될 수 있는 큰 배경이 되었다. 동슬라브 전역에 확장된 중요한 음성적 특징을 살펴보면 다음과 같다.

가) 〈г〉를 폐색음 [g]로 발음(키예프의 발음 [x]와 대조된다).

나) 대명사와 형용사의 단수 생격(예:его, того, доброго)에서 〈г〉가 [v]로 발음.

다) 약위치에서의 〈о〉, 〈а〉가 경자음 뒤에서 [a]로 발음되는 아카니예(аканье)현상.

3) 문자로 표기되는 문어의 새로운 기능과 그 범위

초기 자본주의적 생산 형태로까지 발전한 모스크바 시대의 사회는 문자의 사용이 눈에 띄게 늘어났으며 국가 행정관청은 문서에 능통한 관리들이 전담하게 되었다. 모스크바를 중심으로 하는 중앙권력 형성 및 강화는 국가 권력과 교회 세력의 보전을 위한 이데올로기를 만드는 것으로 시작되는데 16세기에 이르면서 이러한 노력이 절정에 이른다. 이를 반증하듯 이 시기에 사회생활 각 분야에 해당하는 다양한 규정집들이 만들어진다. 예를 들면 교회생활에 대한 "100항목 결의집(Стоглав)", 가정생활과 관련된 "가훈집(Домострой)", 법률과 관련된 "법전(Судебник)" 등이 있다. 이외에도 역사와 전통을 중시하는 사회적 분위기가 강하게 보이며 공식적인 연대기인 "니콘의 연대기"가 만들어지고, 성자전을 집대성한 "대순교전(Великие Четьи-Минеи)"이 나왔다.

15~16세기에 이르러 사회생활에 대한, 즉 규범과 제도, 윤리에 대한 논쟁이 활발해졌다. 국가와 교회 간의 관계와 국가의 지도력에 관한 논쟁, 차르의 자격에 대한 문제, 교회의 봉건제에 대한 문제 등이 논쟁 대상이 되었다. 특히 교회의 토지 소유가 꾸준히 늘어남에 따라 경제적으로 국가의 큰 세력으로 성장하게 되었다. 이와 관련하여 과연 교회가 토지를 소유할 수 있느냐에 대한 도덕적 문제도 제기되었었다. 종교적 규범을 들며 반대했던 사회적 운동은 중세 때처럼 타도되었다. 이를 통해 "시평"이라는 글말의 새로운 기능이 생성되었다. 이것은 사회 공공 생활의 당면한 문제를 다루었고, 대체로 편서문(послание)의 형태를 취했으며 실제 특정 수취인에게로 보내지기도 하였고, 많은 필사본을 통해 독자층도 형성되었었다.

이외에도 공공 사회는 다양한 정보를 요구하게 되어 정치적, 경제적 사회보고서, 각종 여행기 등이 있었다. 예를 들면 “아파나시 니키틴의 인도 여행기(Хождение за три моря Афанасия Никитина 1466~1472гг)”, “1453년 터키인에 의해 콘스탄티노플이 점령된 이야기("니콘의 연대기“에 수록됨)” 등.

4) 문자로 표기된 문어의 모습

문어의 기능이 확장되고, 교회 문헌에서뿐만 아니라 세속적인 일에 사용되기도 하는 등으로 교회 슬라브어가 민중들의 구어로 중화되어 특별한 특징이 없는 듯 보이기도 하지만 실상은 그렇지 않았다. 다음과 같은 문어의 모습들이 특징적이다.

가) 교회 슬라브어의 기능이 교회에서 세속으로 사용 영역이 확장되어 14세기~16세기 사이의 문어의 기초가 되었다.

나) 문화와 문학의 중심지로서 모스크바는 오히려 교회 슬라브어의 복고의 중심지가 되었다.

다) 따라서 남슬라브 지역과 문어적 관계가 강화되었고, 동슬라브와 남슬라브지역에서 교회 슬라브어의 단일성 혹은 통일화를 보여주었다(참고, 제2차 남슬라브어의 영향).

라) 동슬라브인들의 일상적 구어인 민중어의 발달은 남슬라브어를 기반으로 한 문어(교회 슬라브어)와 이질화되는 현상을 불러일으켜 “이중언어(двуязычие)” 생활이 야기되어 점차 글말과 입말(문어와 구어)이 이질화되어 갔다.

마) 법전 혹은 법률과 관련된 분야에서만 사용되었던 상용어는 그

범위를 확대하여 중앙과 지방에 왕래되는 문서에도 사용되었으나 민중어와는 구별되었고 또 후에 규범화되어 가는 문어(글말)에는 영향을 끼치지 못하였다.

5) 교회 슬라브어 사용 영역의 확대(대중화)

교회 슬라브어는 교회서적 혹은 성경, 교부전 등 교회 문헌에 국한하여 사용되어 왔던 것이어서 특별한 문체로 자리 잡혀 있었는데 모스크바 시대가 시작되면서 교회관련 문헌이 아닌 다른 문헌에서도 그 사용의 영역이 확대되었다. 이를 두고 "교회 슬라브어의 문체적 중화"라 부르기도 하나 "교회 슬라브어 사용 영역 확대"라고 부르는 것이 보다 설명력이 있어 보인다.

교회 슬라브어가 중요하게 다루어진 이유는 여러 가지가 있겠으나 무엇보다 언어의 기본 교육이 초기부터 성직자에 의한 것이었고 "읽고, 쓰기"를 위해 채택된 교재도 기도문과 시편 등으로 대표되는 교회 서적이었다. 따라서 시작부터 언어교육은 이처럼 교회 슬라브어의 규범에 따르게 되었다.

이념적인 이유도 중요하게 생각된다. 신생 모스크바 공국은 키예프 루시의 연장이었고, 1453년에 몰락한 비잔틴 제국의 후계로 제3로마로 자부하였고, 특히 키예프 시대 전통의 고수에 대한 자각은 언어적으로도 이 시기의 전통을 지키고자 하는 신념이 있었을 것이다. 같은 맥락에서 제2차 남슬라브의 영향에 대한 결과도 결국은 문화를 주도하는 계층이 전통을 보호하고자 하는 자신들의 의지에 의한 것이었다.

15~16세기에 나온 교회 밖의 문헌들에서도 교회 슬라브어를 광범

위하게 사용하였다. 당시의 이러한 현상은 교회 슬라브어에 대한 인식이 바뀌었기 때문이다. 성경과 같은 교회의 성스러운 문헌에 국한해서만 사용되어야 한다는 종래의 인식이 속세의 국법과 제도 및 사회 문제를 다루는 문헌에도 중요하게 사용되어야 한다는 인식 때문이다. 중세 문필가에게 차르는 지상에 있는 신의 대리인으로 여겼으므로 국가를 운영하거나 이와 관련된 문제, 즉 속세의 공정한 질서에도 역시 하느님의 질서와 관계가 있는 것으로 새롭게 인식하였기 때문이다. 따라서 1565년경 집필된 것으로 여겨지는 작자 미상의 "카잔사(Казанская история)"에서 러시아인(동슬라브인)에 의한 카잔의 정복을 하느님의 대리인으로서 이교도에 대한 승리로 인식하여 신앙의 관점 즉 구원사적인 사건으로 서술하고 있는 것이다. 뿐만 아니라 1670년경 안드레이 쿠릅스키가 집필한 "모스크바 대공사(История о великом князе Московском)"에서 교회의 권위를 무시한 이반 4세를 부정적으로 묘사하였다거나 교회 슬라브어로 기록했다는 것 또한 이러한 이유에서 납득할 만한 일이다. 이와 같이 교회 슬라브어의 사용이 키예프 시대의 세속 문학의 문체에까지 확장되었다. 14~16세기의 교회 슬라브어는 더 이상 교회 문헌에만 해당하는 기능적 문체만은 아니었다. 이 당시의 사회적 분위기로 고대 슬라브어 혹은 고대 러시아어적인 요소는 하나의 고풍스러운 러시아어로 인식되어 당시의 민중어와 구별되는 또 다른 특별한 것으로 여겨졌다.

6) 제2차 남슬라브어의 영향

기독교 유입을 통해 남슬라브 지역과 문화적 교류가 꾸준하게 유지되었으나 13세기 몽고-타타르의 침입과 억압으로 오랜 세월 동안 외부와의 교류가 거의 중단되었었다. 그러나 14세기 모스크바 공국의 부상으로 동슬라브인들은 다시 남슬라브 지역과 교류를 강화하였다.[55] 그동안에 있었던 교회 슬라브어적 요소가 민중어에 수용되던 경향은 사라지고 오히려 고대 슬라브어 문어의 고전판이 다시 표본이 되었다. 이때 많은 언어적 고전화 현상이 보인다. 각종 번역물들을 그리스어로부터 직접 새로이 번역하기도 하고, 번역물을 수정하는 과정에서 어형이나 용어, 문장을 살피며 그리스어의 원본에 충실히 가깝게 옮기고자 하는 노력을 기울였다. 경우에 따라 이미 자국어화된 융통성까지 포기하기도 하였다. 14~15세기의 남슬라브어 번역물들은 그리스어를 충실하게 투사한 것으로 그리스어 원본에 대한 지식이 없으면 이해하기 어려운 것들까지 있다.[56] 문어의 고전화는 간단히 말하면 러시아어의 불가리아어화 되는 것을 뜻한다. 이미 11~13세기에 동안 사용이 억제되었던 고대 슬라브어의 불가리아어적 특징이 새롭게 회생되었다, 그러나 이러한 현상은 짧게 유지되었다가 16세기에 다시 사라져 갔다. 이때의 몇 가지 특징들을 살펴보면 사라졌던 비모음 [ǫ]를 표기했던 "ѫ"이 다시 나타났고, 민중어에서 이미 e와 o로 된 경우에도 ь나 ъ가 다시 쓰였다(събранине회의,сжалеть →сожалеть후회하다,счинять→сочинять저작하다).

7) 신-슬라브어주의

11세기~14세기 사이 동슬라브인의 언어는 광범위한 구조적 변화를 겪는다. 약한 예르(-ь)는 소멸하고 강한 예르(ъ)는 /o/나 /e/로 모음화되는 이른바 "예르 교체"는 음운체계 변화의 거의 초기 현상으로 나타난다. 11세기의 러시아어는 수많은 어휘들을 앞뒤의 모음으로 구별했으나, 14세기에 이르러서는 구개음화된 것과 그렇지 않은 자음으로 구별하게 되었다. 따라서 자음 음소의 수가 거의 두 배로 늘어났고, 모음은 반으로 줄어들었다. 더욱 중요한 것은 온전한 문법 범주가 사라졌다는 것인데, 호격, 쌍수, 부정과거, 불완료, 완료형, 대과거 시제 체계와 곡용된 형용사 단어미형과 절대여격 등이 그 예이다. 한때 특정 격을 다른 격과 구분하는 데 도움이 되던 여러 개의 형태소 교체 역시 사라졌다. 이러한 급진적 변화들로 인해 300여 년 전 러시아 구어에서 완전히 자연스럽게 사용되던 일련의 형태 범주들이 이제 인위적이고 문어적인, 즉 '슬라브어적'인 것으로 인식되었다. 상당수의 신-슬라브어주의적 표현들로 인해 글을 읽을 줄 아는 러시아인들조차 러시아 문어를 이해하기 어렵게 되었다.

8) 고급문체의 발달

눈에 띄는 것은 추상명사가 급증한 것이다. "-ство"유형, 즉 "существо(존재), имущество(소유물), преимущество(우월), могущество(위력)" 등이 이때에 형성된 것이다. 복합어의 형성과 사용 또한 급증했다. 예를 들면 "рукоплескание(손뼉), гостеприиство(손님), вероломство(배신행위), любострастный(호색의), первоначальный(처음의)" 등이 이 시기에 생성된 것으로 여겨진다. 이러한 복합어의 형성은 정확한 개념을 구축하기 위한 것이라기보다 표현의 풍부함을 위한 것이 동기가 되었을 것이라 여겨지고, 그리스어가 그 모형이었을 이러한 고급문체는 성자전에서 많이 사용되었고, 16세기의 문헌에 폭넓게 나타난다. 예를 들면 막심 그레크가 수석 대주교에게 보낸 서간문, 수석 대주교였던 마카리의 책, 이반 4세의 서간문 등에서 빈번하게 보인다.

9) 16세기~17세기에 보인 이중 언어

이때의 러시아인의 언어생활 모습을 독일인 루돌프(Heinrich Wilhelm Ludolf)가 쓴 그의 문법서 〈러시아 문법(Grammatika Russica)〉의 서문을 통해 짐작할 수 있다. "성서를 비롯한 모든 종교서적은 교회 슬라브어가 사용되어졌으므로 러시아인들은 이 언어에 대한 이해가 필요했고, 이에 대한 지식이 없으면 교육과 학문을 주제로 이야기하기 어려웠다. 또 학식이 풍부한 것을 드러내고 싶은 표현의 말이나 글에는 꼭 교회 슬라브어를 섞어 사용해야 했다. 그러나 순수한 교회 슬라브어만으로는 가정과 개인의 용무를 처리할 수 없었다. 그러므로 러시아어로 말하고, 교회 슬라브어로 쓴다"라고 했다.[57] 당시 유일하게 민중어가 사용된 문헌이 있는 데 그것은 "법전(Уложение)"이었다라고 했다. 그의 설명에 따르면 당시(17세기 초)의 언어적 상황을 "두개의 상이한 규범이 존재"하고 있는데 하나는 종교적, 학문적, 문화적 주제에 대한 소통에 사용되었고, 다른 하나는 일상생활의 범주에 해당하는 소통의 수단이라 하였다. 이 두 가지를 극대화하여 대별하면 하나는 교회 슬라브어이고 다른 하나는 일상의 구어일 것이다. 그러나 이 두 규범 사이를 오가는 즉 혼용하며 사용하는 경우가 없지는 않았을 것이고, 이러한 혼용의 2중 언어구조는 이미 11세기~13세기를 지나오며 형성되기 시작했을 것이다.

10) 17세기 이후 상용어

상용어는 14~16세기 사이에 러시아 민중어 사이에서 꾸준히 발달하는 모습이 관찰된다. 예를 들면 "러시아 법전 문헌(Памятники русского права)"[58]에서 보이는 모습을 보면 여러 기능으로 사용되던 접속사 "оже" 대신에 "как"이 이를 대신하고, 복문에서 관계대명사 "еже, иже, идеже, яко"를 "что(што), кто, которай(который), какой, где, как" 등이 대체했다. 이렇게 새롭게 형성된 "상용어"가 전면에 등장하게 되고, 이것의 사용영역이 "교회 슬라브어"의 사용영역과 얼마나 겹칠 수 있을까 하는 문제가 궁금해진다. 이 시기의 교회 슬라브어는 그동안 확장되었던 사용범위가 좁아져 원래의 기능이었던 교회 문헌에 국한되어 사용되었다.

17세기는 고대 러시아 시대에서 신시대로 넘어 오는 과도기이기도 하다. 16세기 중엽에 러시아의 중앙집권화가 종료되고, 동슬라브 민족이 정주하던 지역은 하나의 국가로 통일되었고, 법은 전 러시아에 효력을 발휘하는 등 러시아어의 국어가 발달하기 위한 토대가 마련된 시기이다. 16~17세기에 발트해 연안을 차지하기 위해 스웨덴과 폴란드와 오랜 전쟁을 치루었지만 경제적으로는 꾸준히 발전하여 해외 무역이 증대되었고, 서구와의 문화적 교류가 원활하였다. 서유럽과의 원활했던 교류는 상용어가 사용된 문헌에서 보이는 차용어의 급증을 통해 확인할 수 있다. 이러한 차용어들은 18세기경부터 일반화되어 러시아 문어 형성에 기여하게 된다. 대체로 무역과 관련 있는 상품, 수공업, 의학, 군사 분야와 관련된 용어들로 서유럽에서 폴란드와 벨로루시를 통해 들어온 것들이다. 예를 들면 독일어의 jamarek에 뿌리를 둔 폴란드어의 jamarek으로부터 러시아어 ярмарка(ярмонка, 교역), 독일어 Dutzend에서 시작된 러시아어 дожина(12개, 1다스), 역시 독일어에서 시작되어 폴란드어(rynek)를 거쳐 러시아어에 рынок(시장)으로 정착된다. 이러한 차용어의 유입과 차용어 사용으로 미루어 서유럽과의 강화된 관계뿐만 아니라 교육을 주도하는 계층을 포함하는 사회제도 변화를 짐작하게 한다. 러시아의 시장형성, 해외무역 발달, 생산 증대 등으로 나타나는 경제적 상황변화는 읽고, 쓰기에 대한 지식을 소유한 인력을 필요로 하게 된다. 실제로 17세기에 이르러 글의 해독이 가능한 인구수가 급증한 것으로 나타난다. 읽고, 쓰기의 필요성은 도시민은 물론이고 농어촌에까지 확대되는 등 인문교육이 활발해졌다. 17세기에 고대 러시아의 전승문학이 폭넓게 복제되면서 교훈적이고 종교적인 문학에 대한 수요는 감소한 반면 세속적이고 흥미 있는 문학에 대한 수요는 급증하게 되었다. 이에 대한 공급은 주로 폴란드를 통한 유럽의 순수 문학, 러시아의 설화 등으로 채워졌다.

2.2 문학

2.2.1_13세기~15세기의 문학

1) 배경

중세까지의 문학과 역사적인 과정들을 살펴보면 한마디로 혼돈의 시기, 그리고 근대 문학으로 자리를 잡아가는 시기였다. 고대 러시아 문학의 첫 번째 시기인 키예프 문학(종교문학)을 지나 13세기 몽고-타타르의 침략으로 문학의 암흑기를 거쳤다. 타타르에 항쟁해 온 러시아 공국들 가운데 모스크바 공국은 유리한 지리적 조건을 이점으로 활용하여 급속한 성장을 하였고, 14세기 초에는 모스크바 공후 이반 칼리타의 통치와 더불어 북동 러시아의 주역이 되었다. 공후들이 분쟁과 타타르의 압제, 전쟁의 승패를 겪어야 했던 러시아 공국들과 그 민중들의 삶과 현실적인 고통 등이 문학 작품에 잘 반영되어 나타났다. 당시의 작가들은 자연히 애국심과 조국 수호를 위한 단결을 구현시키기 위해 자연스럽게 조국의 역사, 전쟁 이야기, 영웅담, 공후들의 전기 그리고 현실 비판적인 풍자의 글 쪽으로 관심을 쏟게 되었다. 이 시기 문학의 주류는 연대기 형식이었고, 모스크바는 이 당시 연대기 편찬의 중심지였다.

연대기 등에 수록된 문학 작품들을 살펴보면 당시 민중들이 겪은 고통과 외적에 대항한 투쟁 등이 묘사되어 있다. 예를 들면 〈바투에 의한 랴잔의 파멸 이야기(Повесть о разорении Рязани Батыем)〉, 〈러시아 땅의 멸망 이야기(Слово о погибели Русской Земли)〉 등과 같이 이민족의 침입에 대한 비극적인 고통과 슬픔, 이에 대한 영웅적인 전투와 애국심이 등이 주요하게 다루어진 주제이다. 전자에서의 서술 방식은 〈이고리 원정기〉에서와 같이 시적인 것보다는 이야기식으로 서술하여 산문의 형식을 띠고 있고, 전쟁의 모습과 영웅의 행위들이 보다 상세하게 묘사되어 있다.

〈바투에 의한 랴잔의 파멸 이야기〉는 1237년 바투가 랴잔 땅에 처음 들어와 어떻게 이 도시를 공략했는지와 그들이 랴잔 공후에게 공물뿐 아니라 그의 아내를 어떻게 요구했는지 등이 서술되어 있다. 전투로 주민들이 처참하게 죽임을 당하고 공후의 아내는 높은 교회에서 떨어져 죽고, 바투는 랴잔땅을 황폐화시키고 루시로 침공해 갔다. 이때 랴잔 용사 예브파티 콜로브라트(Евпатий Коловрат)가 비록 전사했지만 얼마나 용감하게 전투했는지도 묘사되어 있다. 이러한 항전에도 불구하고 결국 13~15세기 키예프를 위시하여 동슬라브인의 공국들은 킵챠크 한국의 속국이 되어 공물을 바쳐야 했다.

〈알렉산드르 넵스키의 전기〉는 네바강과 추도호의 빙판 위에서 영웅적으로 전투를 승리로 이끌었던 넵스키의 군대는 이상적인 그리스도의 군대로 러시아를 멸망에서 구원해 줄 영웅의 표본이었다. 러시아 공후들의 애국심과 단결을 불러일으키고자 한 군대의 이야기이다. 이와 유사한 내용으로 1380년 돈강 유역의 쿨리코보 평원에서의 전투에서 러시아군이 처음 승리하였고, 이 승리는 러시아인들에게 큰 자부심을 불러일으켜 독립을 위한 투쟁이 문학의 중요한 주제가 되었다. 14세기~15세기의 작품들은 러시아가 어떻게 통일 국가가 되고, 어떻게 강력한 국가로 성장하였는지가 서술되어 있다. 아래에서 보다 자세히 설명하겠지만 이에 대한 대표적인 두 개의 작품이 있는데 하나는 14세기의 〈자돈쉬나(Задонщина)〉이고, 다른 하나는 15세기의 〈마마이 칸의 대전투에 대한 이야기(Сказание о Мамаевом побоище)〉이다. 이 두 작품은 모두 〈이고리 원정기〉의 영향을 받은 것으로 평가되고, 두 작품 모두 쿨리코보 전투를 소재로 다루고 있다.

2) 연대기와 서적 출판

14세기 말이 되면서 노브고로드, 수즈달, 로스토프 등과 같은 새로운 연대기 편찬의 중심지들이 생겼다. 이곳에서 편찬된 연대기들은 통치하고 있던 이런 저런 공후 가문의 입장에서 해명한 각 현지 사건들에 초점이 맞추어져 있다. 그럼에도 불구하고 모든 연대기에는 하나의 공통된 이념인 타타르 정복자들과의 투쟁을 위해 전 러시아 통일의 불가피성이 강조되어 있다. 15세기 러시아에 자작나무 껍질보다 쓰기 훨씬 편하고 수피보다 훨씬 값이 싼 소재인 종이가 수입되기 시작했다. 종이의 출현과 함께 서적은 더 저렴해졌고, 서적의 부피는 더 커졌다. 집필 수요의 증대와 종이의 출현은 필기법의 변화를 초래했다. 사각형의 자모가 정밀하고, 우아하게 기입되는 정자체 대신에 거침없고 자유로운 필기인 행서체가 유행했다. 서적출판의 가장 큰 중심지는 필사공장과 수백 권의 책을 보관했던 도서관이 있던 수도원이었다. 공후들도 공후 소유의 필사공장을 가졌다.

고대 러시아 문학에서 타타르에 대한 최초의 언급은 러시아-폴로베츠의 연합군과 타타르군 간의 전쟁(1223)에 대한 이야기인 〈칼카강 전투에 관한 이야기(Повесть о битве на Калке)〉에 등장한다. 대표적으로 〈노브고로드 제1연대기(Новгородская первая летопись)〉, 〈라브렌티 연대기(Лаврентьевская летопись)〉, 〈이파티 연대기(Ипатьевская летопись)〉에서 다루어지는 "칼카강 전투"는 연대기 작가들에게 단순히 미지의 난폭한 적들과의 전쟁에서 패배에 했다는 사실에 대한 사건 기록이 아니라 미래 러시아의 종교적, 정치적, 사회적 발전에 커다란 영향을 끼치는 사건으로 인식하였다. 작가들은 타타르의 침공을 자신들이 견지해 온 삶의 태도라는 신앙적 관점에서 해석하고, 앞으로 취해야 할 신앙적 자세에 대해 언급하였다. 연대기 작가들에게 중요한 점은 느닷없이 등장한 낯선 이 이민족은 도대체 누구이며 왜 나타났는가에 대한 이유를 찾고자 했다. 특히 〈노브고로드 제1연대기〉의 작가는 이들의 정체, 유래, 언어, 종족, 신앙 등에 대한 의문을 제기하고, 이들을 타타르, 타우르멘, 페체네그족으로 규정한 후 파타라(Патара) 출신의 메포지(Мефодий)의 〈계시록 (Откровен ие)〉을 인용하여 이들이 자신들에게 나타난 원인을 아래의 설명에서 보듯 러시아의 죄악(греховность)에서 찾았다. 이와 같은 종교적 관점의 역사 해석은 초기 연대기 작가들에게 보편적인 것이었다.

a. 〈노브고로드 제1연대기〉

〈노브고로드 제1연대기〉에서 작가는 러시아와 연합했던 폴로베츠에 대해 우선 비판적인데, 폴로베츠를 무신의(безбожный), 저주스럽고(окаянный), 무법적인(беззаконный) 민족으로 묘사하며, 그들은 러시아 땅에서 수많은 악행을 저질렀고, 민중들의 피를 수차례 흘리게 했고, 이러한 죄악 때문에 자비로운 하느님의 벌을 받았다고 기술하고 있다. 따라서 폴로베츠에 대한 타타르의 침입은 죄 많은 폴로베츠에 대한 하느님의 처벌이어서 이 사건은 결코 우연한 사건(безбожный)이 아니라는 것이다. 작가는 러시아인들에게도 끔찍한 몽고의 침입 사건은 자신들의 행동에 대한 하느님의 경고라고 해석하면서 그들에게 닥친 불행은 폴로베츠를 도운 불신앙적인 태도에 대해 러시아인들 스스로 저지른 죄악에 대한 벌로 해석하였다. 또한 작가는 타타르의 침입이 다가오는 최후의 심판의 표지 중의 하나일 수도 있다고 해석하기도 했다 .

이 작품에서 작가는 타타르인들에게 다소 긍정적인 시각의 해석도 보인다. 하나의 전쟁 수행방식이겠지만 어찌되었든 타타르인들은 위에서 언급한 러시아인의 잘못된 불신앙적인 행위들로부터 러시아인을 막으려 시도했고, 또 처음엔 타타르인들이 러시아에 대해 평화적인 자세를 보이며 두 명의 사신을 보내 폴로베츠를 돕지 말도록 설득했기 때문이다. 이와 같은 타타르인들에 대한 약간의 긍정적인 듯한 언급은 러시아인들과 폴로베츠인들의 불신앙적인 행위에 대한 강조로 더욱 두드러져 보인다.

b. 〈라브렌티 연대기〉

〈라브렌티 연대기〉는 칼카강 전투에 대해 비교적 간략하게 서술되어 있다. 이야기는 첫째, 타타르의 출현은 이교도인 폴로베츠에 대한 절대자의 벌(Кара Господина)이었고, 둘째, 폴로베츠를 돕기 위한 남부 러시아 공후들의 원정은 결과적으로 패배하였으며, 셋째, 타타르에 대항한 폴로베츠를 돕는 전투에 참가하지 않아 파멸로부터 구원을 받은 로스토프의 공후 바실코 콘스탄티노비치(Василько Константинович)에 대한 이야기 등으로 구성되어 있다. 이야기의 구성에서 보이듯 〈라브렌티 연대기〉의 작가는 타타르의 행위에 대한 묘사보다 전쟁에 참가한 러시아인들이 패전으로 인한 고통으로 눈물을 흘리고 슬퍼할 때 블라디미르와 로스토프에서는 하느님과 성모를 찬양하며 기쁨에 차 있었다라고 서술하고 있다.

작가는 칼카강 전투에서의 패배라는 사건에 어느 정도 거리를 두며 객관적으로 서술하는 입장을 취하면서 단지 로스토프 공후 한사람의 운명에 대한 서술에 집중하였다. 이러한 작가의 입장은 다른 연대기 작가도 마찬가지였지만 침입자들에 대한 이해 부족과 로스토프에 대한 우호적 시각의 영향일 것이다. 여기에서도 〈노브고로드 제1 연대기〉의 작가와 유사하게 타타르에 대해 다소 긍정적인 시각의 태도가 보인다. 예를 들면 폴로베츠에게 붙여진 부정적 의미의 수식어들(예:безбожный, беззаконный, окаянный 등)을 타타르에게는 사용하지 않은 것으로 보아 타타르를 기독교도들의 피를 흘리게 한 무도한 이스마엘의 후손들에게 복수하시는 하느님의 도구로 간주하고 있다.

이와 같은 폴로베츠에 대한 부정적 시각과 이해와 대비적으로 타타르에 대한 언급은 단 한차례로 매우 건조하게 지칭되어 있다. 예를 들면 수식어 없이 지시대명사나 인칭대명사(예;ти пойдут; бишася с ними; побеждены от них)로만 언급되어있다. 오히려 폴로베츠에게 내린 하느님의 처벌을 수행하는 타타르의 임무에 맞서 대항한 남 러시아의 공후들의 행위를 무지의 소치 혹은 잘못된 일로 여겼다.

c. 〈이파티 연대기〉

〈이파티 연대기〉는 위의 두 연대기에 비해 훨씬 상세하게 전투의 준비와 과정, 결과가 기록되어 있다. 작가는 여러 사료로부터 자료를 다양하게 선별하여 사건의 과정을 모자이크식으로 편집하여 이야기를 서술하였는데 우선 러시아 공후들에게 닥친 불행의 규모를 강조하였다. 〈이파티 연대기〉에서도 역시 〈노브고로드 제1연대기〉에서처럼 러시아 공후들은 폴로베츠의 요구에 따라 수동적으로 타타르에 저항하였다고 서술하였다. 〈이파티 연대기〉의 서술적 특징은 사건의 묘사에서 보이는 다소 낙관적 시각이다. 러시아인들은 자신들의 운명에 적극적으로 저항하기 위한 전투가 아니라 그저 수동적으로 불행(패배)을 견뎌내고 있다는 식으로의 서술이다.

3) 문학 작품

1380년의 쿨리코보 전투(Куликовская битва)는 다방면에서 중대한 의미를 갖는 전환점이다. 이 전투에서 러시아의 승리는 한편으로 150년간 "타타르의 압제(Татарское насилие)"로부터의 해방의 전조였고, 다른 한편으로 승리의 주역이었던 모스크바 공후의 세력을 강화하는 결정적 계기였다. 보다 중요한 점은 러시아와 타타르 간의 관계 재설정 혹은 러시아인 자신에 대한 새로운 자부심을 갖게 하는 중대한 사건이었다. 따라서 오랜 기간에 걸쳐 중세의 러시아 작가들은 "마마이 대전투"라는 소재를 자주 다루었는데 그럴 때마다 "쿨리코보 전투"를 상세하게 묘사하고, 이 전쟁의 성격을 규정하고, 사건의 원인과 결과를 분석하고, 타타르에 대한 러시아의 승리의 의미를 규정하고, 향후를 전망하고자 했다. 마마이(Мамай)에 대항한 드미트리 돈스코이(Дмитрий Донской)의 승리에 대한 작가들의 관심은 다양한 곳에서 예를 들면 "돈 강 너머 이야기(Задонщина)", "각종 연대기", 여러 판본의 "마마이 대전투에 관한 이야기(Сказание о Мамаевом побоище)" 등에서 "쿨리코보 시리즈(куликовский цикл)"를 만들어 냈다.

a. 〈돈 강 너머 이야기〉

쿨리코보 전투는 러시아인들에게 민족적 자긍심과 함께 타타르를 이길 수 있다는 자신감을 불어넣어 주었는데 이러한 민족적 자각을 가장 잘 표현한 작품은 다름 아닌 14세기 말의 〈돈 강 너머 이야기(Задонщина)〉이다. 이 작품은 쿨리코보 전투가 끝난 후 1383년경 랴잔의 수도사 소포니(Софоний)가 집필한 것으로 알려져 있는데 작가는 〈이고르 원정기(Слово о полку Игореве)〉를 모방한 듯 역사적 사건을 기록하기보다는 문학적이고 시적인 표현에 중점을 두었고, 전투장면을 묘사하는 대신 러시아의 승리에 초점을 맞추어 한 편의 장편 서사시를 만들었다. 모스크바의 대공 드미트리 이바노비치(Дмитрий Иванович)의 지휘하에 타타르의 칸인 마마이(Мамай)에 대항한 전투로 간결하지만 매우 감동적으로 서술되어 있다. 돈강 근처에서 이반 대공이 랴잔과 리투아니아의 공후들의 지원을 받고 있는 마마이 군대를 만나 하루 종일 교전하여 마침내 승리하였다는 이야기이다. 이반은 명예롭게 귀환했고, 마마이는 다른 타타르 부족에 의해 살해되었다. 〈이고리 원정기〉에서와 같이 이 작품은 독특한 대조 표현법으로 묘사되어 있다. 또 다른 예를 찾아보면 마마이의 타타르 군대는 드미리 이바노비치(Дмитрий Иванович)와 블라디미르 안드레예비치(Владимир Андреевич)의 러시아 군대에 대조되어 부정적으로 묘사되어 있다. 타타르와 마마이는 간결하게 묘사되어 있고, 언제나 이교도(поганные)로 규정되어 있다. 긍정적인 묘사는 단지 한 차례씩 러시아 공후들의 적수(супостат), 무신자(безбожный) 그리고 타타르의 차르(царь)로 언급되어 있다. 작가는 마마이의 침략을 반기독교적, 반러시아적인 것으로 규정짓고, 이러한 상황으로부터 벗어나기 위한 것은 오로지 타타르와의 비타협적 투쟁이라는 점을 강조했다.

b. 〈마마이 대전투에 관한 이야기(Сказание о Мамаевом побоище)〉는 쿨리코보 전투와 관련된 중요한 사실들 즉 원정준비, 러시아군의 움직임, 전장에서의 러시아군의 배치, 전쟁과 용사들의 모습 등이 자세하게 서술되어 있다.

c. 〈바투에 의한 랴잔의 파멸 이야기(Повесть о разорении Рязани Батыем)〉

〈바투에 의한 랴잔의 파멸 이야기〉는 1237년 바투가 랴잔 땅에 처음 들어와 어떻게 이 도시를 공략했는지와 그들이 랴잔 공후에게 공물뿐 아니라 그의 아내를 어떻게 요구했는지 등 랴잔에 대한 타타르의 침입과 이들이 저지르는 파괴, 랴잔 공후 가족의 비극적인 운명에 대해 묘사하고 있다. 전투로 주민들이 처참하게 죽임을 당하고 공후의 아내는 높은 교회에서 떨어져 죽고, 바투는 랴잔 땅을 황폐화 시키고 루시로 침공해 갔다. 이때 랴잔 용사 예브파티 콜로브라트(Евпатий Коловрат)가 비록 전사했지만 얼마나 용감하게 전투했는지도 묘사되어 있다. 이러한 항전에도 불구하고 결국 13~15세기 키예프를 위시하여 동슬라브인의 공국들은 킵차크 한국의 속국이 되어 공물을 바쳐야 했다.

이 작품에서의 무용담은 적에게 공포를 준 친위 대원인 예브파티 콜로브라트와 그의 부대에 대한 이야기가 포함되어 있다. 이 작품에서 가장 강조하고 싶어하는 기본 생각은 다음과 같은 말로 압축할 수 있다.

"불결한 의지 속에서 구차하게 사는 것보다는 삶을 포기하는 게 더 낫다."

이와 달리 플라비우스의 〈유대 전쟁사〉의 번역본은 1185년 칼카강 전투에 관한 〈이파티 연대기〉의 서술과 〈이고르 원정기〉를 보다 훨씬 더 서정적으로 서술되었다. 이러한 영향은 1237년의 〈랴잔의 멸망 이야기〉와 기타 후대의 군대 이야기 등에도 반영되어 있다. 1377년의 〈라브렌티 연대기〉와 위에서 언급한 1425년경의 〈이파티 연대기〉 등에서 〈원초 연대기〉를 첫 부분으로 넣었고, 북쪽의 노브고로드 연대기에도 이와 같은 영향이 있음을 발견할 수 있다. "연대기"라는 장르가 다양한 주제와 형식을 내포하고 있어 러시아 언어문화의 발달 과정을 보여 주는 귀중한 자료도 된다.[59]

4) 기타: "말 엮기 문체"

말 엮기란 언어를 씨줄과 날줄로 엮어 짜듯 하는 창작 방식이다. 단어와 단어를 엮는 것으로부터 출발하는 문체로서의 말엮기 양식을 확장시켜 설명해 본다면 문장과 문장, 문단과 문단을 이어 짜는 창작 방식을 말한다. 거슬러 올라가 기원을 찾자면, 고대 러시아의 종교 문학에서 인간의 상상력을 이용한 자신 스스로의 창작을 극도로 경계하였었다. 이야기 발생의 첫 시기부터 자기 생각과 말을 억제한 채 여러 정전 텍스트들로부터 인용된 이야기들을 엮어 짜는 창작 방식을 사용할 수밖에 없었다. 이것을 14세기 말~15세기 초의 문학 창작의 기법이자 양식으로 널리 퍼진 "말 엮기 문체"의 러시아적 원류라고도 볼 수 있을 것이다. 앞서 부흥기 러시아의 전통을 이야기하면서 언급하였듯, 남슬라브의 영향을 받아 당대 문학의 특징적 문체로서 자리 잡은 "말 엮기 문체"는 원래 올바른 형상을 창출하고 분위기를 고양시키고자 하는 목적을 지닌다.

이렇게 볼 때, 부흥기 러시아 문학에서의 말 엮기 문체는 첫째, 당대 러시아 문학의 주제가 민족의 억눌린 의식과 분노 아울러 자긍심을 표출하는 것이었던 만큼 요구되는 분위기를 창출하는 데 적합한 것이었고, 둘째, 당대 문인들에게 강력한 애국주의적인 파토스로 매우 매력적이었던 키예프 문학 전통으로부터 텍스트를 차용하는 데 있어 작가들의 심리적 저항을 최소화할 수 있는 적절한 창작 방식이었던 셈이다. 또한 전통적인 교회 문학에서 교회 작가들이 자신의 인간적 창작이 개입할 여지를 최소화하기 위해 극도로 엄격하지만 창조적인 텍스트 엮기 작법을 구사했던 것을 떠올려 본다면 과거의 문학 작품에 대한 이러한 차용 심지어 화학적 과정을 통해 재생산되지 않은 기계적인 차용마저도 어쩌면 당대 작가들에게 일종의 문학적 전통에 대한 강박관념을 잠재울 수 있는 일종의 면죄부였을 수도 있을 것이다 .

5) 러시아의 "오리엔탈리즘" 형성

러시아인의 잠재의식에 형성된 동양에 대한 인식은 다른 유럽인들과 다른 독특한 인상, 즉 '러시아 오리엔탈리즘'이 형성되어 있다. 러시아 오리엔탈리즘의 형성과 전개에서 가장 근원적이고 중대한 의미를 지니는 역사적 사건은 '몽고-타타르의 압제'이다. 이들에 의한 150년이나 되는 긴 기간의 압제 동안의 억눌림과 고통은 다방면에 다양한 영향을 끼쳤고, 이것은 러시아인의 정신세계에 쓰라린 역사적 트라우마로 작용해 러시아 문학에 이교도적인 동양 혹은 타타르에 대한 독특한 이데올로기를 만들어 냈다. 이 이데올로기는 13세기에 시작하여 거의 한 세기 반에 걸쳐 형성된 것으로 1380년의 "쿨리코보의 전투"가 시발점이 되어 15세기 말 실질적 해방에 이르기까지 지속으로 작용했다. 13세기 중반에서 15세기까지의 러시아 문학에 독특하게 자리 잡혀 있는 "타타르-이데올로기"의 기저에는 신앙과 애국이 있다. 이것은 향후 러시아 문학사 전체에 걸쳐 영향을 미치는 이른바 '타타르쉬나(татарщина)의 원형상'이다.

6) 민담

13세기~14세기 가장 널리 유포된 루시 문학 장르 중 하나는 무용담이었다. 이러한 장르의 작품의 바탕에는 구체적인 역사적 사실과 사건들이 배경이 되기도 했고, 작품의 기초가 된 것이 역사적 사실과 사건이었으므로 다소 과장된 표현은 있었지만 당연히 등장인물 역시 역사적 실존 인물들이기도 했다. 이러한 작품의 주인공들 중에는 정복자들과의 투쟁에서 공을 세운 평범한 사람들도 등장했다. 이들은 보통 사람으로서 전투에서 정복자와 함께 위업을 남긴 인물들이다. 예를 들면, 아브도티에-랴자노츠크에 대한 노래는 랴잔의 주민들을 포로에서 구출하고, 도시를 새롭게 부활시킨 일반 도시민에 대한 이야기를 담고 있었다.

이반 3세에 이르면서 이와 같은 문화(언어, 문학, 민담)가 크게 발전되는데 이미 몇 세기 전부터 외국 침략자들에 맞서 싸운 러시아 국민들의 무용담이 구비문학의 형태로 전승되었기 때문이다. 14세기와 15세기 사이에 이러한 구비문학은 더욱 성장하게 된다. 그 대표적인 작품들이 바투에 의해 행해진 〈루시 침략에 관한 전설〉, 체르니고프의 〈미카엘 공후의 살해에 관한 이야기〉, 〈루시 땅의 파괴에 관한 강론〉, 〈알렉산드르 네프스키의 생애〉, 〈셰프칼(Шевкал)의 전설〉, 〈자돈쉬나에(돈강의 저편에)〉 등이다. 또 같은 시기에 공후와 대주교 및 수도원 설립자를 주 소재로 하는 전기문학도 상당히 발전했다.

15세기에 영웅을 묘사한 서사시는 최고의 전성기에 이른다. 서사시의 작가는 대체로 두 가지의 일 – 하나는 러시아의 통일이고, 다른 하나는 투쟁 – 에 초점을 맞추었다. 자주 등장하는 주인공은 키예프의 공후 블라디미르였다. 그는 키예프인, 러시아인들의 기억에 가장 성스런 공후로 자리 잡혀 있는 듯하다. 키예프와 달리 북방에 있는 노브고로드의 민담에는 조금 다른 소재가 다루어졌다. 전쟁과 투쟁 대신에 장사 이야기가 많이 다루어졌다. 노브고로드의 용감한 장사꾼인 바실리 부슬라예비치와 부유한 상인인 사드코는 자유 애호가들과 부자들의 영웅이었다.

2.2.2_16세기~17세기의 문학

1) 배경

몽고의 압제가 한창이던 14세기 말부터는 수사적인 기교만을 극도로 중시하고 고통의 수용과 인내 외에는 특별한 내용이 없는 성자전이 주류를 차지하게 되었다. 러시아 문학의 전반적인 흐름 속에는 역시 정교를 바탕으로 한 주류가 형성되어 있었고, 정교와 관련한 것에는 비잔틴의 영향도 적지 않았었다. 이때(16세기)의 대표적인 작품으로 〈표트르와 페브로니야에 대한 이야기(Повесть о Петре и Февронии)〉를 들 수 있는데 이 당시의 작품으로는 가장 잘 알려져 있다. 비록 성자전으로 분류되지만 새로운 분위기로 넘어가는 과도기적 성격의 작품으로 보인다. 내용은 무롬(Муром)에서 온 공후인 표트르와 농가의 처녀인 페브로니야에 대한 이야기이다. 농가 처녀인 페브로니야가 병든 공후를 치료해 주고 후에 그의 아내가 되었으나 무롬 영지의 귀족들은 농가의 여인이 공후 부인이 되는 것을 원하지 않았다. 이런 상황을 두 사람의 사랑으로 극복하며 노년에는 수도사가 되어 훗날에 숨을 거두어 같은 장소에 묻혔다는 이야기이다. 구비 문학 즉 민담적인 모티프가 혼합되어 있는 이 작품은 다음과 같은 3가지 점이 특이하다. 하나는 이상적 모형으로 제시된 남녀 간의 사랑이야기이고, 둘째는 귀족 세력의 대표인 공후와 평민인 농가의 여인 간의 사랑이 다루어진 신데렐라 같은 세속이야기이고, 셋째는 당시 유행했던 전쟁의 영웅이나 성자의 전기가 아닌 세속적인 삶을 살다 종교에

귀의하는 속세의 이야기이다. 결국 16세기를 기준으로 정리해 보자면 16세기 이전까지는 성인의 생애전, 성자전, 영웅서사시, 연대기 같은 것에 집중했다면 16세기 이후부터는 글자로 정치와 역사 등 세속적인 것을 표현했다는 데에 문학 발전의 의의가 있다.

2) 16세기 문학

16세기 들어 새로운 문학장르가 형성되는데 이른바 사회평론(публицистика)이다. 즉 정치와 국가운영의 여러 문제에 대해 언급하는 글들이 많아지게 되었다. 문학이라 함이 꼭 소설만을 일컫는 것이 아니라 글자로 표현된 인간의 삶 자체이기 때문이다. 사회 평론 즉 생활, 관습, 규범을 정하는 문헌의 등장은 공식 문학이라 일컫는 글들이 동떨어진 특별한 것이 아니라 민중의 삶에 가까이 있는 것임을 보여 주는 큰 진보이다. 이러한 경향은 모스크바 시대(16~17세기)에도 계속 이어졌지만 다른 한편 모스크바 공국 내부에서 시작된 사회적, 종교적, 정치적 대립과 갈등이 반영된 사회, 정치평론적인 글들을 16세기 문학의 또 다른 특징으로 꼽을 수 있다. 러시아 최초의 사회평론 작가로 수도승이었던 이오시프 볼로츠키(Иосиф Волоцкий)와 막심 그렉(Максим Грек), 세속작가인 이반 페레스베토프(Иван Пересветов) 등이 있었다. 이 시기 정치 논쟁의 표본으로 이반 뇌제(Иван Грозный)와 그의 보조관이었던 안드레이 쿠르브스키(Андрей Курбский) 공작 간에 오갔던 서신이 있다. 황제의 정책에 반대하다가 결국 외국으로 피신하게 되었고, 그는 이곳에서도 계속 비난의 서신을 보냈었다.

16세기의 러시아는 타타르의 굴레에서 완전히 벗어나게 되었고, 쿨리코보 전투의 주역이었던 모스크바 공국의 공후는 강력한 중앙집권체제를 구축하며 "모스크바"를 "콘스탄티노플"을 이은 "제3로마"로 주장하기에 이르렀다. 모스크바 공국은 이웃의 다른 공국들을 병합하면서 러시아 통일을 이루어 나갔다. 이와 같은 통일국가의 과정에서 다양한 논쟁을 불러일으키게 된다. 정치, 종교, 사회 등 여러 분야에서 논쟁은 계속되었다. 그러나 이 논쟁은 사회, 정치사상의 발전에 유용하게 작용했다. 16세기 새로운 정치 구조의 형성은 다양한 사회 계층의 관심을 자극했다. 사회의 관심은 국가의 정치 구조, 전제주의 권력의 성격과 특권, 통치 형태, 교회의 역할, 계층에 따른 법과 의무 등을 들 수 있다. 변화된 러시아의 국제적 상황은 새로운 이데올로기를 요구했다. 이러한 모든 것들이 사회사상과 정치사상의 발전을 자극했고, 문학 장르에도 비평이 자연스럽게 스며들었다. 이를 통하여 16세기 대다수의 텍스트들은 정치성, 역사성, 종교성을 반영하고 있다. 순수 문학 텍스트라 할 수 있는 장르들에도 정치적이고 종교적인 이데올로기가 나타났고, 이데올로기 논쟁은 계속되었다. 이를 두고 비평가들은 16세기를 '논쟁 문학의 시대'라고 일컫기도 하고, 또 16세기 중반의 문학을 '공식 문학'이라고 하기도 한다. 그 이유는 생활 관습의 규범을 정해 주는 문헌들이 많이 나왔기 때문이다. 〈대미사 전집〉, 〈100항목 결의서〉, 〈도모스트로이〉 등이 이러한 종류의 문헌들이다. 〈도모스트로이〉는 일상적 생활 규범과 올바른 종교적 · 윤리적 행실을 서술해 놓은 '가정 규범'이라 할 수 있다. 여기에 교육, 가정생활 규범, 가정 경제의 운용에 대한 실질적인 조언이 담겨 있다. 이 외에 〈미네이체티〉, 〈황실계보〉, 〈채색연대기〉 등은 절대주의로 나아가고 있는 뚜렷한 증거물들이라고 할 수 있다.

3) 17세기 문학

17세기 들어와서는 중세 문학에 변동이 일어나기 시작했다. 이 시기는 러시아가 대내외적으로 정치, 사회적 측면에서 굳건하게 자리 잡기 위해 변화가 무상하던 혼돈의 시기임과 동시에 문화적으로 정교회(비잔틴)의 영향력이 점차 소멸되어 가는 시기라고 볼 수 있다. 17세기 전반은 오랫동안 지배해 왔던 종교적 관점의 해석과 원칙이 새로운 세속적 원칙과 갈등하며 논쟁이 시작된 시기이기도 한데 이러한 논쟁은 문학에 그대로 투영되었다. 교회의 영향에서 벗어난 자유로운 문학 장르가 생겨나고, 문학의 주제 역시 의미 있게 확장된다. 기독교적 진리를 전파하는 단편적인 교회 문학에서 벗어나 이른바 문학의 민주화가 일어난다고 할 수 있다. 특히 소설의 등장은 중세 러시아 문학을 마감하는 시점에서 가장 괄목할 만한 현상이라 할 수 있다. 새로운 소설 장르의 특징은 주제가 다양해지고, 폭이 넓어졌다는 점이다. 17세기의 일련의 소설 작품 가운데 대표적인 것들은 〈슬픔과 불행 이야기〉와 〈사바 그루드츠인 이야기〉가 있다. 〈사바 그루드츠인 이야기〉는 파우스트 박사에 대한 이야기와 비슷하면서 러시아에서 가장 처음 시작된 소설로 여겨진다. 교회 슬라브어로 쓰여 있고, 성자전과 유사한 모티프가 담겨진 사바의 모험적인 사랑 이야기는 당시의 상업 세계와 군대 상황을 사실적으로 묘사한 소설이다. 창작소설과 함께 풍자소설도 인기가 있었는데 이것은 러시아 17세기 세속 문학의 한 흐름이다. 작가들은 관료제도나 교회의 부정부패들을 신랄하게 비판하였으며 대부분 비판과 함께 웃음을 동반하는 해학적 성격의 소설이 많았다.

17세기 초반에 이르러 러시아의 최초 시들이 등장한다. 이 시들을

그림 29 음절시집1

폴란드어로 "비르쉬(вирши)"라고 불렀고, 일정한 음절체계에 맞추어 만들었다. 동일한 음절 수(대체로 11개 혹은 13개)로 이루어졌고, 인접 행은 반드시 운율을 맞추었고, 강세는 어미에서 두 번째 음절에 위치해 있었다. 음절시의 첫 작가는 시메온 폴로츠키(Симеон Полоцкий)였다.

특히 보리스 고두노프(1598-1605)의 섭정기간을 전후로 발생한 대기근이 원인이 되어 일어난 신분 탈피를 위한 농민봉기 그리고 폴란드의 모스크바 침공은 그동안 러시아인이 가졌던 자부심인 "모스크바-제3로마"라는 신념을 허무하게 만들었다. 이러한 불안한 시대에 자연 발생적으로 환상, 비가, 저항 등이 연대기 같은 형식의 민족의 슬픔과 국가의 몰락을 묘사한 작품들 속에 나타났다.[60] 러시아 문

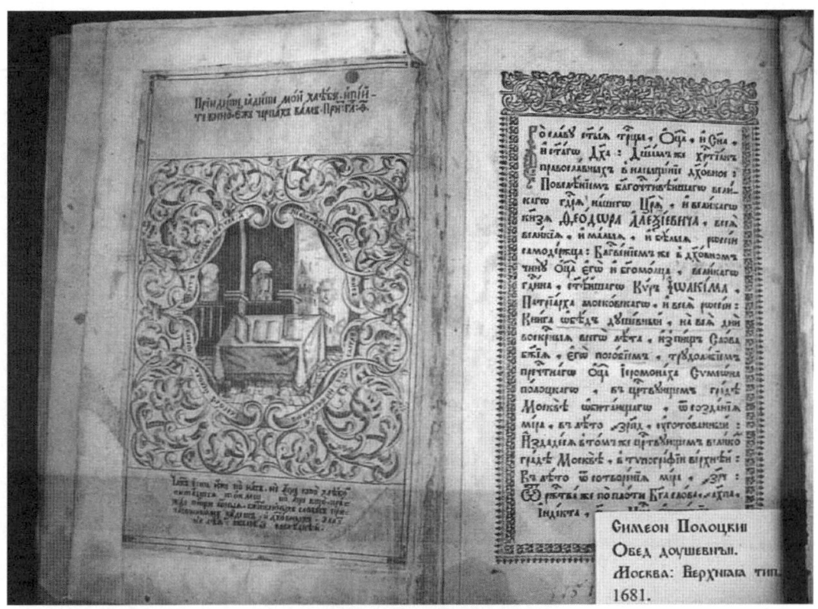

그림 30 음절시집2

그림 31 음절 시인 시메온 폴로츠키

학은 점점 더 개인적인 성향을 띠게 되는데 예를 들면 여행기에서도 성지 순례보다는 상거래에 대한 이야기 혹은 상거래에 대한 이야기들을 찾아 볼 수 있다.

17세기의 유명한 작품으로 아바쿰(Авакум Петров)의 자서전을 들 수 있다. 아바쿰은 책에서 자신의 인생여정을 서술하면서 고난에 찼던 박해와 자신의 운명을 기술하였다. 유년시절에 사제가 되어 출세의 길을 달렸다. 그러나 총주교인 니콘(Никон)의 종교개혁에 반대하는 구교도들의 리더가 되어 싸우다가 결국 수차례 유배를 당했고, 1682년에 결국 화형에 처해지게 되었다. 마지막 유형지에서 "아바쿰 자서전"을 쓰게 되었고, 러시아 정교가 개혁론자들의 주장대로 가게 된다면 루시도 멸망할 것이라 생각했다.

17세기 이후로 접어들면서 미술계에 루복이 등장하듯 문학세계에서도 종교인이 아닌 세속작가들이 활동하기 시작했고, 저자 자신의 이름을 작품에 명시하게 되었다. 문학이 나라의 정치와 사회적 체제와 무관할 수 없듯 러시아 문학 역시 사회에 대한 인식의 연장선상에서 해석될 수 있다. 17세기는 러시아 문학에 유입되기 시작한 서구 문화의 영향과 함께 새로운 전환을 맞이하게 되는 시기로서 18세기~19세기 러시아 문학이 서구의 그것과 비견될 수 있을 만큼 발전할 수 있도록 받침의 역할을 했던 시기에 해당된다. 이제까지 입으로 전수되던 구비문학, 작자 미상으로 활동해 오던 것과는 달리 기록문학으로의 전환은 물론 종교 문학과 병행해서 새롭고 다양한 장르의 세속문학이 본격적으로 시작된 시기였다, 이와 동시에 발생되었던 종교 분쟁은 결국 분열이라는 극한적 상황까지 이르렀지만 이것 역시 러시아 문학의 흐름 속에 의미 있는 중요한 사건이 된다.

러시아 문학의 이러한 변화의 배경에는 15세기 타타르의 압제 종식이후 동슬라브어가 세 개의 방언, 즉 대러시아어, 우크라이나어, 벨로루시어로 분화의 조짐이 발생되고, 또 교회 슬라브어와 러시아 민중어간의 끊임없는 갈등 속에서 문학이 러시아어 표준어(문학어)를 형성하게 하는 중요한 역할을 하게 되었다. 자신의 생각을 가장 잘 표현하고, 자신의 생각을 가장 잘 전달할 수 있는 언어가 무엇인가를 시험하는 장이 문학이었기 때문이다. 여기에다 2대 차르인 알렉세이 미하일로비치는 소금 폭동이 진화된 후 국민회의(젬스키 소보르)를 소집하여 1649년 9월 법전(울로제니예)을 채택했는데 민중어를 기본으로 하는 일상어 사용하여 대량 인쇄, 배포하였고, 이러한 조치는 당시 막강한 위치를 점하고 있던 교회 슬라브어의 역할을 위축시키게 되었다. 또 당시 니콘의 주도하에 진행되던 종교 개혁으로 인해 많은 종교서적들이 출간되면서 서구의 세속 지식이나 신학 등이 번역되었고, 이 과정에서 서구의 다양한 장르의 문학 사조들이 들어오게 되었다.

16세기~17세기 러시아 문학은 이와 같이 당시 역사적 사건들의 영향을 많이 받았다. 러시아 중세 문학의 시작이었던 교회(종교)문학을 넘어 이반 뇌제로 시작된 강력한 전제 정치와 폴란드의 침략, 각종의 사회제도 변화 등으로 빚어진 사회 혼돈이 논쟁의 문학을 시작하게 하였다. 이반 뇌제가 죽고 난 뒤 혼돈의 시대에는 문학이 사회와 시대를 따라가며 점차 현실적인 주제에 민감해지며 그 소재 또한 다양해져 갔다. 〈율리아니의 생애전〉, 〈주사제 아바쿰의 자서전〉같이 성자들의 생애전 같은 유형들은 평범한 시골 할머니의 이야기를 쓰거나 〈슬픔-악에 대한 이야기〉, 〈그루드츠인 이야기〉처럼 일상적인 내용을 그리는 등 세속적이고 개인적인 성향의 모습들로 변모해 갔다. 러시아의 고전문학에서는 상상할 수 없었던 〈주점에서의 예배〉, 〈쉐먀카 재판 이야기〉 같은 풍자적인 해학문학도 출몰하였다. 또 폴란드를 통해 서유럽 문화가 전파되면서 시와 드라마도 시작되었는데 이것은 18세기 신고전주의의 발판이 되기도 했다. 17세기 문학은 문자와 서적의 대량 보급으로 또 다른 문학의 양상을 기대하게 했고, 전통적 중세 문학에서 '신'의 이름하에는 도저히 생각할 수 없었던 '허구'라는 개념의 등장으로 중세에서 근세로 넘어가는 중요한 교체기가 되었다. 그러나 이 당시의 대부분의 사람들은 이 전환기를 실감하지 못했고, 또 이해하기도 어려웠다. 선구적인 몇몇 지식인들만이 변화를 느낌으로 알아채거나 어렴풋 예측할 뿐이었다. 일반 대중이 근대로의 실감할 수 있을 때는 표토르 대제가 본격적으로 서구화를 시작한 다음에야 가능했다.

4) 기타

가) 러시아 연극 발전 과정

작가의 상상력과 환상에 의해 창작된 작품들이 증가했고 허구의 사건들을 다룬 이야기들도 등장하기 시작했다. 이 시기에 드라마 작법과 극장이 생겨났다. 러시아에서 연극은 황실과 대중 연극이 교차하면서 발전해 왔다. 사실 러시아 연극의 기원이 되는 서구 연극은 크게 두 가지 줄기에서 진화했다고 볼 수 있다. 하나는 특별한 의상을 입은 배우들로 구성된 유랑 극단으로 대표되는 전문 극장, 다른 하나는 처음에는 교회가, 나중에는 학교나 황실이 후원한 공연으로 대표되는 비전문 극장이다. 러시아에서 이 두 줄기는 공존하면서 뒤섞이게 된다. 전문 극장은 정부와의 관계 때문에 한계가 있었지만, 비선문 극장은 개혁을 통해 점진적으로 발전했다.

16세기~17세기 러시아에서는 '교회극'과 '학교극'이 주를 이루었다. 러시아 정교회는 교리 때문에 공식적으로 공연을 금지했다. 16세기 짧은 기간 동안 관할 구역 내에서만 연극을 묵인하는 정도였다. 따라서 비전문 극장은 황실 후원 아래 공연될 수 있었고, 주제는 주로 성경에서 가져왔지만 분위기는 세속적인 것이었다. 비전문 극장이라는 용어 자체가 교훈이나 교리를 전하려는 목적보다 유흥적인 요소가 지배적이었음을 암시한다. 보리스 고두노프(1584~1598)의 황실에는 '오락을 위한 연회장'이 마련되어 있었고, 1613년 황실에는 '오락을 위한 방'을 따로 두고 음악이나 희극을 즐겼다. 로마노프 왕조의 두 번째 황제이자 표트르 대제의 아버지인 알렉세이 미하일로비치 로마노프(1645~1676)는 1648년 스코모로히(유랑악사)[61]를 '악마가 보낸 예인'으로 취급해 예능을 금지했다. 그러나 오랜 뒤에 알렉세이 황제는 궁정 극장을 세워 세속에 대한 교회의 간섭을 막아 주었다. 러시아 배우들이 부족하자 황제는 1672년 루터파 교회의 목사인 요한 고트프리트 그레고리를 설득해 자신의 관저들 중 한 곳에 마련되었던 궁정 극장에서 연극을 공연하도록 하며 보호했다. 이때 상연한 것은 독일어로 쓴 〈아하수에로 극〉이었다.

그리고 러시아 연극이 본격적으로 등장하게 된 계기는 17세기 근본주의자와 신정주의자의 대립 이후 차르 알렉세이 미하일로비치 시절에 바로크식 다성음악이 서구에서 유입되게 된 후 초창기 세속 연극이 처음으로 만들어지게 되었고 이 과정에서 모스크바의 독일 교회 가운데 한 교회의 목사인 요한 그레고리가 1672년 세속 연극의

1, 2호를 상연한 데서 시작되었다고 한다.

16세기~17세기 러시아 사회에서 연극은 앞의 내용과 같이 이 당시 다른 문화적 요소들과 다르게 종교적 요소보다는 세속적이고 유흥적인 요소가 지배적이었다고 한다. 이렇게 연극에서만 다른 문화적인 요소들과 다르게 세속적인 것을 추구하는 형태가 나타나는 것은 이반 뇌제의 강력한 독재 정치하의 정교적인 문화만을 강조하는 사회에서 연극이 자유와 욕구를 분출하는 분출구 역할을 하였던 것으로 볼 수 있다. 즉 이 시기 서구에서는 미술이나 음악에서 새로운 기법과 새로운 화풍 등 다양한 양식들이 쏟아지는 가운데 러시아에서는 아직까지 폐쇄적으로 즈나멘니 성가만을 고집하고 미술 또한 이콘의 화법에서 차이가 있을 뿐이지 소재에 대해서는 억압을 받던 상황에서 이러한 새로운 것들과 세속적인 욕구에 대한 표현을 할 수단이 필요했는데 당시 공식적으로는 금지가 되어 있던 연극이었기에 비공식적으로 상연함으로써 이러한 세속적 욕구와 새로운 것들에 대한 갈망을 표출하게 되었던 것이다.

정리하자면 16세기 러시아는 이반 뇌제라는 강력한 차르의 등장으로 인하여 나라가 통합되었다. 이반 4세는 자신이 국가에서 유일무이한 권력을 휘두르기 위하여 황권을 장악하고 공고히 하는 것뿐만 아니라 종교와 관련된 권력도 장악하기 위하여 힘썼다. 그리고 교회 권력을 장악하고 난 뒤 이반 4세는 자신의 권력을 보다 공고하게 하기 위하여 어떠한 세속적인 문화도 허용하지 않고 엄격한 정교 문화적인 것들만 허용하였다. 그리하여 이 시기에 문학이나 음악, 연극, 미술 모든 것들이 이러한 종교적인 신성성 아니면 종교를 표현하기 위한 방식으로만 존재하였다.

하지만 아이러니하게도 이반 4세 시기에 많은 전쟁을 치르게 되고, 이 과정에서 외국과 동맹을 맺는 등의 일을 통하여 이반 4세는 무분별한 서구의 영향을 엄격하게 통제하였지만 자연스럽게 외국의 문물이나 새로운 것들이 러시아 사회로 유입되는 계기도 만들어지게 되었다. 이반 4세 사후 사회적으로 매우 어지러운 혼돈의 시기와 무수한 전쟁을 거치고 또한 신정주의자와 근본주의자들로 나눠진 교회가 서로 패권다툼을 하는 과정에서 엄청난 사회변동이 야기되었다. 그 과정에서 정교회는 이전에 비해서 힘이 많이 약해지게 되면서 비로소 정교 문화 외의 것들도 표현할 수 있는 기회가 마련되게 된 것이다. 또한 다툼의 과정에서 신정주의자이던 니콘에 의하여 문화 방면에서 새로운 시도들이 일어나게 된다. 그리고 당시 차르로 즉위해 있던 알렉세이 미하일로비치 역시 서구의 문물에 많은 관심을 기울이게 된다. 이러한 역사적 흐름 속에서 문화적 영역에서도 종교의 신성성만을 강조하고, 종교적인 것만을 소재로 그리고 엄격한 규범 아래서 창작될 이유가 없어진 것이다. 따라서 서구에서 새롭게 도입된 문물과 새로운 방식들을 통하여 다양한 시도들이 등장하게 되었고, 이러한 것이 후에 등장하게 될 표트르 대제의 개혁에서 꽃을 피우게 되는 것이다. 즉 표트르 대제의 개혁은 급작스럽게 이루어진 것이 아니라 16세기 왕권강화와 17세기에 들어온 서양문물을 통한 러시아정교의 세속화, 그리고 상공업의 발달로 인한 서구 문물의 접촉 등을 통해 서구와 단절되어 있던 러시아가 '서구화된 러시아'로 변화는 단계적 절차를 거쳤다고 볼 수 있다.

3. 미술

3.1 배경(몽고-타타르 지배의 영향)

바투에 의한 침략의 결과인 엄격한 한의 통치는 러시아 문화에 막대한 손실을 가져왔다. 수만 권의 서적들이 파손되고, 도서관들과 학교들이 소실되었으며 연대기의 편찬마저 중지될 정도였다. 불운한 사건과 비참한 삶은 거의 바닥에 이를 지경이었지만 러시아인의 의식에 새로운 기운이 형성되기 시작했다. 몽고의 침략으로 한 지역에서 다른 지역으로 수많은 사람들의 이주와 북쪽과 북동 지역에서의 새로운 정착지 그리고 러시아의 북동 지역의 성공적인 경제적 발전에 의해서 14세기 후반부터 융성했던 과거 키예프 문화의 부활이 시작되었다. 또 이때쯤 러시아인들의 정치적, 문화적 생활의 중심이 과거의 키예프로부터 점차 킵차크 한국에 대한 투쟁을 주도했던 모스크바로 옮겨갔다. 러시아 땅을 다시 통일, 복원해야겠다는 생각과 킵차크 한국의 통치로부터 벗어나기 위한 투쟁은 전 러시아인들의 가장 중요한 과제가 되었으며 이념이 되었다.

이러한 이념은 동슬라브인의 민족의식 고취와 더불어 그들의 구비 문학, 회화, 건축의 작품을 통해 일관되게 초점을 둔 주제가 되었다. 새로운 국가적, 문화적 중심이 된 14세기, 15세기의 모스크바는 러시아 미술사에서 가장 아름다운 불멸의 한 페이지를 장식하는 러시아 미술의 부흥 시대를 열게 되었다. 10세기 말 키예프의 기독교 수용 이후 종교 미술이 러시아에서 시작되었는데 초기에는 비잔틴 미술의 직접적인 영향을 받았다. 그러나 몽고-타타르의 압제하에 있던 시기에는 외부와의 교류가 원활하지가 않아 오히려 러시아의 고유한 정교 문화(이콘 미술)가 발달하게 되었다. 이러한 배경에는 종교가 몽고-타타르의 압제로 인한 고통 속에서 러시아인들에게 심리적으로 위로와 평안함을 주어 의지가 되었기 때문이기도 하고, 또 다른 한편 정교 미술의 핵심인 이콘은 개개인이 소지할 수 있었기에 민중들에게 가장 친근하게 접할 수 있었던 예술이었기 때문이기도 하다.

연대기의 서술에 따르면 몽고-타타르인들은 매우 잔인한 방식으로 정복하며 통치했으나 교회에 한해서는 매우 관대하였고,심지어 호의를 베풀기까지 하였다 한다. 이런 태도는 아마 타타르인들의 다신교 숭배 사상에서 기인했을 것이라 짐작할 수 있다. 1441년 이시도르(Исидор Киевский)의 가톨릭과의 연합이 거부당한 이후에 러시아 교회는 국가의 틀 안에 갇히게 되면서 정치적인 특색을 띠게 되었다. 그 결과 교회가 한편으로는 모스크바 공후의 지배하에 놓이고, 다른 한편으로는 몽고-타타르 세력에 복속되었다. 초반에는 공후들이 한에게 순종하는 경향을 보였기 때문에, 타타르 스스로 교회에 대한 모스크바 공후들의 지배력을 강화시켜 주고자 하였다. 이러한 배경으로 14세기 동슬라브인들의 신앙은 비잔틴과 발칸에서 발달한 은둔형 수도원주의, 칩거, 명상기도에 대한 추구와 결합된 특별한 형태의 헤시카시즘(исихазм)으로 발전하였다. 14세기~15세기에 다수의 수도원들이 세워졌으며 이 수도원들은 영적인 계몽을 확산시켰을 뿐 아니라 대규모 농업 기술을 조직적으로 발전시키기도 하는 등 종교가 민중 생활에서 중요한 위치를 차지하게 되었다. 이콘 역시 정교에 대한 몽고와 공후들의 지지와 관대함 속에서 민중들에게 쉽고 가깝게 다가갈 수 있는 특성으로 발달하였다.

3.2 몽고-타타르로부터의 해방 이후 부흥기

모스크바 공국이 통일 동슬라브 국가로 형성되어 가는 과정에 각 지방 문화의 특수성이 극복되고 단일한 러시아 문화가 형성되었다. 러시아 문화의 단일성은 멀리 떨어진 지역에서 획득된 훌륭한 업적들뿐 아니라 러시아인들과 유대 관계를 가졌던 여러 민족들의 특수성도 흡수하며 형성되어 갔다. 이러한 과정은 비잔틴 영향에서 벗어나 새로운 독특한 러시아인의 문화를 만드는 결정적인 요인으로 작용했다. 많은 예술작품들에서 빈번하게 다루었던 주제는 통일된 의식으로 단일 국가를 형성하는 것과 국력의 강화였다. 다른 한편으로는 가족, 인간, 그리고 인간의 내면세계에도 큰 관심을 가졌다. 몽고-타타르 지배로부터의 해방과 통일 국가의 수립은 자유로운 대외 교류가 가능해져 다른 나라와의 문화적 접촉을 확대할 기회가 주어졌다. 특히 이탈리아 건축가들과 다양한 분야의 장인들이 러시아에 대거 유입되었고, 이들은 러시아 문화사에 큰 영향을 끼쳤다.

러시아에서는 서구와 달리 성상 파괴의 움직임이 거의 없었다. 성화 속에 재현된 신의 형상이 실제 신의 형상과 동일할 수 없으므로 "이것은 우상 숭배이다"라는 생각을 가진 서구의 성상파괴주의[62]와 달리 러시아에서의 이콘은 신으로 통하는 통로로서 역할을 했다. 따라서 이콘은 러시아인들의 신앙 속에서 지속적으로 발달하였다. 서구의 미술이 매우 빠르게 작품 속에 현실을 반영하는 재현적인 근대 회화의 형식을 갖추어 갔다면 러시아 미술은 오랫동안 이콘의 형식에 머물러 있었던 것이다. 미술뿐 아니라 러시아 예술은 전반적으로 다른 세계에 대한 지향을 강하게 열망하였으며 재현하기보다는 다른 세계로 인도하는 수단으로 인식되었다. 서구에서 감상주의부터 고전주의, 낭만주의의 시기에 이르는 기간에도 러시아 예술은 꾸준히 신의 세계로 향하게 하는 이러한 '창'으로서의 기능을 수행해 왔다.

1) 성화벽(иконостас)

14세기부터 러시아 회화의 전성기가 시작되었으며 14세기 말부터 독창적인 문화현상으로서의 성화벽이 러시아 교회에 등장했다. 이 성화벽은 교회 내부 장식으로 지성소(지극히 성스러운 장소로 제사장만이 출입할 수 있는 곳)[63]와 일반인이 예배를 하는 곳 사이를 격리하였다. 성화벽의 성화들은 엄격한 질서로 배치되었다. 아랫줄에는 성자나 건축된 날을 기념하는 성화들이 배치되었고, 그 위로 중앙에 그리스도가 있고, 옆에는 기도하는 자세의 성모 마리아, 사도 혹은 대천사, 교회 성직자들이 묘사된 성화가 뒤따랐다. 크렘린의 블라고베셴스키(Благовещенский) 성당의 성화벽(그림 B3)이 25점의 성화로 이루어진 현존하는 가장 오래된 것이다. 성화벽은 러시아 정교 미술의 고유한 전통으로 높이가 상대적으로 낮은 비잔틴의 성화벽과 구별되며 성화벽의 높이를 높이는 데 안드레이 루블료프가 결정적인 역할을 했다.

2) 이콘의 특징

이콘을 그리는 제작 과정에서 가장 먼저 금색 바탕을 칠하는 독특한 방식은 신의 천지창조 순서를 따르기 때문이라 한다. 먼저 빛과 어두움을 나눈 다음 자연을 창조하였듯 이콘화를 그리는 과정도 배경을 먼저 그리는 것이다. 또한 형상을 정면으로 배치한 것은 얼굴에 풍부한 표정을 담아 이콘을 보는 사람으로 하여금 화판에 담긴 형상과 직접적인 유대관계를 갖게 하기 위함이다. 이콘에 그려진 성인의 모습은 대체로 큰 얼굴과 아몬드 형의 눈, 확대된 귀, 길고 가는 코와 작은 입을 가지고 있는데, 이는 성인의 신성을 표현하기 위해 보통 사람들의 감각기관들과 구별하기 위함이다.

또한 이콘은 3차원적인 시각의 착각을 피하기 위해 원근법을 의도적으로 무시하여 뒤에 배치된 형상이 앞에 자리한 형상보다 크게 보이는 역원근법 방식을 사용한다. 또 이콘은 심리화법이라 불리는 표현 기법을 따르는데, 심리화법이란 가장 중요한 형상을 제일 큰 사이즈로 가운데에 배치함으로 감상자의 관심을 집중시키는 것이다. 앞에서 설명했듯 이콘은 현실을 화폭에 재현하는 것이 목적이 아니므로 빛과 그림자 등을 표현하지 않는다. 이콘에서 발견할 수 있는 유일한 빛은 성인과 그리스도의 성스러움을 강조하는 광명뿐이다. 또한 하나의 이콘 안에 사건에 대한 다양한 순간을 제시한다는 특징이 있다. 〈그리스도의 탄생〉(그림 32)이라는 이콘에서는 그리스도의 탄생뿐만 아니라 동방 박사들의 도착, 선한 악마에 유혹당하는 요셉, 여종이 아기 예수를 씻기는 모습까지도 볼 수 있다.

그림 32 그리스도의 탄생

3) 비잔틴과 구별되는 러시아 이콘의 특징

러시아의 이콘 회화는 기본적으로 비잔틴의 기법을 계승하였다. 따라서 보는 입장에서 이들 이콘들이 거의 동일한 주제로, 동일한 방법과 형태로 그려져 아무런 차이가 없는 것처럼 보인다. 실제로도 그리스도나 성모를 그린 비잔틴과 러시아의 이콘들은 구도나 색채에 있어 거의 유사해 보인다. 그러나 좀 더 관심의 배율을 높게 들여다보면 러시아 이콘의 전통은 비잔틴의 것과는 분명히 다르다. 이콘의 기본 형태는 그대로 유지되고 있지만 이콘을 대하는 생각과 그에 따른 묘사 방법에 차이가 있고, 이로 인해 서로 다른 색채로 표현하게 된다. 13세기부터 러시아 이콘은 비잔틴의 영향에서 벗어나기 시작했는데 러시아 이콘의 얼굴은 점차 부드럽고 개방적으로 변해가고, 색채는 보다 강렬해진다. 묘사되는 인물의 실루엣은 더 정확해지고, 강한 명암대비에 의해 선명하게 부각된 입체감은 점차 고르게 채색된 평면성에 자리를 내어 주게 된다. 비잔틴으로부터 전해진 이콘의 기법들을 수용하면서 점차 그것을 약간씩 변형하고, 새로운 내용들을 더하면서 보다 온화한 분위기의 러시아적인 고유한 특징을 갖는 이콘을 만들어 가게 되었다.

러시아는 이처럼 비잔틴식의 이콘을 변형 발전시켜 러시아적인 고유한 색채를 띠게 하는 것뿐만 아니라 비잔틴에 존재하지 않던 새로운 유형의 이콘을 창조하기도 했다. 예로 러시아에서 추대한 러시아의 성인을 그린 이콘, 즉 "보리스와 글렙의 이콘"이 그러하고, 여러 형상들이 모여 있는 이콘들, 예를 들면, 성모제 이콘이나 성전의 성모를 그린 이콘 역시 러시아식의 고유한 유형이다. 트루베츠코이(Трубецкой)가 지적하였듯이 여러 인물들이 한 화면의 이콘에 등장하는 것은 러시아인들이 가지고 있는 고유의 공동체의식을 표현한 것이기도 하다. 인간과 천사, 지상과 천상을 하나로 아우르고, 신성을 향하는 이런 인간의 군상이 그려진 그림은 러시아 문화의 본질과 러시아인의 이상을 표현한 것이다.

또 다른 러시아적 특징은 성경의 성자들이 러시아 민속적인 의식을 토양으로 새로운 의미와 기능을 획득하게 되었다는 점이다. 이는 마치 그리스 신화의 주인공들이 로마로 들어오면서 로마식으로 약간의 변화를 겪으며 수용되었던 것과 견주어 이해할 수 있는 내용이다. 예를 들면 성 게오르기를 비롯하여 선지자 엘리야에 이르기까지 기독교의 성자들은 러시아인들에게 내재되어 있던 고유 민속신앙에 연상되어 태양, 대지 혹은 러시아인들의 집과 가축 등의 재산을 지키는 수호자로 변화하게 된다. 파라스케바나 아나스타샤 등의 성녀들은 상업이나 시장을 지키는 수호신으로 변형되기도 한다. 이러한 경향은 노브고로드와 프스코프 등의 북방 도시에서 두드러졌다. 이와 같은 성자들에 대한 새로운 해석 혹은 감정 이입은 그대로 이들을 그린 이콘에도 반영되었다.

이와 같은 이콘의 러시아화 과정이 14세기까지 표면화되지 않은 채 천천히 진행되다가 14세기~15세기에 이르면 본격화되어 15세기가 되면 러시아에서의 이콘은 종교의 테두리를 넘어 하나의 미술양식으로 그 전성기를 맞이하게 된다. 15세기 러시아 이콘에 묘사된 인물의 형상은 더 이상 종교적 의미에 국한되지 않고, 일반 미술의 초상화의 모습으로 즉 초기 단계의 초상화로서 성격이 보이기 시작한다. 이 시기에 그려진 마리아는 이미 성서의 인물로서가 아닌 러시아인들의 마음에 자리잡혀 있는 어머니로서의 마리아다. 인물을 둘러싸고 있는 배경 역시 단순화되어 본래 이콘의 모습과 많이 다르게 그려져 있다.

이콘에 그려진 인물과 배경의 종교적 형상성은 약화되고, 대신 러시아 민중들이 가지고 있는 고유의 낙천적인, 삶을 긍정하는 감정적인 특성이 표현되게 된다. 비잔틴 이콘 특유의 엄격함과 고전적 표현의 긴장감은 러시아 이콘에서 사라지게 된다. 밝은 색조와 색감을 타고 흐르는 듯한 실루엣과 부드럽고 밝은 얼굴 그리고 온화하고 시적인 분위기가 러시아의 이콘에 지배적으로 묘사되는 특징이 된다. 아기 예수를 안고 있는 자비로운 성모의 형상이 특히 이 시기에 많이 그려진 것 또한 러시아 이콘 특유의 부드럽고 온화한 분위기와 무관하지 않다.

이콘의 러시아적인 분위기를 나타내는 데 있어 가장 중요한 역할을 한 것이 색채이다. 이콘의 색채의 상징에 대한 규범은 비잔틴으로부터의 이미 유입되었었고, 러시아에서도 기본적으로 성모 혹은 그리스도의 옷을 표현하는 데 있어 이 규칙은 여전히 지켜졌다(참조: 이 책 97쪽 "색과 빛"). 그러나 러시아의 이콘 화가들은 자신의 해석을 표현하기 위해 보다 직접적이고 감각적으로 색채를 사용하기 시작했다. 그들은 강렬한 붉은색이나 금빛, 비취색의 녹색, 분홍색 등 다양한 색채를 사용하였고, 필요한 경우 규범에서 허용한 범위를 넘어서까지 자신의 기호에 따라 색채를 임의로 사용하기 시작하였다. 강한 대비의 색채 사용도 주저하지 않았다. 노브고로드와 프스코프, 모스크바화 이콘파는 각각 그들이 선호하는 색채를 갖게 되었고, 이것은 이들 각 화파의 전통으로 이어지게 되었다.

선의 사용에서도 러시아식 이콘은 독특한 자신만의 특성을 가지고 있다. 인물의 윤곽을 표현하는 데 있어 다양한 형태의 선을 사용하였으나 러시아 이콘 화가들은 특히 입체적인 것의 묘사를 거부했다. 그들이 화폭 위에 표현하는 것은 현실과 닮은 형상과 배경이 아니었다. 그들은 인간의 일반적인 모습에 대한 인식과 구별하기 위해 기만적인 형상의 표현을 추구하지 않았으며 단순한 선과 강한 색채로 정신적인 것을 묘사하고자 했다. 이로 인해 러시아 이콘의 평면적인 성격이 더욱 강해지게 된다. 이의 연장선으로 이콘의 세계에는 눈속임을 위한 원근법이 존재하지 않는다. 예를 들어 뒤에서 보게 될 작품 루블료프의 〈삼위일체〉는 '역원근법'의 공식을 분명히 보여 준다. 많은 성상화들에서 발견되는 이러한 역원근법은 '인간'이 주체로 탄생하기 이전인 중세적 세계관(신 중심 세계관)을 반영한 것이다. 말하자면 이 이콘의 원근법 속에는 이 그림을 응시하는 주체로서의 인간의 시선이 아닌 그림 안쪽에서 그림 외부의 인간을 응시하는 신의 시선을 그린 것이다.

4) 이콘의 화파

도시들이 서로 인접해 있는 서유럽과는 달리 러시아의 도시들은 광활한 영역에 걸쳐 띄엄띄엄 분포되어 있었으므로 도시 간의 소통이나 교류가 쉽지 않았다. 이러한 지리적 환경은 각 도시별로 이콘화에 대한 고유한 특징을 갖게 되는 배경이 된다. 각 도시를 중심으로 나름대로 발달한 이콘 화법은 다른 도시의 것과 확연히 구분되는 각각 자신의 고유한 표현 방법을 갖게 되는 데서 시작되었다. 이와 같은 배경에서 각 도시의 이콘화파는 독자적으로 발전해 갔으며 따라서 앞으로 관찰하게 될 각 지역의 이콘들의 고유한 특성을 염두에 두어 대조하며 관찰하는 것은 의미 있는 일이다.

이반 3세의 꾸준한 옛 영토(루시) 병합으로 14세기 중엽에 이미 모스크바 공국이 동슬라브에서 가장 강력한 도시국가가 되었다. 그러나 노브고로드, 프스코프, 트베르, 랴잔 등은 모스크바 대공의 권력을 겉으로만 인정하는 체할 뿐 실제로는 독립을 유지하고자 했다. 이러한 독립적인 지위에 대한 노력은 이들 도시를 중심으로 고유한 이콘 화풍이 발달하게 하는 데 도움이 되었다. 동슬라브의 대표적인 이콘 화파는 노브고로드, 프스코프, 모스크바였다. 보다 남쪽에 위치한 체르니고프나 키예프에도 역시 고유한 이콘의 화풍이 존재했지만 이들에 대한 자료는 거의 남아 있지 않다. 위 세 주요 도시들에서 훌륭한 이콘 작품들이 많이 만들어졌으며 이외의 각 도시의 이콘들은 서로 간의 유사성으로 한데 묶이면서 다른 도시의 이콘들과는 구분되어 갔다. 다시 말하면 큰 도시에서뿐 아니라 작은 도시들에서도 이콘이 제작되었지만 이들 각각의 도시에서 제작된 이콘들이 각각의 화파를 이루는 것은 아니다. 가령 볼로그다, 벨리키 우스튜그, 홀모고릐, 티흐빈 등에서도 많은 이콘들이 창작되었지만 이들이 모두 별개의 화풍을 지닌 것으로 보기는 어렵다. 다만 이들 "북방의 이콘화"는 남방의 그것보다 순수하고 낙천적인 느낌을 주었다. 노브고로드, 로스토프, 모스크바로부터 관념적인 특성들이 전수되었지만 민중적이고 원시적인 이 북방 이콘의 특성을 가볍게 볼 수는 없다. 그리고 이들 북방 이콘에 표현된 고유의 민중성과 원시성은 러시아 이콘이 향후 비잔틴 이콘의 화풍으로부터 벗어나 자신의 고유한 화풍을 정립해 가는 과정에 중요한 역할을 하였다.

가) 노브고로드 화파

11세기~12세기 말 노브고로드 화파에서 보인 예수의 준엄한 분위기의 얼굴은 이 시기에 러시아인들의 삶의 고통이 그만큼 힘들어지고 있었다는 것을 보여 준다. 13세기에 접어들면서 몽고-타타르군이 대항이 불가능할 정도로 엄청난 속도와 힘으로 몰아쳐 들어와 잔혹한 살육을 자행하고 러시아를 유린했다. 잔혹한 야만인들에 대해 하느님이 심판해 주실 것이라는 러시아인들의 믿음이 이콘에 표현되기 시작하였다. 몽고의 압제가 자신들의 삶을 참혹하게 만들수록 예수의 분노가 깊어지고, 악인에 대한 심판이 단호할 것이며 그들은 엄청난 응징을 당할 것이라는 믿음이 예수의 얼굴을 더욱 엄한 표정으로 그리게 되었다고 해석할 수 있다. 몽고-타타르 압제 이후 14세기 노브고로드 이콘의 특징으로 인물의 극적인 표정을 그린 것이 보이는데, 이런 어둡고 비극적인 표정은 봉건제도로 인한 계급적 억압이 심해지고, 이런 사회적 억압으로 고통받는 민중의 감정이 이콘화에 표현되어졌기 때문이다.

이와 달리 14세기 말~15세기에 걸쳐 노브고로드의 이콘에는 밝고, 낙천적인 이미지의 이콘이 많이 생겨났다. 화가들은 카파도키아의 게오르기우스, 살로니카의 데메트리우스, 표도르 스트라티라트, 보리스와 글렙 형제와 같은 전설의 영웅들을 이콘의 주인공으로 그리고 전쟁에서의 그들의 영웅적 행동들을 표현했다. "말 위의 보리스와 글렙"(그림 33)은 이 이콘들 중에서 가장 오래 된 작품이다. 그림에는 흰 바탕에 검은 혹은 갈색 털빛의 말에 올라타고 검을 치켜든 두 사람의 형제 공후들이 러시아의 용사로서 그려져 있는데, 쿨리코보 전투때의 애국심을 나타낸 것이다.[64]

그림 33
말 위의 보리스와 글렙

이 시대의 전설적인 용사, 게오르기우스의 기마상도 많이 그려졌다. 이들 중 최대 걸작 "게오르기우스"(15세기, 그림 34)은 준마에 올라타 질주하는 젊은 용사가 뒤를 돌아보면서 창으로 용에게 일격을 가하는 모습을 그리고 있다. 게오르기우스는 당시의 연대기나 문학 속에서 몽고 칸을 격파한 러시아의 전사를 대표하는 용사였고, 일반 민중에게는 유리예프의 날에 농민이 영주의 토지로부터 벗어나는 오랜 농민 권리의 수호자로 상징으로 인식되어 있다. 이러한 방법으로 14세기 말과 15세기, 노브고로드의 화가들은 민족성에 넘친 용사 게오르기우스의 이콘을 통하여 잔혹했던 정복자 몽고에 대한 루시의

그림 34 게오르기우스

승리와 봉건 시대에 정의의 부활을 구하고자 하는 민중의 염원을 표현하였다.

15세기 들면서 노브고로드의 이콘은 매우 빠른 속도로 세속화 되어갔다. 성자, 수도사, 전사, 경건한 여자들의 모습은 예전과 다름없이 전통적인 규범에 잘 맞추어 그렸지만 그림 속에는 건강한 노브고로드의 시민 정신이 표현되어 있었다. 화가들은 오랜 시간 동안 교회 이콘의 규칙을 표면적으로는 지키면서도 그리스도교의 신비주의와 수동적인 표현이 차츰 줄어들었다, 중세의 엄격한 종교의 계율과 규칙의 그늘에서 서서히 싹트던 인문주의의 분위기가 나타나며 뒤에 나타날 러시아 르네상스의 전조가 보이기 시작했다.

한 발 더 나아가 노브고로드의 이콘 화가들은 이콘의 화법을 활용하여 종교와 직접 관련이 없는 것을 포함한 다양한 대상과 다양한 이야기들을 그리기 시작했다. 노브고로드의 이콘 화가들의 면밀한 삶에 대한 관찰력으로 동물을 그리기도 하였다. 삶의 현장에서 쉽게 발견되는 말이나 소를 선호하여 그렸다. 3부로 구성된 이콘, "프롤·라불·부랏시·모제스트"(15세기, 그림 B2)에는 말무리가 사실적으로 그려져 있다. 농촌생활을 동경한 뛰어난 관찰력의 수도사가 그린 작품으로 추정되는데 말의 실루엣이 정확한 필치로 생생하게 그려져 있어 러시아 동물화의 전통의 깊이를 가늠할 수 있게 한다. 노브고로드의 이콘 화가들은 백색, 적색, 암갈색, 황토색 등의 톤을 주로 사용했고, 또 실루엣을 정교한 필치로 사실적으로 그렸지만 이것은 이미 옛 민속자수와 채색 목조로부터 배운 것으로 추정된다. 옛 작풍을 부활시키고, 이콘에 사람의 삶에 대한 이야기 요소를 유머러스하게 도입한 이들은 15세기의 중세 러시아 르네상스를 대표하는 작품들을 만들어 냈다.

긴 역사를 지닌 노브고로드의 미술은 러시아 미술의 커다란 흐름 속에서 중요한 한 페이지를 차지하게 되었다. 노브고로드의 건축과 회화는 자신의 독특한 독자성을 가지고 있다고 단순 설명하여 버리지만 사실은 노브고로드 지방뿐만 아니라 러시아 민중 전체의 사상과 마음을 표현하고 있었다. 이콘 "노브고로드군과 수즈달군의 전쟁"(그림 B4, 15세기 말)과 같은 그림처럼 단지 노브고로드의 독립정신을 나타낸 이콘은 오히려 그리 많지 않다. 일부 상층 귀족 계급들이 노브고로드를 루시로부터 분리하려고 하였으나 이들이 노브고로드의 미술에 특별히 영향을 주거나 기여한 바보다는 오히려 민중이 중세 노브고로드 미술의 생성과 발전에 커다란 역할을 감당하였다.

나) 모스크바 화파

러시아 민족의식의 형성과 관련하여 역사의 성지가 된 곳은 모스크바의 크레믈린이다. 모스크바 크레믈린 내의 우스펜스키 성당에 있는 이콘 "성난 눈의 구세주"(14세기, 그림 B5)는 최초의 모스크바 부주교이며 화가이기도 하였던 표트르의 작품으로 알려져 있다. 그리스도의 머리 부분이 약간 비대칭적으로 그려져 있고, 눈의 윤곽과 선이 선명하고, 색이 짙어 강하며 엄격하고, 긴장한 분위기의 얼굴에 노기가 서려 있는 이미지이다. 이것은 불운한 파란만장의 인생을 경험한 사람의 얼굴에서 볼 수 있는 강직한 의지를 지닌 모습이다. 그리스도의 얼굴이 이와 같은 강한 필치로 명확하게 그려져 있고, 고난에 가득 찬 이 시대의 민중들의 생각과 마음이 그리스도의 얼굴에 잘 표현되어 있다. 우스펜스키 성당 내 또 다른 그림인 이콘 "말 위의 보리스와 글렙"은 파레올로고스왕조 시대의 비잔틴 미술[65]의 전통을 계승하고 있다. 이 판화에서 보이는 위세가 넘치는 산악 풍경과 기사들의 과격한 움직임은 당시의 모스크바 땅에 새로운 파레올로고스 양식이 출현할 가능성을 예측할 수 있을 정도이다. "구세주"(그림 B7)는 표준적인 러시아인의 모습을 그린 이콘이다. 앞의 이콘들과는 다르게 그의 얼굴에는 인생의 슬픔이 새겨져 있지만, 온화한 미소는 자비심이 가득 차 있다. 덜 엄격하고 오히려 분방하고 다소 거칠다 싶을 정도로 채색된 이 이콘의 묘법은 기념비적이다.

쿨리코보 전투(1380년)에서 타타르군을 격파한 후, 모스크바는 동슬라브인들의 희망과 민족정신을 뭉치게 하는 루시(동슬라브) 땅의 확고한 중심지가 되었다. 드미트리 돈스코이 공이 이 전투에서 페오판 그렉의 작품 "돈의 성모"(그림 B6)를 군대 대열의 앞에 내걸고 행진했다고 전해지며 러시아인들은 이 그림을 국가의 성스러운 보물로 숭배하고 있다. 이 이콘은 어머니의 사랑이 가득 찬 표정이 그려진 모자상이다. 성모의 희고 갸름한 커다란 얼굴과 어린아이의 엷은 황갈색의 두발은 이미 작가가 인물을 러시아화할 의도가 있었음이 엿보인다. 이 이콘의 특징은 완벽한 구성과 머리의 물결 모양의 윤곽과 약간 입체적인 표현에 있다.

페오판 그렉의 정확한 붓 터치는 그의 또 다른 작품인 "성모의 죽음"(그림 B8)에서도 느낄 수 있다. 마리아는 높은 침대 위에 가로누워 있고, 그녀의 얼굴에는 아들의 앞날에 대해 일평생 지니고 있던 고뇌의 흔적이 그려져 있다. 사도와 성직자들은 같은 생각으로 그녀의 죽음 앞에서 눈물을 짓고 있다. 한 손에 향로를 들고, 다른 손으로 눈물을 닦고 있는 사도 베드로의 모습은 그가 맡은 사명과 인간적인 슬픔이 동시에 묘사되어 매우 인상 깊다. 임종의 침상의 선과 굽은 마리아 신체의 묵직한 가로선이 평행을 이루고 있다. 허리를 굽힌 사도들의 모습도 불안정한 리듬의 배합으로 침울하며 당황스럽고, 힘든 상황의 분위기를 만들어 내고 있다.

모스크바 이콘의 두드러진 특징인 이코노스타시스의 장대한 규모와 의미 있는 배치는 페오판 그렉, 안드레이 루블료프, 프로호르가 만들어 낸 것이다. 크레믈린 내에 있는 블라고베시첸스키 성당의 이코노스타시스(그림 B3)는 현재 알려져 있는 대형 이코노스타시스 중에서 가장 오래된 것이다. 이 이코노스타시스에는 그리스도, 성모 마리아, 세례 요한 이외에 두 사도 베드로와 바울, 대천사 미카엘과 가브리엘, 순교자 게오르기우스와 데메트리우스, 교회의 아버지 바실리 벨리키와 성 요한네스 크리소스토무스가 그려져 있다. 이들은 성경에 언급된 인물들로 그리스도와 사도들이며 전 세계의 성직자들이다. 이들은 동시에 블라디미르 성공, 야로슬라프 현공, 블라디미르 모노마흐 공, 유리 돌고루키 공, 프세볼로트 볼쇼예 그네즈도 공, 유리 프세볼로도비치 공, 드미트리 돈스코이 공, 모스크바 부주교 표트르 등을 위한 하늘의 수호자들이다. 또 양측에는 초기의 고행승 다니엘과 시메온의 이콘이 있었다고 전해지고 있다. 이와 같이 이 성당 내의 이코노스타시스에는 당시 가장 숭배되고 있던 성자와 루시의 수호자들의 모습이 같은 장소에 모여 있었다. 이 다단 구성의 이코노스타시스에는 이콘을 질서 정연하게 배열하고, 중세 봉건제도하에 살던 사람들의 소원(통일과 질서의 조화)을 상징하는 장대한 그림으로 된 스토리를 만들어 냈다. 중세 러시아의 이코노스타시스에 묘사된 전설적인 하늘의 왕국은 내분으로 말미암아 혼동하고, 부정에 더러워진 지상의 왕국에게 제시된 이상적인 왕국의 모습으로 여겨졌고, 이를 사실적으로 묘사하고자 했다. 러시아 이콘 작가 중 가장 유명한 작가인 안드레이 루블료프의 작품은 1405년 크렘린 내 블라고베시첸스키 성당의 이코노스타시스에서 처음 확인되었다.

루블료프의 또 다른 이코노스타시스(쵸르느이와 함께한 작업, 그림 B9)는 블라디미르의 우스펜스키 성당에서 찾을 수 있다. 이 성당의 호화로운 건축에 걸맞는 크고 화려한 이코노스타시스가 필요하였다. 모스크바의 블라고베시첸스키 성당의 이코노스타시스에 등장했던 인물 외에도 사도 안드레와 요한, 신학자 그레고리우스와 니콜라이 미르리키스키 등이 더 그려져 있다. 이 이코노스타시스에는 사도의 단 외에 대제사장의 단과 예언자의 단이 더 있었는데 이러한 것들이 포함되면서 이전에는 볼 수 없었던 대규모의 것이 되었다. 거기에 그려진 전 세계의 성직자, 사도, 순교자들은 이교에 저항하며 생명을 걸고 그리스도교를 전도한 사람들이다. 이곳에 있는 이코노스타시스의 구도는 러시아가 과거의 위대한 정교의 문화 유산과 문화중심지의 계승자임을 보이고자 하였다. 당시 모스크바의 대공들은 이 블라디미르의 우스펜스키 성당에서 몽고의 칸으로부터 공국 통치에 대한 위임장을 받았기 때문에 당시의 러시아 미술은 일반 민중의 감정에 호응하여 러시아가 몽고의 전통이 아닌, 비잔틴과 고대 기독교 세계의 전통의 맥을 잇고 있다는 사실을 분명하게 보여야 하는 당위적 사명감도 있었다. 즉, 러시아가 몽고보다도 훨씬 높은 문명권에 속해 있다는 것과 야만적인 지배자에 대한 역사적, 문화적, 종교적 우위성을 보이려고 한 것이다.

루블료프의 작품 중 "삼위일체"(그림 B10)는 러시아 회화의 최고 걸작으로 꼽히는 작품이다. 루블료프는 이 이콘 제작할 당시 과거 루시 전 지역의 회복과 통일, 단결을 상징하는 새로운 작품을 모스크바 공국에서 그리고 싶어 했다. 그는 성스러운 삼위일체를 최초로 세 명의 아름다운 젊은이들의 모습, 즉 커다란 참나무 그늘 아래에서 탁자 주위에 앉아 있는 천사들의 모습 속에 표현했다. 이 이콘의 구도는 언뜻 보아 단순한 듯 같지만 그 의미는 매우 깊다. 식탁을 둘러싸고 있는 세 사람의 천사는 같은 생각에 잠겨 평온한 마음으로 서로 이야기하고 있다. 루블료프는 종래의 이콘 양식에 생생한 인간 감정을 불어넣었다. 화면의 중앙에는 산 제물이 된 어린 양을 담은 접시가 놓여 있고, 세 사람의 천사는 이 죄 없는 산 제물의 심벌을 향해 동정을 담아 가만히 고개를 숙이고 조용한 모습으로 이야기를 나누고 있다. 이 그림 속의 세 명의 천사는 구약시대의 인물 아브라함의 집을 방문한 세 명의 나그네를 연상하게도 한다. 아브라함이 이들을 극진히 대접했고, 여호와의 축복으로 노년에 이삭이라는 아들을 낳게 된다는 소식을 듣게 되었다. 중세 때 구약은 신약을 예언하는 것으로 해석하여 아브라함에게 약속된 아들은 훗날 예수의 탄생을 예언하는 것으로 이어지게 된다.

이 그림 속의 세 인물은 성부, 성자, 성령의 본질적인 동일성을 형상화한 것이다. 고개를 숙이고 조용히 상대방의 이야기를 경청하는 천사들이 서로 대등하게 어깨를 나란히 하고 있는 모습은 보기 드문 평온과 완벽한 조화의 장면이다. 또 이 그림은 아름다운 천사들의 표정뿐만 아니라 채색된 색감으로도 유명하다. 화면 전체가 푸른색과 황금색이 서로 변주하며 어우러져 있고, 푸른색은 천국의 색이고, 황금색은 영원히 변하지 않는 고귀한 신의 색을 의미한다. 이러한 색이

이 그림에서는 세 천사에게 균등하게 사용되는데, 이것은 성삼위의 동일한 위계의 질서를 표현하려는 의도였다고 한다.

이 그림은 루블료프가 역원근법을 사용하여 그린 것으로 유명하다. 테이블과 의자의 각도는 르네상스의 일점 원근법에 익숙한 우리 눈에는 낯설게 보이는데, 오른쪽과 왼쪽의 천사의 발판은 양 방향으로 뒤쪽으로 갈수록 더 넓게 그려져 있다. 이것은 중세 회화의 특징인 역원근법에 의한 것이다. 르네상스 이후 등장한 일점 원근법은 하나의 소실점을 기준으로 사물을 논리적으로 배치한 것으로 인간의 이성으로 세상을 바라보는 것인 반면 루블료프가 사용한 역원근법은 그림 속의 인물 즉 전지전능한 신의 관점에서 세상을 바라보는 관점이다.

앞에서 살펴본 루블료프의 또 다른 작품 "구세주"(그림 B7)도 화가 특유의 깊은 명상이 담겨진 것으로 의미가 깊은 작품이다. 그림 속에서 긴 코와 작은 입 그리고 이목구비에 비해 다소 커 보이는 얼굴과 굵은 목은 누구나 조금씩은 가진 외모상의 결함의 상징으로 두드러지게 표현되었다. 그러나 이러한 현실성 때문에 오히려 인간의 아들로서 예수의 실존을 더욱 생생히 느낄 수 있고, 이러한 용모를 통해 실감할 수 있는 선량한 마음과 따뜻한 인정이 그림의 인물에 서려 있음을 느낄 수 있다.

루시에서 몽고-타타르의 몰락은 러시아인에게 모든 생활 분야에서 삶에 대한 의욕과 소속감에 대한 자부심을 높혔다. 이의 연장선에서 러시아인들의 애국적 의식이 15세기 후기의 미술에 강력하게 고취된다. 모스크바는 이미 러시아의 정치, 문화, 미술의 중심이 되었다. 러시아의 석공, 목수, 화가들은 언제나 모스크바의 크렘린의 것을 표본으로 삼았다. 따라서 15세기 이후 러시아 미술 전체가 모스크바 양식을 모델로 삼는 셈이었다. 15세기 모스크바 회화는 몽고-타타르의 멍에에서 벗어난 기쁨에 넘쳐 있었다. 이 시기에 모스크바의 영광을 높이며 예술 창작에 힘쓴 최대의 화가는 디오니시였다. 그는 안드레이 루블료프 문하생으로, 그의 그림에 15세기 후기의 모스크바 이콘 화파의 특징이 극대화되어 나타난다. 아쉽게도 디오니시가 그린 이코노스타시스는 몇몇 작품이 나뉘어져 전해질 뿐, 완전한 형태로 오늘날 남아 있지는 않다. 전해지는 작품들은 겨우 전체의 몇몇 부분인데, 이들 중 하나가 "모스크바 부주교 표트르"의 테두리 그림(그림 35)이다. 이 그림에는 러시아 교회의 아버지인 표트르가 전 러시아 교회의 본산을 모스크바로 옮긴 과정의 역사가 그려져 있다. 또 다른 이콘 "모스크바 부주교 알렉세이와 그의 생애"의 테두리 그림(그림 36)에는 타타르의 칸에 대항한 러시아 민족의 지도자이며, 모스크바 공국의 기둥인 알렉세이가 그려져 있다. 표트르와 알렉세이의 상세한 역사적 공적을 그린 이 테두리 그림들은 극히 사실적으로 표현되어 있다. 남아 있는 이코노스타시스의 그림 중 "계시록"은 러시아 민족의 운명을 성서에 의지하여 풀이한 내용을 담은 중세 러시아 미술의 기념비적인 대작이다. 이 그림의 내용은 성서 〈요한계시록〉에서 발췌한 것인데 요한이 꿈속에서 자신의 민족을 삼키고 세계를 침략하려고 한 "우주 짐승"의 죽음을 보았다는 이야기가 그려져 있다. 결국 러시아에 대한 몽고-타타르의 멍에의 원인과 잔인한 정복자들이 가져다준 끝없는 재난과 괴로움의 원인을 성서의 내용에서 찾아 표현한 것이다.

그림 35 모스크바 부주교 표트르

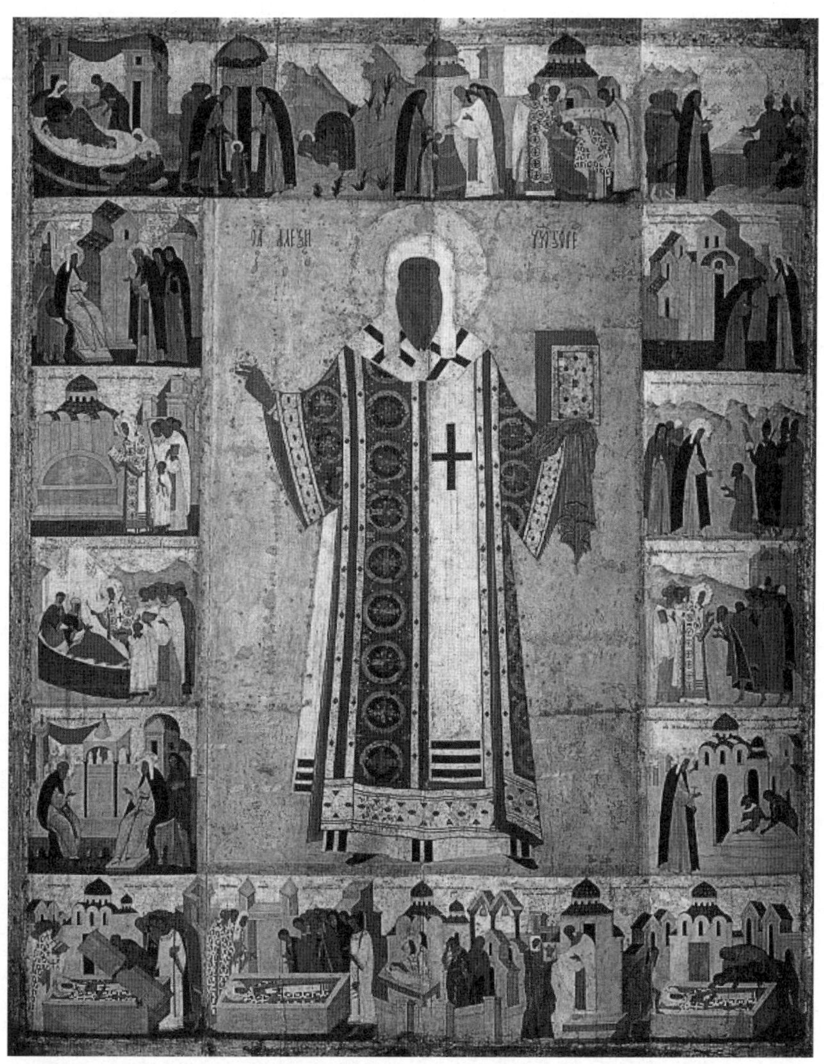

그림 36 모스크바 부주교 알렉세이와 그의 생애

이교도이며 야만적인 몽고-타타르에 대한 러시아 민족의 투쟁은 15세기에 승리로 끝이 났다. 이 과정에서 각 지역의 보야르(대귀족)와의 갈등과 대립을 겪으며 모스크바 공국을 중심으로 한 러시아 중앙집권 국가가 성립되었다. 1478년에 노브고로드, 1485년에 트베리, 1510년 프스코프, 1521년 랴잔이 모스크바 공국에 병합되었는데, 1547년 이반 4세가 차르에 오름으로써 러시아의 본격적인 전제정치가 시작된다.

15세기를 지나 16세기에 이르러 러시아 미술의 르네상스 특징은 블라디미르, 노브고로드, 프스코프, 키예프의 뛰어난 각 지역의 미술 전통을 모스크바에서 통합, 부활시킨 데에 있다. 뿐만 아니라 러시아의 미술 유산이 보다 적극적으로 재인식되고, 독특한 재창조에 의한 독자적인 미술 작품을 만들어 냄으로써 이후 수세기에 걸쳐 러시아의 예술의 높은 수준을 과시할 수 있는 노력이 행해졌다.

이와 같은 르네상스 분위기의 흐름은 16세기의 모스크바 이콘에도 영향을 끼쳤다. 모스크바의 화가들은 다수 민중의 욕구에 부응하여 그들이 살아 온 역사적 사건들을 전통적 이콘의 형식을 통해 표현하였다. 그들은 러시아의 중심인 모스크바를 부각시키려 했고, 당시의 모스크바의 이콘에는 새로운 장르, 즉 종교적 주제와 세속적 주제가 결부된 우의적인 이콘이 나타났다. 이와 같은 경향이 과연 정당한가에 대한 타당성을 위해 1554년 비스코바토이의 비판을 심의하는 특별 교회회의가 열렸는데, 이 회의에서 그의 비판은 부당한 것으로 간주되고, 오히려 이콘의 이와 같은 새로운 경향을 지지하게 되었다.

이것이 계기가 되어 종교적인 테마의 이콘뿐만 아니라 우의적인, 즉 우화를 주제로 하는 이콘의 제작도 허용하기에 이르렀다. 이 결정은 종교적 상징의 형상을 빌려 모스크바에 대한 애국적 사상을 표현하는 그림의 제작을 지지하였다는 점에서 커다란 의의를 지니고 있었다. 이로써 러시아에서의 세속적이고, 비종교적인 회화 탄생의 길이 열린 셈이었다.

1) 후기의 이콘

16세기 당시의 러시아 미술은 이콘이 주를 이루고 있었으며 15세기부터 시작된 모스크바 화파와 11세기부터 시작된 노브고로드 화파가 공존하고 있었다. 그러나 전통적인 기법으로 만들어지던 이콘이 노브고로드 화파나 모스크바 화파처럼 지방마다 특색을 갖게 되어서 규범을 갖출 필요를 느낀 러시아 교회의 지배층은 1551년 모스크바 공의회에서 이콘을 그릴 때 안드레이 루블료프 혹은 비잔틴의 규범을 따르게 하는 100가지 항목의 규칙을 정하였다.

16세기의 모스크바 회화에서 중세의 특징인 역사주의의 사상을 볼 수 있는 대표적인 작품인 이콘 "블라디미르, 보리스와 글렙"(16세기, 그림 37)에는 왕관과 호화로운 의상을 입은 블라디미르 공후가 두 아들 사이에 서 있다. 몽고의 대군을 격파한 모스크바는 성스러운 루시의 창건자에 대한 긍지를 상기한 그림이다. 이 이콘의 테두리 그림은 블라디미르 공후의 죽음과 그 후에 있었던 사건인 예수 사랑을 실천한 보리스와 글렙 형제의 암살 사건을 묘사하고 있다. 또 16세기의 모스크바 화가들은 많은 세속의 풍속을 그리기도 하였다. 예를 들면 블라디미르 공후의 매장 장면이 있는데 이 그림에는 썰매에 실은 유

그림 37 블라디미르, 보리스와 글렙

해를 대들보를 떼어 낸 모조 가옥의 지붕으로부터 운반하는 장면이 그려져 있다.

16세기 이콘의 또 다른 특징은 애국주의를 테마로 한 작품이 매우 많다는 것이다. "축복받은 군대" 또는 "싸우는 교회"(16세기, 그림 B11)는 카잔을 정복한 이반 뇌제의 개선을 상기하며 그렸다. 이것은 사령관들의 지휘에 통솔된 러시아군의 개선 행진도이고, 그 선두에 선 말 위의 최고사령관 미카엘은 전방의 모스크바로 향하는 길을 지시하고 있다. 비잔틴의 콘스탄티누스 황제, 왕관을 쓴 이반 뇌제, 키예프의 블라디미르 성공, 그의 아들들인 보리스와 글렙 형제가 그 뒤를 잇게 된다. 게오르기우스 프라블르이와 살로니카의 데메트리우스 같은 전설의 용사들도 러시아 군과 동행하고 있다. 많은 기사들은 창이나 방패로 무장하고 있다. 군대 뒤로 보이는 먼 배경에는 화염에 싸인 타타르군을 물리친 카잔의 거리가 보인다. 각 시대의 인물을 하나의 행진도 그림 속으로 모아 놓은 이 작품은 이교도인 몽고가 지배했던 카잔을 해방시킨 세계사적 의미를 표현하고 있다. 이 이콘은 카잔 해방을 위해 희생되었던 러시아 전사들을 기념하고 추모하는 이콘이다.

이러한 애국주의적 경향의 이콘들은 여전히 종교의 형식을 고수하고 있었지만 조국 통일의 사상을 표현하는 예술적이며 민족적인 주제, 풍속의 세부묘사, 리얼리즘의 사조로 점점 기울어지고 있었다. 이와 함께 16세기 이콘 미술에는 종교적 신비주의 혹은 소박한 환상의 세계에 집중하는 흐름도 있었다.

16세기 말 러시아에는 농민 대중에 대한 영주들의 억압이 강화되었는데 이러한 억압은 농민 대중의 광범위한 저항 운동을 불러일으켰고, 더욱이 17세기 초 폴란드군은 공공연히 러시아 영내에 침입하였다. 광범위한 민중운동에 두려움을 느낀 귀족 계층은 폴란드군과 타협하여 마침내 1610년 폴란드군을 모스크바로 끌어들였다. 그러나 1612년 미닌과 포자르스키가 지휘한 국민군에 이해 모스크바가 폴란드군으로부터 해방이 되었으나 더 이상 기념비적인 건축과 회화는 없었다. 궁정이나 교회의 새로운 건축은 없었고, 프레스코화도 제작되지 않았다. 폴란드군은 궁전, 수도원 등을 약탈하였었고, 건축가나 화가들은 모스크바나 그 외의 대도시로부터 지방으로 흩어졌다. 이 시대의 이콘은 당시의 이러한 불안과 고난을 표현하고 있다. 이콘 “보골류프스키의 성모”(그림 38)는 비슷한 모습으로 여러 성당에 보관

그림 38 보골류프스키의 성모.

되어 있는데, 그 내용은 드미트리 황태자, 러시아의 구제를 호소하는 성자·수도사·고행승들이 그려져 있다. 어떤 사람은 꿇어앉아 있고, 어떤 사람은 지면에 얼굴을 묻고 있는, 당시 사람들의 기대와 혼란과 공포의 상황이 잘 드러나 있다. 이처럼, 당시의 많은 작품들은 외국 군대의 침략과 파괴를 경험한 사람들의 절망감을 표현하려 하였다.

모스크바 공의회에서 100가지 항목을 결정한 후, 세월이 지나 16세기 말 즈음에 스트로가노프 화파(Строганов)가 등장하게 된다. 스트로가노프 화파는 당시 러시아 북쪽의 거상이었던 스트로가노프 가문의 지원을 받아 활동을 하던 화가들의 그림에서 유래한 것이다. 스트로가노프 화파는 서유럽 종교미술의 영향을 받고 이콘을 필요로 하는 계층의 다양한 기호와 수요를 충족시키며 이콘을 그리게 되었는데, 이때부터 이콘에 화가의 서명이 들어가고, 전례를 위한 휴대용 이콘이 제작되기 시작했다. 이콘의 세속화가 일어나게 된 것이다. 스트로가노프 화파는 장식미와 세밀한 정밀묘사를 특징으로 한다.

17세기에 들어서면서 폴로츠키에 의해 제안된 새 이콘의 도상 규범이 지지를 얻게 되고, 기존에 수도원에 속한 수도사들이 이콘을 그리던 것과 달리 모스크바 황실 소속의 화가들이 이콘을 그리게 된다. 대표적인 화가로 시몬 우샤코프가 있다. 서유럽 리얼리즘 회화의 영향을 받아 이콘에 조금씩의 변화를 시도한 시몬 우샤코프는 사물의 특징이 명확하게 표현되어야 그 그림을 통해 하느님의 모습을 제대로 묘사하게 되는 것이므로 마치 거울에 비치는 것같이 그려야 한다고 생각했다. 스트로가노프 화파의 화가들은 섬세하고 세밀하게 그렸으며 서구 회화의 영향을 받아 정형화된 모습보다 사실적인 묘사를 했으며 원근법을 나타냈고, 배경과 장식 등에 바로크적인 장식을

그림 39 성목요일

하기도 했다(그림 39 성목요일, Тайная вечеря). 이러한 변화가 가장 잘 나타낸 곳이 "파르수나"(Парсуна, 초기의 초상화)였다. '파르수나'는 러시아 이콘과 유럽의 사실주의 초상화가 어우러져 나타난 것이다. 즉 이콘 기법으로 그린 바로크풍의 초상화가 나타나기 시작한 것이다. 그리고 이러한 '파르수나'에서는 그림의 대상이 정교의 성인의 얼굴만이 아닌 세속의 황제나 장군의 그림이 그려지기 시작했다. 하늘의 신의 세계를 찬미해 오던 이콘이 지상의 주권자인 군주를 기리는 그림으로 바뀌고 있었던 것이다. 즉 '파르수나' 또한 이콘이 세속화되어 가는 것을 보여 주는 증거라고 할 수 있다.

2) 루복(лубок)

루복이 본격적으로 나타난 것은 17세기이다. 17세기 초에 나무판에 그려 오던 방식 대신 종이를 사용한 이콘을 교회에서 먼저 만들어 냈다. 판을 깎아서 종이에 찍어 똑같은 이콘을 널리 전파하려는 목적에서 시작된 것이지만 위에서 이미 설명한 바와 같은 세속화가 사회문화 전반 걸쳐 일어나고 있었다. 즉 16세기 이후 유럽으로부터 세속적 문화가 들어오게 되면서 당시 러시아의 사람들에게도 자연스럽게 세속적 욕망을 표출할 수 있는 사회적 분위기가 형성되었다. 이러한 분의기 속에서 당시 유럽의 세속적 문화 중 하나인 판화가 유입되게 된 것이다. 당시 판화는 장식과 오락을 위한 희귀품으로 누구나 소유하기를 희망하는 고가의 품목으로 인식되었고, 당연히 러시아의 서민 계층도 고급문화의 향유에 대한 열망을 갖기 시작하였다. 이러한 사회적 배경에서 도시의 수공업자들이 서민 계층의 이러한 수요를 파악하고 루복을 만들게 되면서 성역, 즉 이콘의 전통적인 범위를 벗어나기 시작했다. 다시 말하면 루복이 처음 나타날 당시 종교적인 소재만을 대상으로 했던 것과 달리 시간이 흐르면서 성서의 이야기 외에 민담적인 성격의 루복이 나타나기 시작했으며 사람들의 흥미를 끌 수 있는 스토리로 루복의 소재가 다양해지기 시작하였다.

그림 40은 목판 루복에 속하는 종이 성화인 "대천사 미카엘"이다. 이 작품은 1668년에 제작된 것으로, 이콘의 전통을 비교적 유지하고 있다. 그러나 그림에서 글자의 모양을 알아보기가 어렵고, 글자를 읽는다 해도 글자 사이에 생략된 부분과 띄어쓰기가 안 되어 있어서 이해하기가 어렵다. 성서의 내용을 근거로 작성된 것이지만, 성서 텍스트를 암시할 뿐 완전한 인용의 역할을 수행하지 못하고 있다.

그림 40 대천사 미카엘

그림 41 바바야가

위의 작품은 17세기 말에 등장한 "바바야가"(그림41)라는 것으로 루복의 대상이 민담의 소재로까지 확대되어 그림의 소재가 다양화되고 있었다는 점을 보여 주는 작품이다. "바바야가"는 민담에 자주 등장하는 대표적인 캐릭터인데 이승과 저승 사이에 존재하며 주인공을 돕기도 하고, 괴롭히기도 한다. 이야기에 등장하는 "바바야가"가 사는 집은 아랫부분이 닭의 다리 모양인데 주인공이 부르면 뒤뚱 뒤뚱거리며 방향을 주인공쪽으로 돌린다(그림B12).

3) 러시아의 대표적인 이콘 화가

가) 페오판 그렉

페오판 그렉의 예술은 사회적 모순이 극도로 격화되었던 비잔틴의 파레오로고스[66] 시대에 시작되었다. 그는 그리스 사람이었지만 후일엔 누구보다도 존경받는 러시아인이 되었다. 페오판 그렉은 30년 동안 예술가로서 러시아에 머물면서 러시아의 문화, 특히 회화의 발전에 크게 기여했다. 그의 작품은 아르한겔스크 사원의 프레스코화로 볼 수 있지만 대표작은 블라고베센스크 성당의 성상 제작이다.

나) 안드레이 루블료프

14세기 말~15세기 초, 모스크바에 러시아 국립 미술학교가 창립되었다. 안드레이 루블료프는 이곳 출신의 가장 유명한 천재적인 러시아 화가로 평가받는 대표자였다. 그는 트로이테 세르기예프의 수도원에 있다가 스파소 안드로니코프의 수도사가 되었다. 그는 1405년에 페오판 그렉과 고로드차 출신의 프로호르와 함께 모스크바 크레믈 경내의 블라고베센스키 사원 벽에 지도를 그렸다. 1408년에 그는 다니엘 쵸르니와 함께 블라디미르의 우스펜스키 사원 벽화를 그렸고, 그 다음에 그들은 트로이테 세르기예프 수도원의 벽화를 장식했다. 루블료프의 가장 유명하고 완성작으로 알려진 작품은 앞에서 이미 소개된 트로이츠키 사원의 휘장을 위해 그려진 "삼위일체"(그림 B10) 성상이다.

루블료프의 작품 속에서 러시아 미술이 비잔틴과 차별화되는 과정이 단계적으로 또 논리적으로 이루어져 가는 모습을 볼 수 있다. 루블료프와 그의 후계자들의 이콘에서 비잔틴의 전통적인 금욕주의와 엄격함이 잘 드러나 있다. 그러나 이들의 작품들 속에 등장하는 인물들은 살아 있는 사람들의 모습으로 재창조되었고, 당시 시대의 러시아 사람들의 정신적인 삶과 분위기가 잘 묘사되어 있다.

루블료프는 페오판 그렉의 제자였으나 그와는 달리 부드럽고 온화한 톤을 사용해 엄격한 종교적 주제 속에서 인간주의(휴머니즘)을 담았다. 페오판그렉의 예수는 분노가 표현되어 있으나 중재자들에 둘러싸여 있는 안드레이 루블료프의 예수의 표정에는 온화함이 있다. 그의 그림에는 하찮은 존재들의 아픔, 어리석음과 탐욕 때문에 자신도 모르게 죄를 짓는 사람들을 바라보고 있다. 이것은 그의 시대가 전 시대에 비해 러시아인의 삶이 비교적 순탄해지면서 예수의 표정 또한 부드럽게 바뀌게 된 것이라고 해석할 수 있다(그림 B13와 그림 B10의 대조).

그가 활동하던 시대는 모스크바가 몽고-타타르의 침입을 결정적으로 물리치고 모스크바가 패권을 쥐기 시작한 시기이다. 그 당시 사람들은 루블료프의 작품에 신에 대한 두려움이 없다는 비난을 받기도 했으나, 그의 그림에는 신에 대한 두려움보다 자비를 구하는 마음으로 가득 차 있었으며, 더할 나위 없이 섬세하고 부드러웠다. 그는 미천한 인간들의 어리석은 욕망을 질타하는 대신에 인간을 감싸 안는 그림을 그렸다. 안드레이 루블료프는 서로 증오하고 미워하는 민중들을 보면서 인간의 선의와 신앙심을 의심하기도 하고 그림을 그리는 것에 대한 무력함을 느끼기도 했다. 그러나 본질적인 인간의 선함에 대한 믿음, 화해의 가능성을 발견하고, 평화의 그림을 그렸다.

1370년 노브고로드로 이주한 후 프레스코화에 깊은 감명을 받아 1395년경 모스크바로 오게 된다. 그는 하나의 기법에 머물지 않고 빛의 여러 단계를 활용하여 대담하게 실험적으로 성자들의 상을 묘사했다. 이 때문에 성자들은 정지된 상태로 보이지 않고 마치 살아 움직이고 있는 것처럼 보이는 느낌을 갖게 되었다. 페오판 그렉은 종교적 주제를 비잔틴 회화의 독특한 기법으로 표현했는데 이러한 형식은 전통적으로 어두운 암적색으로 만들었고, 얼굴 근처의 화려한 바실리 조각으로 활력을 불어넣었다. 마리아와 어린아이 예수의 얼굴 자체도 푸른 빛과 녹색 빛, 붉은 빛의 모자이크로 역동적으로 묘사했다. 다양한 빛의 색이지만 그의 이콘에서 성모마리아는 결코 퇴폐적이거나 향락적이거나 속세적이지 않은 고상한 이미지를 가졌다.

4. 음악

4.1 러시아 음악의 역사와 몽고-타타르의 영향

러시아 음악 전통은 지난 천여 년 동안 두 개의 근원으로부터 자라나왔다. 하나는 민속 전통음악이고, 다른 하나는 러시아 정교의 교회음악 전통이다. 이 두 가지 흐름은 수 세대의 작곡가들에게 풍요로운 선율과 정성스런 영감을 제공하게 되어 결국 후일에 미하일 글린카, 모데스트 무소르그스키, 니콜라이 림스키-코르사코프, 알렉산드르 보로딘, 표트르 차이코프스키 등 19세기 러시아 거장들의 음악이 탄생되게 되는 배경이 된다. 민속 음악의 전통과 교회 음악 전통은 20세기에 와서도 여전히 세르게이 라흐마니노프, 이고르 스트라빈스키, 세르게이 프로코피예프, 드리트리 쇼스타코비치 등의 작곡가들의 음악에서 본질적 요소가 되고 있다. 러시아의 음악은 일단 토속적인 민속음악에서 출발하게 된다. 혼례, 장례 그리고 축제 때 부르던 민요가 그 기반이며 단순하면서도 자연적인 힘이 있고 부드러우면서도 영감을 지닌 음악적 특징을 지닌다.

1) 민요와 민속음악

러시아 음악의 뿌리에는 풍부하고 다양한 민요와 민속음악의 전통이 자리 잡고 있다. 가장 오래된 노래들은 자연의 신과 자연현상에 대한 경외와 숭배를 표현했을 것으로 짐작한다. 고대 민요의 대부분은 절기와 결혼 및 장례 등의 의례와 관련되어 있다. 대표적으로 콜랴트기(풍작을 기원하는 노래로, 크리스마스 캐럴처럼 집집마다 돌아다니며 부르던 노래), 베스냔키가 있다(이름에서 알 수 있듯 봄을 노래하는 민요로 주로 부활절에 불려졌던 노래다. 여름철에는 '이반 쿠팔라의 날' 등의 축제에서 불리는 민요가 있고, 가을의 수확기에도 추수 의식과 함께 부르는 노래가 있었다. 이들 노래는 선율적 측면에서 5음계적 요소가 많이 나타나며, 특히 3음계가 중심이 된다. 러시아 민요의 선율은 5~6도의 좁은 음역에서 한두 개의 리듬 동기를 반복하거나 불규칙한 리듬에 의한 악구들이 대개 4도 하강으로 끊임없이 종지부로 빠져 들어가는 형식이 주를 이루고 있다).

2) 브일리나

노브고로트와 키예프 루시 시대에서 16세기까지 쓰여진 영웅담을 주제로 한 서사시풍 민요이다. 브일리나는 고대 민요 중 가장 중요한 위치를 차지하는 노래 중 하나이다. 일리야 무로메츠, 도브리나 니키티치, 알료샤 포포비치, 사드코 등의 무용담을 일정한 선율로 되풀이하는 형식을 취한다. 브일리나의 일부는 성가곡처럼 위엄 있으면서 장엄한 형식을 취하기도 한다. 16세기 이후 브일리나의 전통은 '역사 민요'로 이어진다. 이는 특정한 역사적 사건을 서사시와 같이 노래한 것이다. 다른 한편으로 선율적으로는 브일리나와 유사하지만 성경의 인물과 사건을 소재로 한 노래는 이와 구별하여 '종교시'라 부른다.

3) 서정민요

러시아 민요 중 음악적인 측면에서 가장 중요한 것이 바로 이 서정민요이다. 16~17세기에 민중 음악의 주류로 자리를 잡았고, 그 전통이 오늘날까지 이어지고 있는데 '길게 늘여서 부르는 노래'라는 뜻의 '프로탸쥬나야'라고도 부른다. 풍부한 멜로디와 자유로운 리듬, 길고 넓은 음역을 특징으로 하며, 종종 '포드골로속'이라는 다성법 요소도 존재한다. 서정 민요는 나중에 나올 "국민음악파"에게 큰 영향을 주어 러시아 고전음악의 주제로도 자주 이용되었고, 19세기에는 "러시아 로망스"라는 양식으로 정착되었다. 바를라모프의 로망스 〈붉은 사라판〉(1833)이 그 대표적인 예이다.

4) 기타 민속음악

민중들의 생활과 밀접한 관련을 맺고 있는 민요는 결혼식과 장례식 등에 필수적이었다. 오랜 세월에 걸쳐 발전되고 다듬어진 결혼 노래는 혼례식에서 가장 중요한 자리를 차지했다. 결혼의식은 러시아의 의례 가운데 가장 복잡하고 아름다웠다.

장례식 때에는 곡하는 노래인 '프리치타냐'를 불렀다. 이 노래는 장례식뿐 아니라 군대에 갈 때나 시집갈 때 등 이별의 장면에서도 불렀다. 또한 러시아 농촌에는 '스코모로히'라고 불리는 떠돌이 악사가 많아 이러한 노래들을 연주하곤 했는데, 교회의 금지 조치로 17세기에 자취를 감추었다. 19세기 후반에는 서구음악의 영향을 받은 도시풍의 노래가 농촌에 침투해 '차스투슈카'라는 명칭으로 불렸다. 이것은 4행의 정형시를 경쾌한 선율에 맞춰 부르며 가사를 이어 나가는 노래이다. 대표적인 민속무용으로는 '호로보드'와 '플랴스카'가 있다. '호보로드'는 유희적 성격이 강한 원무로서 남녀가 함께 즐기는 춤이고, '플랴스카'는 곡예와 같은 동작을 포함한 난이도가 있는 춤으로 남성들만 췄다.

이러한 전통적인 러시아의 음악에 변화를 가져온 것은 그리스정교의 도입으로 시작된 성가 음악이었으며, 전통적인 민요는 민중의 예술로 여겨지게 되고, 성가 음악은 주로 비잔틴문화의 전통에 기초한 것으로 음의 변화가 적은 것이 특징이다. 몽고의 지배기에는 억압되었던 러시아 고유의 전통 음악들이 다시 대두되기도 하였다.

4.2 정교회 음악

러시아의 정교 음악은 그리스 정교 유입과 함께 10세기 비잔틴으로부터 러시아에 들어왔다. 블라디미르 공후에 의해 키예프 공국의 국교로 그리스정교가 공인된(988년) 이후 교회 음악이 공식음악으로 자리 잡게 되었으며 비잔틴으로부터 수많은 교회 인사들이 다양한 종교 문화를 교육할 임무를 띠고 들어왔다. 이들이 담당한 교육 내용으로는 성화와 프레스코화 외에 음악의 작곡과 연주가 포함되어 있었다. 비잔틴 정교회의 텍스트, 선율, 기보법 등이 도입되어 사용되다가 세월이 지나면서 비잔틴으로부터 들어온 성가가 러시아에서 독립적으로 발전하기 시작하였다. 이는 이콘의 전통이 비잔틴 모델에서 현저히 분리되기 시작한 것과 마찬가지의 현상이었다. 그러나 교회 음악은 13세기 몽고의 지배를 받게 되면서 자연히 쇠퇴기를 맞았으며, 악보도 대부분 소실되었다. 동시에 성가 대신 지방색이 풍부하게 반영된 러시아식 민중음악이 발달하였다. 비잔틴 정교는 예배 중 악기 사용을 허락하지 않았는데, 이것이 이후 러시아 음악의 발전을 결정짓는 중요한 의미를 가지게 되었다. 악기의 사용은 19세기 중반까지 엄하게 통제되었다.

1) 즈나멘니 성가(знаменное пение)

교회의 단성 음악으로 10세기쯤에 발전하기 시작한 것으로 동방 정교 교회의 비잔틴 성가에서 그 기원을 찾을 수 있다. 러시아(동슬라브)는 지리적으로 유럽 대륙에 속하기는 하지만, 서로마의 기독교(가톨릭) 문물을 수용하지 않고 동로마(비잔틴의 그리스 정교)의 문물을 받아들였기 때문에 서유럽과는 상당한 기간 동안 교류 없이 희랍 정교의 문화를 독자적으로 발전시켰다. 정교 예배에서 성가는 일종의 단성부곡 송가로 완전히 사람의 목소리만 이용하여 남성 아카펠라로 연주되었다.

그러나 몽고-타타르의 압제 이후 외부와의 교류가 원활하지 못하면서 비잔틴으로부터 러시아로 들어온 성가는 독자적으로 발전하기 시작했다. 이콘의 전통이 비잔틴의 모형으로부터 현저히 구분되기 시작한 것과 마찬가지의 현상이었다. 러시아로 들어온 비잔틴 성가는 점차 러시아(동슬라브)의 민속 선율과 섞이면서 즈나멘니라 불리는 러시아 고유의 단성 음악으로 발전한다. 서구의 음악이 단성 음악에서 다성 음악으로 발전해 갔던 것과는 달리 즈나멘니는 별다른 변화 없이 17세기까지 이어지게 되는데, 이것은 서구 사회와의 교류가 원활하지 못했던 러시아의 특수한 상황에 기인한 것으로 보인다. 말하자면 몽고가 러시아를 정복하게 되어 외부와 단절되었고, 오토만 제국이 비잔틴을 정복하게 되어 더 이상의 영향력을 러시아에 발휘되지 못했기 때문이다. 이 두 가지 사건이 러시아 문화가 13세기 초반부터 17세기까지 외부세계로부터 고립되는 요인이 되었다. 이 시기를 지나며 러시아 교회 음악은 독자적인 성격을 갖는 음악으로 발전하게 되었다. 이러한 흐름은 1700년경 표트르 대제의 강압적인 서구화 정책으로 서유럽의 음악이 유입되면서 끝을 맺게 된다.

러시아에서 발전되기 시작한 성가의 형식인 '즈나멘니'는 즈냐마(знява, 기호), 즉 성가 기록에 쓰이는 '악보 기호'를 의미하는 말에서 유래했다. 즈나멘니 성가는 여덟 개의 '목소리 혹은 성부(voice)' 체계로 분리된다. 성부는 서로 다른 선법(비잔틴과 그레고리안 성가의 음조의 기초가 되는 표준 음계)이 아니라 서로 다른 선율적 패턴에 상응한다. 각각의 '성부' 혹은 선율적 패턴은 많은 변주가 가능한데(거의 90개에 이를 정도이다), 이 변주들은 모두 소리에서 일반적인 유사성을 갖는다.

즈나멘니 성가는 초보적인 단성 음악으로 선율보다는 '가사의 전달'이 주목적을 이루었다. 음악의 목적은 하느님의 말씀을 찬미하는 것이지, 사람의 소리에 과도한 화음적 장식이나 대위법적 장식으로 말씀을 가리거나 모호하게 하는 것이 아니었다. 따라서 가사를 정확하게 전달하는 것이 무엇보다 중요했고, 느리고 유연한 선율에 맞추어 가사를 위엄 있게 읽어 나가는 형식을 취했다. 러시아 정교회에서 사용하는 언어는 원래 그리스어였지만 12세기에 이르러 러시아 고대 교회 슬라브어도 전례의 진행에 부분적으로 섞여 사용되었다가 14세기에 이르면서 예배 시 그리스어 대신 교회 슬라브어만을 사용하게 된다. 이 교회 슬라브어는 현대 러시아어에 고어의 형태로 여전히 러시아 정교의 예배 전례 혹은 정교의 음악에 남아 있다. 즈나멘니 성가 외에 콘다카르니카 성가라는 것이 있었는데 이것은 즈나멘니 성가와 달리 장식음이 많은 것이 특징이다.

수세기 동안 즈나멘니 성가는 정확한 음의 높낮이를 표시하지 않고 선율의 윤곽만을 표기하는 네우마 기보법을 사용했다. 이러한 기보법은 주로 귀로 듣고 배우며 입으로 노래를 암기하여 전달하는 방식으로 계승되어 왔다. 17세기 후반에 이르러 이와 같은 구전 전승의 전통이 단절이 되면서 최초의 네우마 악보를 해독하기란 사실상 불가능해졌다.

이 즈나멘니 성가 및 러시아 교회 음악 전통 역시 시간이 지나면서 러시아 민속 음악의 영향을 매우 강하게 받았다고 설명하는 사람들이 많다. 이러한 인식의 배경에는 즈나멘니 성가가 그간에 러시아에 있어 왔던 다른 종류의 음악들과 대조해 보면 교회의 음악(예를 들면, 그레고리안 성가나 암브로시안 성가 혹은 다른 어떤 것이든)보다는 러시아 민요라는 광범위한 것과 비교적 더 가깝다고 느껴지는 것 때문일 것이다. 즈나멘니 성가에 경배나 기도 혹은 찬양의 목적과 관련된 요소들, 즉 성가의 전반적인 흐름에 나타나는 위엄과 엄숙함이 있긴 하지만 이보다 더 지배적인 요소는 민요에 나타나는 러시아적 특징이 있다는 것이다.[67]

러시아 민속 전통과 교회 음악의 재료들은 서구적 조성과 대위법을 통해 병합되고 변형되어 이른바 러시아 고전 음악의 전통으로 인식되는 음악의 유형을 형성하고 있다. 러시아 음악은 지리적, 정치적, 종교적인 다양한 요소들로 인하여 유럽과는 매우 다른 모습으로 발전했다. 17세기 유럽에서 아름다운 바로크 문화가 번성하고 있을 때, 러시아는 엄격한 종교적 규제에 얽매여 중세를 방불케 하는 암흑의 세월을 보내고 있었다. 이러한 상황은 음악에서도 예외는 아니었다. 당시의 러시아 음악에는 비발디와 바흐 음악에 나타나는 밝은 화성과 자유로운 대위법을 거의 찾아볼 수 없었다. 아무런 화성도 대위선율도 없는 단성 성가만이 불려질 따름이었다. 서방 교회의 단성 성가인 그레고리안 성가가 서유럽에서 그 모습을 감춘 시기가 약 13세기경인 것을 보면, 당시의 러시아 음악은 서유럽 음악에 비해 약 400년 정도의 시간 격차가 발생한 셈이다. 이로 인해 러시아의 고전음악은 19세기 중반에 가서야 성숙기를 맞았다. 러시아 최초의 콘서바토리(음악전문학교)는 1860년대에 세워졌는데, 이것은 이에 준하는 음악기관이 유럽에 세워진 지 수세기가 지난 후의 일이었다. 러시아에서 서구식 고전 음악의 발전이 뒤처진 주된 이유는 18세기까지 종교가 러시아 문화에 지배적인 역할을 담당하고 있었기 때문이라고 해석할 수 있다.

16세기에는 이반 뇌제의 적극적인 장려와 그리스 정교의 영향을 받아 즈나멘니 성가(선율보다는 가사 전달이 주목적인 성가)가 전성기를 맞이했다. 이반 뇌제는 스스로 성가를 작곡하기도 하고, 예배에서 직접 노래를 부르기도 했던 우수한 교회음악가였다. 그러므로 정교적 사상에 충실했던 차르는 세속 음악과 거리가 멀 수밖에 없었고, 외국으로부터 들어온 서구 음악과 러시아 민속음악 모두를 반대했다. 유랑극단의 음악가였던 '스코모로히'와 마찬가지로 이러한 세속음악을 대중적으로 공연하는 이들은 범죄자로 처벌되었다.

즈나멘니 성가는 시간이 지남에 따라 장식이 많이 붙으면서 화려한 양식을 띠게 되는데, 이반 뇌제는 이 노래의 전통을 지키기 위해 1551년에 노래 학교를 만들고, 성가의 교육과 연주를 가르치고 담당하게 하였다. 표도르 크레스티야닌은 이 시기 즈나멘니 성가의 작곡가로 유명하다. 그레고리안 성가가 유럽에서는 이미 13세기부터 쇠퇴한 것과 비교를 해 볼 때 러시아의 성가는 확실히 약 300~400년 늦게 화려한 장식의 음악 유행을 맞았다고 볼 수 있다.

16세기~17세기 러시아의 음악은 그 당시의 사회 상황에 매우 민감하게 영향을 받고 있었다. 이 당시 러시아 사회는 격동의 시기를 거치며 한편으로는 매우 혼란스러운 사회 변혁을 겪고, 또 다른 한편으로는 서구에서 쏟아지는 신문물을 꾸준히 받아들이고 있었다. 강력한 권력을 가지고 유일무이한 황제였던 이반 4세는 수사스승들의 가르침을 받으면서 스스로 정치권력뿐만 아니라 종교 권력마저 장악하려고 하였다. 이러한 맥락에서 이반 4세는 세속 문화를 부정하는 반면 엄격한 종교 문화만을 허락하였다. 이러한 영향으로 서유럽에서는 이미 유행이 오래 지난 성가가 당시 러시아에서는 전성기를 맞게 되고, 당시 유럽에서 유행하던 음악적 스타일이 러시아에는 전혀 발견되지 않게 된 것이다. 하지만 17세기에 접어들어 러시아의 정교는 두 개의 분파로 갈라지게 되며 자연스럽게 이 둘의 다툼을 통하여 교회의 권력이 약해지고, 이러한 성가의 전성기가 끝나게 된다. 니콘 주교의 종교개혁 때 즈나멘니 성가는 구교도의 성가로 낙인찍히며 교회로부터 사라지게 된다. 이를 계기로 19세기 중엽까지 러시아의 교회 음악은 독자성을 확보하지 못한 채 서구의 것을 모방하는 입장이 되어 갔다. 그리고 알렉시스 황제 시대(1645-1676)에는 서유럽의 음악과 새로운 악기들이 소개되어 상류층에서 이를 배우고 모방하게 되었다. 또한 1672년에는 궁중 극장이 만들어져 여러 편의 연극이 공연되었는데, 이것은 러시아 연극과 오페라의 모태가 되었다.

17세기에 러시아 음악은 3화음 중심의 다성 음악이라는 새로운 양식을 가지게 되면서 러시아 민족 음악의 형성에 큰 영향을 끼치게 되었다. 그리고 이러한 어수선한 시기에 즉위한 차르 알렉세이 미하일로비치가 서구의 음악 양식과 악기 등을 받아들이게 되었고 그러면서 점차 서구의 새로운 문물과 러시아의 것이 합쳐진 새로운 음악이 발달하게 된 것이다.

2) 16세기~17세기 음악과 미술의 비교

러시아 문화에서 정교를 빼고 문화를 논하기란 매우 어려운 일이다. 무엇보다 러시아의 음악과 미술을 정교 없이 설명할 수는 더욱 없다. 하지만 종교의 "성"과 세상의 "속"의 분리와 통합이라는 관점에서 음악과 미술을 함께 대조하며 관찰할 수 있다.

일단 16세기 음악에서는 성과 속의 분리가 나타난다. 속이라는 것은 다분히 러시아 농민적 특징을 보여 주는 것이다. 오늘날에도 대중음악이 발달해 있듯이 음악은 어느 나라를 불문하고 대중적 특징이 담겨 있다. 하지만 러시아의 성가에서는 이런 '속'적인 특징을 완전히 배제하려고 노력했다. 교회 내에서뿐만이 아니라 권력에 의해 세속에서조차 이러한 유의 음악을 규제했었다. 따라서 이러한 사회적 분위기에서 민속적인 노래가 유지되고 발전되기는 힘들었다. 특히 이반뇌제의 통치 시절에는 억압까지 할 정도였다. 17세기에 유입된 서구 음악의 특징들이 러시아 교회 음악, 즉 성가의 발전에는 영향을 주었으나 러시아 농민들의 노래에는 이렇다 할 영향을 끼치지 못한 것으로 보인다. 또한 농촌의 한 음악 문화였던 '스코모로히'가 교회의 금지조치에 의해 사라진 것을 보아서도 이 당시까지만 보아 민속

음악의 또 다른 새로운 모습으로의 발전을 기대하기는 매우 어려워 보였다.

반면에 러시아 미술에서는 '성'의 분야가 '속'의 분야보다 훨씬 더 발전해 있었으나 소유 혹은 향유는 일반 민중에게도 가능했었다. 초기엔 물론 귀하고, 비싼 가격 등으로 귀족층만의 전유물이었지만 17세기에 들면서 일반인이 상인들이 되어 재력을 갖춘 신흥계층으로 등장하기도 하였고, 서구 기술(판화)의 유입으로 음악에서와는 달리 민중에게까지 미술이 퍼지는 일이 발생했다. 성스러움의 대명사였던 이콘은 대중들을 교화하는 더 뜻 깊고 넓은 의미의 루복으로 변화하였고, 미술에서의 성과 속의 통합이 이루어진다. 이로써 이 시기에는 속 → 성으로 영향을 끼치는 부분보다 성 → 속으로 영향을 끼치면서 러시아 문화가 발전됨을 알 수 있다.

5. 건축

5.1 몽고-타타르의 지배 시기(13세기~15세기)

몽고-타타르의 러시아 침입은 1240년부터 시작되었다. 1240년에 시작된 이들의 공격은 1241년까지 계속되었고, 1242년의 전반부에는 러시아 너머 지역을 공격 대상으로 삼았다. 1240년부터 1380년까지 거의 1세기 반 동안 러시아에 대한 효율적인 통제력을 유지했고, 1380년대에 모스크바의 드미트리 돈스코이 공후가 쿨리코보 평원에서 벌어진 전투에서 일차 승리하면서 몽고-타타르인들과 대적할 수 있다는 가능성에 대한 기대와 민족주의 정신이 고취되었고, 이것을 계기로 몽고의 불패신화를 깨는 출발이 되었으며 따라서 몽골의 지배력도 자연히 약해졌다. 1480년 모스크바의 이반 3세는 드디어 칸에 대한 러시아의 충성을 중지하겠다는 선언을 하며, 실질적으로 몽고의 지배를 종식시켰다. 이후 1552년 카잔한국, 1556년에는 아스트라한한국이, 1783년에는 크림한국이 러시아에 흡수되었다.

몽고-타타르의 지배시기(1240년-1480년, 약 240년간)에 러시아의 북부도시인 노브고로드와 블라디미르는 독특한 건축양식과 성상화의 화법을 발전시켰는데, 이 시기에 많은 교회가 세워짐에 따라 동시에 이들의 독특한 건축양식도 확산될 수 있었다. 몽고-타타르의 점령기 시대에 석조 건축물의 건축은 전 러시아(동슬라브)를 고려해도 그 수가 비교적 적었다.

이와 달리 노브고로드는 오히려 석조 건축 중심지가 되었다. 14세기 후반 노브고로드 양식의 전형이 된 사원들인 일리나 거리의 구세주 교회(그림 B14, Церковь Спаса на Ильине Улице, 1378)와 표도르 스트라틸라트 교회(그림 42, Церковь Федора Стратилата, 1360)가 건축되었다. 12~13세기 노브고로드 교회의 엄숙한 외관과 달리 이 교회들은 내외부의 쾌적함, 정연함, 장엄함으로 감동을 준다. 능숙한 장인들이 교회 내부 정면을 십자가가 조각된 3각형 홈에 프레스코 양식의 벽화가 그려진 벽면으로 장식했다(그림 B15). 노브고로드에서는 꾸준히 석조 교회가 건축되었다. 또 다른 몇몇 도시에서도 그 수는 적지만 석조 교회가 건축되었다. 그러나 전반적으로 러시아 내에서 석조로 된 건축물은 쇠퇴하는 모습이었다. 13세기 중엽 러시아 북부는 남부 러시아나 동부 러시아에 비해 몽고-타타르의 압제의 영향이 작았다. 노브고로드의 교회건축은 제한적인 규모에서 꾸준히 진행되었으며 이전의 건축물과 비교해 보면 상당히 간소화된 형식과 간소화된 장식으로 이루어졌다.

그림(B14, 그림 42)에서 확인할 수 있듯이 교회에 장식이 많이 간소화되었으며, 돔 역시 규모가 크지 않은 하나로 된 교회 건축물들이 많이 건설되었다. 당시의 교회 건축은 공후의 후원을 받아 지어진 것이 아니라 개개인의 귀족, 상인 연합, 신도의 자금으로 지어졌기 때문에 규모가 클 수 없었다. 구세주 교회와 표도르 스트라틸라트 교회는 모

그림 42 표도르 스트라틸라트 교회

두 14세기에 지어진 건축물인데 수수한 아름다움을 보이고 있다. 다른 노브고로드 건축 양식의 교회들과 같이 하얀 석회석으로 지어졌으며 역시 돔이 하나이지만 보다 풍부한 외벽장식이 눈에 띈다.

5.2 모스크바의 건축 양식

모스크바는 원래 크지 않은 작은 마을로 그리 알려지지 않은 변두리였다. 1147년에 〈원초 연대기〉에 유리 돌고루키가 "나에게 오라, 형제여, 모스크바로(Приди ко мне, брате, в Москов)"에 최초로 언급된다. 당시 모스크바는 단순히 블라디미르-수즈달 공국을 지키기 위한 요새에 불과했다.

15세기 후반 몽고세력이 러시아로부터 축출되고 모스크바가 러시아의 새로운 문명 중심지로 자리 잡으면서 건축 양식에도 새로운 분위기가 나타났다. 특히 12세기에 목조로 만들어진 크레믈린을 재건축하기 위해서 이탈리아의 건축가들이 서유럽 양식을 러시아에 소개하고 적용하게 된다. 단지 붉은 광장에 세워진 바실리 성당만 초기 교회 건축 양식과 몽고-타타르의 양식을 결합하여 건축되었다.

이반 3세는 몽고 지배의 종식과 노브고로드 및 트베리 합병을 기념하기 위해 모스크바와 크레믈린에 교회를 건축하는데, 이 시기에 건축 예술이 가장 발달했다. 주요 특징으로는 양파 모양의 돔과 건물 본체, 돔을 연결하는 가는 조형물, 텐트 모양의 각진 지붕의 교회, 개방된 측면의 벽과 서양 교회식 바깥문을 지닌 회랑, 폭설에 적응토록 만든 외벽의 유선형 담장 덮개 등을 언급할 수 있다.

대표적인 건물은 이반 4세가 타타르인들의 수도 카잔의 정복을 기념하기 위해 건축한 성 바실리 교회로 색과 장식면에서 이전과 판이하다. 이국적이며 아름다운 목조 예술의 극치로서 서유럽과 단절된 러시아 독자 문화에 대한 새로운 확신과 번영을 반영한 것이다.

1) 크렘린

원래 '크렘린'이라는 명칭은 고대 희랍어에서 유래된 것으로 가파른 바위나 성곽을 의미한다. 크렘린이 처음 세워진 것은 1156년 이 지역의 영주였던 돌고루키에 의해서였다. 그 후 14세기에 드미트리 돈스코이에 의해 증축되었다가 15세기 이반 3세에 의해서 다시 오늘날과 같은 웅장한 석조 건축물이 세워지게 된 것이다.

12세기 유리 돌고루키 때 시작된 크렘린의 역사는 1382년 새로운 전기를 맞는다. 몽고-타타르의 침입으로 모든 것이 불에 타 버린 것이다. 15세기 말 모스크바 대공 이반 3세는 러시아 대부분의 통일을 끝내고 그 여세를 몰아 13세기 초부터 계속되어 온 몽고-타타르의 억압으로부터 러시아를 해방시키는 데 성공한다. 이반 3세는 비잔틴 황제의 딸을 왕비로 맞이함으로써 오스만 투르크에 멸망당한 비잔틴 제국의 권위를 계승했다. 이어 그는 크렘린 궁전을 확장해 견고한 벽돌 성벽으로 둘러치고 그 중앙에 석조로 된 세 개의 사원, 즉 아르한겔스키, 블라고베센스키, 우스펜스키 사원을 건립했다. 이런 과정을 통해 러시아의 독립을 세상에 널리 알렸다.

크렘린 성벽 바깥쪽에 붉은 광장이 만들어진 것도 이때였다. 적이 침략해 왔을 때 시야를 가리는 건물을 없애 버리자는 것과 시가지에 화재가 났을 때 불똥이 크렘린 안으로 튀는 일이 없게 하기 위한 조치였다. 당시 크렘린 주변의 건물들은 몇몇 교회를 제외하곤 대부분 목조 건물이었기 때문이다.

"붉은 광장(Красная площадь)"은 아름다운 광장이라는 뜻이다. 크라스나야(Красная)가 "아름다운'"란 뜻인데 "붉은"이란 의미도 함께 갖고 있다. 붉은 광장의 "붉은"이 공산주의를 상징하는 붉은 색이나 크렘린 성벽의 붉은 벽돌 때문에 붙여진 이름은 아니다. 그냥 아름답다는 뜻이다. 제정 러시아 시절 러시아 정교회의 장엄한 성가행렬은 붉은 광장에서 시작해 스파스카야 탑을 지나, 크렘린 궁전의 대사원으로 가는 행사였다. 1534년 붉은 광장에는 공개처형장인 로브노예 메스토가 설치되기도 했다.

그림 43 모스크바의 확장(1300년-1462년)

크렘린 안에는 제정 러시아 시대의 많은 유물들이 있다. 특히 이반 대제의 종루를 중심으로 한 다섯 개의 웅장한 대사원들은 당시 화려했던 제정 러시아 황실의 영화를 말해 준다. 대표적인 곳이 우스펜스키 사원으로 제왕들의 대관식과 외국 사신 접견이 이루어지던 건물이었다. 15세기 후반에 건축된 건물인 사원 안에는 이반 황제의 목조 왕좌와 14세기~17세기에 이르는 벽화, 러시아 화가들의 프레스코화 등이 소장되어 있다. 14세기에 그려진 이콘은 고대 미술의 사적 의미로 소중하다.

모스크바의 최초의 공후는 알렉산드르 넵스키 공후의 아들인 다닐 알렉산드로비치(1263~1303)로 2세 때 모스크바 공후의 자리를 물

그림 44 다닐 알렉산드로비치 공후

그림 45 다닐로비치 수도원

려받았다. 다닐 알렉산드로비치 공후는 모스크바 주변의 땅을 병합했으며, 모스크바 세력 확장의 기반을 다졌다.

다닐로비치 수도원은 1282년에 지어진 수도원으로 모스크바에 지어진 수도원 중 가장 오래된 수도원이며 본래는 목조 성당이었다. 현재 러시아 정교회의 수장인 대주교의 집무실이 위치하고 있다. 이후 모스크바의 세력이 크게 확장된 이유는 모스크바가 몽고와의 협상에서 중요한 역할을 얻었기 때문이다. 모스크바의 공후 이반 칼리타(1283~1340)는 몽고와 협상을 통해 자신이 직접 각 러시아 공후들의 공물을 수령하고, 그것을 몽고에 전달하기로 하였고, 금장한국을 자주 드나들며 우호를 다졌고, 공물을 자신이 정해 보냈다. 그는 금장한국의 한에게서 루시 전체의 관리에 대한 위임 명령서(ярлык)을 받았다. 이반 칼리타 이후 이러한 역할을 통해 세력이 급격히 확장된 모스크바는 이반 3세 이후 사실상 몽고의 영향에서 벗어날 수 있는 기반을 마련하게 되었으며, 그 영향력이 러시아 전역에 미치게 되었다.

5.3 몽고-타타르로부터의 해방 이후

통일 러시아 국가 형성 과정에서 지방 문화의 특수성이 극복되고 단일 러시아 문화가 형성되어 갔다. 단일 러시아 문화는 선진문화권인 유럽의 중심으로부터 동떨어진 변방 러시아 땅에서 만들어진 가장 훌륭한 업적들과 러시아인들이 긴밀한 관계를 가졌던 또 다른 변방 민족들의 특성을 흡수했다. 동시에 단일 러시아 문화의 형성과정은 비잔틴 영향에서 벗어나게 되는 과정에서 결정적으로 형성되었다. 러시아 문화는 독특한 민족적 특성을 반영했다. 많은 예술작들의 일관된 주제는 단일 통일 국가의 형성과 국력의 강화였다. 그러면서 동시에 가족과 인간 그리고 인간의 내부세계에 대한 큰 관심으로 이루어져 있다. 몽고-타타르 지배로부터의 해방과 통일국가의 수립은 다른 국가들과의 문화적 접촉의 기회가 확대되었다. 특히 이탈리아와의 교류가 크게 도움이 되었다. 뛰어난 이탈리아 건축가들과 다른 장인들이 새로운 일터를 갖기 위해 러시아에 들어왔다. 그들은 러시아에서의 새로운 시도로 러시아 문화사에 큰 족적을 남겼다.

이반 3세(1462~1505)는 몽고의 지배에서 벗어나게 됨으로써 강성해진 모스크바의 힘을 과시하기 위하여 석조 건물로 된 거대한 국가적 교회를 짓고자 했다. 이를 통해 러시아의 낙후된 건축술을 서구의 그것만큼 끌어올리게 된다. 그는 고대도시 블라디미르에 있는 석조로 된 작은 건물인 초기의 우스펜스키 사원을 모방하여 모스크바에 새로운 사원을 러시아의 건축가들에 의해 짓게 하였으나 곧 붕괴되자 당시 건축술이 발달되었던 이탈리아에 사신을 보내 아리스토텔 피오라반티를 초청하여 이 우스펜스키 사원을 새로 짓게 하였다.

이반 3세가 명한 대로 초기의 우스펜스키 사원(블라디미르)을 보고 만든 이 사원은 강력한 왕권을 상징하는 다섯 개의 머리와 원형의 정문을 차용하여 건설된 것이었다. 이러한 양식은 러시아 스타일과 그리스 정교 스타일을 결합한 것으로 서방 유럽의 것과는 전혀 다른 것이었다. 이반 3세에 의한 이탈리아 건축가의 초빙은 그가 비잔틴 제국의 마지막 황제의 조카딸인 소피아와 결혼을 하면서이다. 그녀는 로마에서 르네상스 교육을 받은 인재로 이반 3세에게 강한 영향을 미친 것으로 이해된다.

이와 같은 모스크바에서의 이탈리아 건축가의 성공으로 피오라반티, 솔라니 등과 같은 더 많은 이탈리아 건축 예술가들이 러시아로 초빙되었으며, 크레믈린 궁의 재건축, 아르한겔스키 사원 건축 등을 맡게 된다. 유럽의 건축가들은 러시아적 전통에 익숙해지면서 러시아 건축가들과 함께 더 많은 교회건물들을 건설했다. 당시 연대기의 작가들은 십일조교회, 성소피아 사원 등의 석조 건축물이 동슬라브족의 역사에서 민족적 의의를 가지는 사건들로 기록되어 있다. 그러나 여전히 러시아 전통적인 스타일의 목조 건축 양식이 우위를 점하고 있었다.

앞에서 언급한 1470년대에 지어진 모스크바의 우스펜스키 대성당은 블라디미르의 우스펜스키 대성당을 모델로 러시아의 전통적인 블라디미르-수즈달 양식에서 벗어나지 못하였다. 이는 당시 몽고의 압제로 석조 건축이 퇴보 상태에 있어 러시아가 새로운 석조 건축 양식을 만들어 내지 못했었음을 입증해 주는 것이기도 하다. 하지만 이것이 하나의 새로운 전환점이 되었는데 이반 3세는 이후로 외국의 전문가들을 모스크바로 초청해 대규모 석조 건축물을 짓기 시작했기 때문이다. 1474년부터 이반 3세는 특사를 베네치아로 파견했고,

그림 46 우스펜스키 대성당 혹은 성모몽소승천 대성당(1475~1479)

이탈리아의 건축가들과 기술자들이 모스크바로 와서 일하도록 초청했다. 당시 초청된 유명한 건축가로서는 위에서 언급한 인물들 외에도 루포, 솔라리오, 알레비시오 등이 있었고, 피오라반티는 1475년부터 1479년까지 러시아에서 머물면서 블라디미르의 성당을 모델로 크렘린에 있는 우스펜스키 성당을 건축했다.

우스펜스키 사원 외에도 크렘린 안뜰에 많은 성당이 세워졌는데, 1490년에 프스코프에서 온 건축가들은 크렘린 안뜰에 수태고지 대성당(그림 47)을 세웠다. 이 성당은 네 개의 내부 기둥, 세 개의 제단 애프스, 다섯 개의 쿠폴, 흥미로운 장식물을 가진 정사각형 건물이다. 이 성당 역시 블라디미르 건축으로부터 압도적인 영향을 받았으며, 노브고로드와 프스코프의 전통과 목조 건축으로부터 요소를 차용했다. 이반 3세는 또한 대천사 대성당(그림 48)을 건설할 것을 명했는데, 알레비시오는 수태고지 대성당의 구도를 따라서 1505년부터 1509년 사이에 이 과업을 완수했다. 그러나 그는 정면을 이탈리아식 장식으로 마무리했다. 이 세 성당은 크렘린의 심장부가 되었고, 러시아 황제들의 결혼식, 대관식 그리고 무덤으로 각각 이용되었다. 역시 석조 궁전이 등장하기 시작했는데 가장 큰 관심의 대상은 모스크바의 크렘린에 있는 궁전이다. 루포, 솔라리오, 알레비시오 등의 이탈리아 건축가들에 의해서 석조로 지어졌지만 러시아의 목조 건축 양식을 활용하였다. 이탈리아의 건축가들은 크렘린의 탑을 건립했고, 알레비시오는 모스크바 강과 네글리나야 강물을 합침으로써 크렘린을 해자로 둘러쌌다.

모스크바 콜로멘스코예에 위치한 예수승천성당(그림 B16)은 러시아에 등장한 최초의 천막(шатёр)형 성당으로, 모스크바의 위용을 보여준다. 이 성당은 바실리 3세가 고대하던 아들 이반 4세(이반 뇌제)의 탄생을 기념하기 위해 건립하였다. 예수승천성당은 이탈리아 건축가에 의해 지어진 것으로 전해지며 당시 러시아에서 유행했던 돔 형식이 천상과 지상의 조화로운 관계를 보여 준다면, 하늘을 찌르는 듯한 천막형 성당은 역시 하늘을 찌를 듯한 당시의 모스크바의 기세를 상상하게 한다.

몽고-타타르의 지배시기에 러시아와 비잔티움의 교류는 단절되었지만, 이것은 오히려 러시아 특유의 예술 양식이 발전되는 계기가 되었다. 이 시기 특징 중의 하나는 바로 성상화(이콘)가 발전하였다는 점인데, 가장 주목할 만한 인물은 앞에서 언급한 바 있는 바로 안드레이 루블료프(Андрей Рублёв)이다. 안드레이 루블료프는 15세기 초

그림 47 수태고지 대성당

그림 48 대천사 대성당

러시아 성상화가의 거장으로서 후대에 길이 남을 뛰어난 종교예술의 기법을 창조하였다. 러시아의 건축물은 러시아의 미술과도 관련이 있다. 러시아 이콘의 분위기를 나타내는 데 있어 가장 중요한 역할을 한 것이 색채이다. 러시아의 이콘 화가들은 보다 직접적이고 충동적으로 색을 사용하기 시작한다. 그들은 강렬한 붉은색이나 금빛, 비취색의 녹색, 분홍색 등 다양한 색채를 사용하였다. 허용된 한에서 규범이 아닌 자신의 기호에 따라 색채를 사용하기 시작하였으며 강한 대비의 색채 사용도 서슴지 않았다. 노브고로드와 프스코프, 모스크바 화파는 각각 그들이 선호하는 색채를 갖게 되었으며 이는 각 화파의 전통으로 이어지게 되었다. 이러한 전통은 러시아 건축에서도 성 바실리 성당처럼 색이 다양하게 표현되는 데 영향을 주었을 것으로 생각된다. 특히 안드레이 루블료프의 "삼위일체"에서는 푸른색과 황금색이 서로 변주하며 어우러져 있다. 푸른색은 천국의 색이고, 황금색은 영원히 변하지 않는 고귀한 신의 색을 의미한다. 이러한 색이 이 그림에서는 세 천사에게 균등하게 사용되는데, 이것은 위계질서를 가능한 없애려는 의도였다고 한다. 푸른색, 황금색, 붉은색 등의 색은 모스크바의 성 바실리 성당과 페테르부르크의 피의 사원에서도 찾아볼 수 있다.

성 바실리 성당은 석조 건축에서 목조 건축 양식이 잘 구현된 사례이다. 이반 4세는 차르(царь)라는 칭호를 사용하는 강력한 전제군주가 되었는데, 카잔과 아스트라칸에서의 타타르와 전쟁에서 승리한 것을 기념하기 위하여 러시아 건축가 바르마와 프스닉에게 성 바실리 사원을 짓게 하였다. 카잔한국을 점령한 것이 성모 승천 기념일 전날이었기 때문에 성모를 기념하여 8개의 돔을 가지고 있으며, 텐

그림 49 성 바실리 성당

그림 50 피의 사원(페테르부르크)

그림 51 러시아 여성의 전통 머리 장식

트형 지붕도 볼 수 있다. 이 건물은 장대하고 독특한 매력으로 명성이 높다. 기본적으로 르네상스 건축양식을 따르지만 제각기 다른 양파 모양의 돔에 러시아 전통 문양이 조각된 원추형의 지붕은 러시아 건축 스타일의 정체성을 보여 주었다. 이 성당은 사실 9개에 달하는 별도의 교회가 하나의 토대 위에 서 있는 모습이다. 9개 모두는 높은 팔각형 모양을 하고 있고, 여덟 교회로 둘러싸인 중앙의 교회는 천막형 지붕으로 덮여져 있다. 밝은 색채와 풍부한 장식은 강렬한 인상을 준다. 성당은 좌우로 대칭을 이루고 있으며, 반원형 정면장식 코코쉬니키(кокошники)가 두드러진다.

전 러시아 대공의 거주지로서 모스크바의 특별한 위치는 거기에 걸맞은 외관의 변화를 요했다. 모스크바는 러시아 건축의 중심이 되었다. 모스크바로 이탈리아의 건축가들과 전 러시아의 뛰어난 장인들이 초대되었다. 15세기 말에 이탈리아인들은 새로운 건축 자제인 벽돌식 건축기술을 들여왔다. 이탈리아 건축가 아리스토텔 피오라반티는 러시아 최초의 벽돌공장을 세웠다. 이탈리아인들의 지도 아래 러시아 장인들은 벽돌을 가지고 모스크바 크레믈린의 탑과 우스펜스키, 아르한겔스키 사원과 이반 대공의 종각을 건설했다. 크레믈린 바로 중심에 세워진 가장 위대한 건축물은 앞에서 이미 설명한 바 있는 우스펜스키 사원이다. 이 축조물은 러시아에 가장 거대한 사원을 만들라는 이반 3세의 요구에 따라 구상되었다. 이반 3세는 피오라반타에게 블라디미르에 있는 유명한 우스펜스키 사원을 견본으로 택하도록 하였고, 이 사원으로부터 러시아 사람들이 받은 인상을 연대기 작가는 "크기, 높이, 빛깔, 공간에 있어서 장인 아리스토텔의 블라디미르 교회를 제외하고서 저렇게 탁월한 교회는 이전의 러시아에 없었다"라고 표현했다.

그러나 벽돌은 흰 돌을 완전히 밀어내진 못했고, 예전과 같이 흰 돌로 토대를 쌓고 건물 정면의 장식을 세밀하게 조각했다. 마르코 루포와 표트라 안토니오 솔라리는 크레믈에 그라노비타야 팔라타 궁전을 세웠다. 궁전 외벽은 다듬어진 흰 돌로 장식되었고, 그 흰 돌로부터 건물의 이름이 유래되었다. 그라노비타야 팔라타는 국가의 장엄한 접대나 축제를 위해 예정된 것이었다.

러시아 대공들의 화려한 저택으로 세워진 모스크바 크렘린은 그들 권력의 상징이었고, 모스크바 대공들의 러시아 땅을 획득하는 데 거둔 성공과 몽고-타타르 통치로부터의 해방의 상징이 되었다. 거대한 건축물들이 노브고로드에서도 지어졌다. 1453년 독일과 노브고로드의 장인들이 장엄한 접대와 대연회를 위해 그라노바타야 팔라타를 성 안에 건축했다. 몇몇 노브고로드 귀족들은 스스로 자신들의 석조궁전을 건축했다.

프스코프(Псков)의 건축물은 14세기 중엽의 노브고로드의 것과는 다른 독특함으로 두드러졌다. 프스코프의 땅은 루시의 변경에 위치해있기 때문에 이곳에서는 방어 건축물들이 크게 발전되었다. 루시 전역에서 가장 큰 군사시설 중 하나가 된 이즈보르스크 요새가 1330년에 건축되었다. 프스코프에 거대한 석조 성곽이 축조되었는데, 그 벽의 평균 길이가 거의 9km에 달했다. 모든 프스코프의 건축물들은 준엄하고 간결한 요새 모습을 갖추었다. 차르로 통일 된 후에는 르네상스 양식을 받아들였다.

다른 분야에서는 서구문화가 세속적이라 하여 배타적이었던 반면에 16세기 건축에 있어서는 이탈리아 건축가를 많이 불러들였다. 러

B1 로마노프 왕조의 문장과 깃발

B2
프롤·라불·부랏시·모제스트

B3 성화벽(크렘린의 블라고베센스키 성당의 이코노스타스)

B4 노브고로드군과 수즈달군의 전쟁

B5 성난 눈의 구세주

B6 돈의 성모

B7 구세주

B8 성모의 죽음

B9
블라디미르의 우스펜스키 성당의 이코노타시스

B10
삼위일체

B11 축복받은 군대(또는 "싸우는 교회")

B12
바바야가의 집

B13
페오판 그렉의 예수

B14 일리나의 구세주 교회

B15 구세주 교회의 프레스코 벽화

B16 코로멘스코예 예수승천성당(1532)

B17 건축 양식으로 활용된 코코쉬니키

B18 크렘린의 테렘노이 궁전

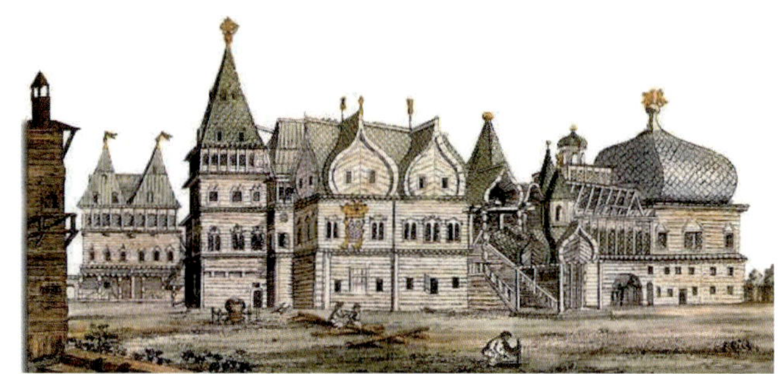

B19 콜로멘스코예 궁전

B20
포크로브 교회(1619~1626)

시아 정교를 받아들일 때 비잔티움 성당의 아름다움에 매료되었던 그때처럼, 미를 중시하는 러시아인들에게 성전을 아름답게 하는 것에 대한 열망이 있었던 것으로 보인다.

또한 15세기~16세기 몽고-타타르의 굴레를 벗어나 민족 통일의 길을 연 모스크바 대공국이 흥하게 되자, 대공국으로서 왕권강화와 과시를 위한 일환으로 건축 예술도 새로운 관심을 받았다. 르네상스의 영향을 받은 이탈리아 건축가들은 러시아 건축의 전통을 존중하여 여러 유파의 미적 특성을 상세하게 파악하여 그것을 근간으로 하고 르네상스적인 세부 요소들을 교묘하게 결합시켰다. 크렘린 안에 있는 성모피승천성당, 수태고지성당, 수천사성당, 이반대제 종탑에도 고대 러시아 건축의 최고 걸작이라고 하는 붉은 광장의 바실리 대성당에도 근교에 있는 코로멘스코에의 그리스도승천성당에도 러시아 민족의 숨결이 어려 있다. 이를 증명하듯 바실리블라젠누이 성당은 한국의 영토인 카잔의 정복을, 또 노보데비치 수도원은 스몰렌스크의 탈환을 기념하여 착공한 것이다.

16세기 러시아의 건축에는 모스크바의 종교 예술에서 세속적인 소재들을 포함하여 조각된 형상 들을 예술 자체로 포용하지 못했음을 알 수 있다. 그러나 수도원 제도가 발전하면서 교회 건축에서도 창의성이 발휘되는 분위기의 전통이 생겼다. 16세기 초 수즈달의 성모비호 여수도원의 정문 위에 있는 성모희보 교회는 의례가 더 엄수되고, 교회 조직이 엄격해진 사회 분위기에서 세워지고 특별 예배의 거행이 많이 이루어진 장소 가운데 하나였음을 짐작하게 한다. 성모 숭배는 러시아 북부에서 특히 강했고, 수즈달 건축의 특징인 비대칭 쿠폴 세 개는 예전에 목조 건축에서 사용된 화려한 양파 모양의 지붕

그림 52 수즈달의 성모희보교회

이 돌로 전환된 것을 보여 준다.

왕권 강화와, 정복과 탈환을 기념한 건축에는 건축의 아름다움을 중시하여 서구의 경향을 받아들였다. 17세기에는 막강한 권력을 쥐고 있던 정교회가 당시 전염병이나 전쟁으로 시대 상황이 매우 불안정하여 자신들의 권력을 유지시키기 위해 종교 기관을 성장시켰다. 이 과정에서 러시아 전역에 벽돌 교회나 나무 교회 등을 많이 짓고 또한 번역이나 신학 교육을 하게하는 학교의 건축물들도 짓게 되었다. 또 다른 한편으로 새롭게 이콘을 강조하며 종교 개혁을 일으키게 되고, 이 과정에서 러시아 건축의 특징(원뿔꼴 지붕, 양파꼴 돔, 첨단부가 7~8개인 십자가 등)을 없애는 대신 비잔틴 양식(구형 돔, 고전적 외형, 첨단부가 4개인 단순한 그리스식 십자가)을 도입하게 하는 경향도 일어났다.

17세기에 일어났던 러시아식 교회의 건축과 이콘의 개혁을 통한 양식의 변화가 있었던 당시 유럽의 바로크적 요소가 러시아에 흘러들어오면서 러시아식 건축에 있어 위기와 새로운 모색의 시기가 도래되었다. 바로크 양식이란 르네상스 모티프를 그대로 계승하고 사용하나 그 기법이 매우 자유롭고 대담하였고, 모티프의 이상한 변형과 결합이 고안되었다. 동적인 감각이 느껴지도록 벽면의 장식을 풍부하게 하고 힘차게 만든 건축 양식이다. 이러한 다양한 양식으로 이 시기의 건축물은 대체로 장식적 성격이 강화되었고, 어떤 것은 호화로운 축제 분위기에 차 있는가 하면 어떤 것은 몽상적인 인상을 불러일으킨다. 이 시기를 반영한 대표적인 건축물로는 모스크바 푸틴키의 성모탄생성당, 크렘린의 테렘노이 궁전(Теремной дворец)을 들 수 있다. 테렘노이 궁전은 최초의 석조 궁전인데, 미하일 표도로비치 차르에 의해 1635년~1636년에 지어졌다. 이 궁전은 돌로 지어진 석조 건물이지만 목조 건축의 양식이 다수 반영되어있다. 석조 건물에 화려한 색채를 부여하기 위해서 타일이 사용되었다.

세속적, 서구적인 것에 관심이 많았던 알렉세이 미하일로비치는 자신의 이러한 취향을 반영한 상징물인 콜로멘스코예 궁전을 짓게 된다. 이 궁전은 1667년에 짓기 시작한 목조로 지은 것(그림 B19)으로 그 후 철거(카테리나2세, 1768)와 복구를 거쳐 현재의 모습(그림 53)으로 되어 있다.

17세기에는 목조 건축과 석조 건축이 함께 번성하며, 보다 정교한 모습을 갖추게 되었다. 보야르의 목조 가옥과 통치자의 목조 저택은 대칭미가 부족하기는 했지만, 이런 약점들은 부분들이 가진 풍성한 다양성으로 보완되었다. 17세기 건축에서는 다른 문화 영역 전반에서 나타나듯이 세속적인 모티프가 혼합되었다. 17세기 석조 교회의 규모는 크지 않았으나 가장 두드러진 특징은 천막형 지붕이 두드러지게 나타난다는 것이다.

미하일 로마노프 황제가 폴란드-리투아니아를 몰아낸 것을 기념해 지은 포크로브의 교회(그림 B20)는 17세기에 건설된 교회로서, 천막형 교회는 아니지만 17세기의 주요 특징인 풍부한 장식(머리장식, кокошник)이 돋보인다.

그림 53 콜로멘스코예 궁전. 다른 이름으로 "차르 알렉세이의 여름 궁전"이라고도 한다

그림 54 예수탄생교회(1649~1652)

그림 55 우그리차의 우스펜스키 교회(1628)

6. 정리

위에서 살펴본 바와 같이 강력한 통치기반을 바탕으로 이반 4세에 이르러 전 동슬라브의 통일된 중앙집권국가가 형성되었으나 후사 없이 세상을 떠남으로써 러시아는 다시 혼돈 속으로 빠져들기 시작했다. 그의 사후 젬스키 사보르(земский сабор, 국민의회)에 의해 후계자가 세워졌으나 러시아는 서로의 정치적 이익에 따른 갈등의 연속으로 정쟁과 외부 침략으로 혼돈의 연속이었다. 가짜 드미트리(보리스 고두노프에 의해 축출된 이반 4세의 아들)를 앞세운 세력들은 이웃나라(폴란드)의 군대까지 동원하는 등 권력 장악을 목적으로 급기야 러시아 국가의 존폐 위기에까지 놓이게 되었다. 뿐만 아니라 동시 봉기, 농민 반란, 궁중 반란을 겪는 동안 러시아 사회는 산업화의 길을 걷는 서유럽의 국가들에 비해 낙후될 대로 낙후된 농업국가에 머무르게 되었다.

그러나 이러한 상황을 극복하고 다시 유럽의 강국으로 부흥하게 되는 때가 표트르 1세의 통치 시기부터이다. 강력한 통치권에 의해 서유럽의 문물들이 유입됨으로 말미암아 전통적인 사고와 풍습들과의 충돌로 많은 문제가 발생하나 그의 후계자들인 엘리자베타, 예카테리나 여제들을 거치며 러시아 사회에는 다양하고 화려한 문화를 꽃 피우게 된다.

위에서 언급한 러시아의 혼돈 기간 동안 비록 정치적, 경제적 여건은 매우 낙후되었으나 농민과 도시 서민 즉, 민중의 삶이 사회 문제로 대두되고, 민중 의식에 대한 자각 등은 표트르 대제와 여제들의 통치기간을 거치는 동안 러시아의 문화에 다양성을 갖게 되는 배경이 되었다.

1. 1990년 6월 4일. 한·소 샌프란시스코(San Francisco) 정상회담

   1990년 9월 30일. 한·소 외무장관 회담 시 대사급 외교관계 수립

   1990년 12월 13일. 한·소 정상회담

   1991년 4월 19일~1991년 4월 20일. 한·소 정상회담

   1991년 9월 16일. 한·소 어업협정 체결

   1991년 12월 27일. 한국 정부, 러시아 연방(Russian Federation, Российская Федерация)의 소비에트 사회주의 공화국 연방(USSR, Union of Soviet Socialist Republics, СССР, Союз Советских Социалистических Республик) 승계 인정

   1991년 12월 30일. 한국 정부, 독립국가연합(CIS, Commonwealth of Independent States, СНГ, Содружество Независимых Государств) 10개국 승인

   참조: 한국과 러시아의 외교일지 (러시아연방 개황, 2010. 11., 외교부).
2. 구전되어 오는 영웅담의 내용에는 키예프를 성도로 인식하고, 이를 수호하려는 노력을 성스런 의무로 인식하고 있는 이들은 영웅들이고, 반면 키예프를 침공하려는 자들은 퇴치해야 할 적 그리스도이다. 키예프는 현재 어느 나라의 도시인가보다 전 러시아인들의 마음에 남아 있는 영원한 성도로 자리 매김 되어 있다.
3. 참고 a) 그루지아-러시아의 5일 전쟁: 그루지아가 친러시아 성향의 남 오세아티아를 침공(2008. 8. 7)함으로써 시작. 러시아는 경고 후 8월 9일부터 그루지아 전역을 공습. b) 러시아-우크라이나의 크림반도 분쟁.
4. 2011, 외교부 자료.
5. 많게는 180개 이상으로도 분류한다. 위 자료는 2010년도의 통계이다.
6. 게르만 민족이 서남쪽으로 대 이동 함에 따라 엘베 강 중·하류에 공백 지역을 남겼으나 곧 이곳에 슬라브인에 의해 채워졌다. 슬라브인은 최초의 근거지에서 북서쪽으로 이동하여 게르만인들이 비운 영토를 차지하게 되었는데 4세기~6세기 사이에 쓴 것으로 보이는 한 사료에 따르면 엘베 강이 게르만인과 슬라브인의 경계선

으로 묘사되고 있다. 6세기 동안 슬라브인들은 대규모로 엘베 강을 건너갔고, 게르만인들이 골(Gaul) 지방에 집중하고 있을 동안 - 이곳은 당시 프랑크(Frank) 인의 수중에 있었다 - 슬라브인들은 북해와 서부, 남부로 분산해 갔다. 그들은 함부르크(Hamburg), 뤼네베르크(Lüneberg), 마그데부르크(Magdeburg), 에어푸르트(Erfurt), 고타 등의 도시 지역을 점령하고 살레강까지 이주해 나갔다. 거기서 다시 이들은 밤베르크(Bamberg)의 방향으로 이동하여 라티스본(Ratisbon) 가까이에 있는 다뉴브 강에 다다랐다고 한다. 오데르 강 어귀에서 비슬라강 입구까지의 발트 해안에서는 슬라브인의 한 분파인 발트-슬라브인들과 오늘날 폴란드인의 초기 선조인 포메라니아(Pomerania) 인들이 거주하였다. 5세기와 6세기 초에 슬라브인들은 보헤미아와 모라비아 지역의 영토를 점령하게 되었고, 다른 한편으로 슬로바키아(Slovakia) 쪽으로 이동하여 다뉴브 강까지 내려갔을 때에도 모라비아에서 출발한 슬라브인들 역시 다뉴브 강으로 이동해 와 헝가리의 발라톤(Balaton) 호수에까지 다다랐다. 게르만인들의 중부 유럽에서 퇴장이 곧 슬라브인의 이동 신호가 되었다. 고대 파노니아(Pannonia)와 라에티아(Raetia) 땅은 점차적으로 또 다른 슬라브 부족, 즉 오늘날 슬로베네스(Slovenes) 인들의 통치하에 놓이게 되었다. 6세기 초, 또 다른 슬라브인들이 다뉴브 강의 하류 쪽으로 이동해 나갔다. 이들이 로마 제국의 동부와 접촉한 최초의 슬라브인인 듯하다. 그들은 오늘날 왈라치아(Wallachia) 지역에서 거주하기 시작했는데, 비잔틴의 기록에 따르면 이 슬라브인들은 517년 이후부터 마케도니아(Macedonia)를 공략할 목적으로 강을 건너 유스티안 황제(Justian, 518~527)의 치세 동안 비잔틴제국의 영토에 침입했다고 기록되어 있다. 6세기 초, 슬라브인들은 일리리쿰(Illyricum)에 들어서서 달마티아(Dalmatia)로 전진하기 시작하였다. 536년에 이들은 아드리아 해안과 달마티아 시에 이르렀다. 크로아티아의 고고학자인 불리치(F. Bulic)는 이 도시의 유물을 발굴하여 슬라브인들의 전쟁 모습을 그렸다. 548년에 슬라브인들은 다리아쿰(Darihachum 또는 Durazzo)으로 이동하였는데 비잔틴 역사가들이 549년, 550년, 559년에 슬라브인들이 일리리쿰을 침략하였다고 자세히 기록하였다. 그러나 비잔틴 지역에서 슬라브인들의 이동을 살펴보면 비잔틴제국과의 접촉은 평화로웠던 것으로 보인다. 슬라브인들 가운데 가장 잘 조직되어 있었던 안트인들도 결국 비잔틴 제국의 연방이 되었고, 다른 슬라브 부족들도 이 같은 방식으로 동화되었던 것 같다. 시간이 흐를수록 비잔틴 지역의 슬라브인들은 이곳의 우월한 문화에 동화되고 문명화되어 갔던 것이다. 참고: 서슬라브인, 남슬라브인의 이동과 분화(동유럽사, 2005. 8. 1., 미래엔).

7. 이동방향에 따라 서쪽으로 이동하여 정착한 이들은 서슬라브인(오늘날의 폴란드인, 체코인, 슬로바키아인), 그냥 그 자리에 머물거나 혹은 남쪽으로 이동하여 발칸반도에까지 흩어져 거주하는 사람들을 남슬라브인(세르비아인, 크로아티아인, 마케도니아인, 불가리아인)이라 부른다.

8. 드네프르 강 유역 일대에 거주한 슬라브인들을 통칭하여 이른 말. 이들 중 4세기, Кий가 동생들과 Днепр강 연안에 도시를 건설하였는데 가장 번성한 곳이 되었고, 후에 이 도시를 Киев로 부름.

9. 참고: 네스토르연대기.

10. 노르만 학설: 바랴그(варяг)는 북방인이며 바이킹으로도 알려져 있고, 북유럽인종에 해당된다. 큰 체격에 백색피부, 금발, 파란 눈 등이 특징이고, 원주지에서 농경·어업·목축 또는 해상약탈로 생활했다. 8세기경 통일된 왕권을 형성하였으나 이때 독립적인 지위를 얻지 못한 수장들이 토지가 없는 주민들과 함께 3방향으로 약탈적인 이동을 감행했다: 첫 번째는 영국의 노르만 왕조를, 두 번째는 이탈리아로 진출해 시칠리아 왕국을, 세 번째는 스웨덴계 사람들로 상륙하였다. 세 번째인 이들을 루스 인이라고 불렀다. 수장 류릭은 862년 노브고로트공국을 건설하였고, 이들의 일부는 키예프 공국을 세웠다. 이들 노르만인은 처음에는 약탈적으로 침략하였으나 이 지역에 정착하게 되면서 스스로 상업에 종사하고, 원주민과 융합하며 동화되었다.

11. 이 책에서는 오늘날 러시아어의 모습이 있기까지의 과정을 1) 키예프 이전, 2) 키예프 이후인 9세기~11세기 그리고 다음(2)에서 3) 11세기~13세기, 4) 14세기~17세기 그리고 표트르 대제 시대 이전과 이후, 소비에트 혁명 이전과 이후로 시기 구분하여 설명한다.

12. 대러시아어 혹은 러시아어: 동슬라브어가 우크라이나어, 벨로루시어로 분화될 때 이들 언어에 대한 상대적 개념으로 오늘날 러시아인들이 사용하는 말(러시아어)을 이름.

13. 동슬라브어로 분화되기 전, 카르파티아 고원지대에 살던 슬라브인들의 언어는 "공통슬라브어"라 하며 서슬라브어의 분화가 먼저 일어났고, 후에 동-남슬라브어로

분화가 전개된다. 이러한 배경에다가 이들의 거주지가 서쪽에 위치하여 이들이 사용한 서슬라브어는 서구의 영향으로 라틴문자로 표기하게 되었고, 동-남슬라브어는 키릴문자로 표기하는데 남슬라브어 지역 중 일부 서부 지역에서는 라틴어로 표기한다.

14. 키예프의 야로슬라프 공후는 많은 서구의 왕(프랑스, 헝가리, 노르웨이)들과 인척관계를 갖기도 했다.

15. Ivanov 1964. 62p.

16. 문자는 오늘날 불가리아 지역의 모라비아의 왕국에서 비잔틴 황제에게 문자제정에 대한 요청으로 비잔틴에서 수도사 키릴과 메포지가 파견되어 이들에 의해 처음 문자가 제정되었다(855). 이들이 만든 문자는 슬라브인들의 말을 그리스어 문자로 표기한 "글라골리차(глаголица, 글라골 문자)"라 한다. 키릴의 사후 그의 제자들에 의해 보다 간편하고 보완된 문자로 발전되어 성경 번역 등에 사용하였다. 이를 키릴리차(кириллица) 혹은 키릴 문자라 부르고 오늘날 러시아의 문자이다.

17. 이 차이는 입말과 글말의 통일적 규범화가 이루어지기까지 상당한 기간 동안 갈등이 지속되었다(10세기에 시작하여 19세기에 이르기까지).

18. 노브고로드는 이반 3세에 이르러 러시아로 강제 통합이 된다.

19. 표기된 방언을 통해 유추. 러시아 문어사(김영태), 47p.

20. 러시아 문어사(김영태) 58f.

21. 상동, 61p. Paschen 1933, 56~59p.

22. 상동 63p. 참고: Кандаурова 1968. городъ와 градъ의 사용빈도 수는 67:211.

23. 이 문어는 고대 러시아어의 표준도 아니고 이를 위한 출발어로 여겨지지도 않지만 고대러시아어 표준어를 만들어 내는 데 큰 영향을 준다.(cf. 상동, 90p)

24. 모라비아(Moravia) 왕국의 공후. 오늘날 체코 동부의 지역으로 독일어로는 메렌이라하고, 동·서쪽은 슬로바키아와 보헤미아, 북쪽은 폴란드의 슐레지엔, 남쪽은 오스트리아와 접한다.

25. 당시 모라비아 공국은 서방의 세력(프랑크왕국)과 동방의 세력(비잔틴)이 충돌하던 지역이었다. 모라비아의 2대 제후인 로스찌슬라브(846~869)가 불가리아의 경계인 티사강까지 영역을 확장하자 불가리아에 기독교를 수용한 보리스왕(보리스 1세, 852~888)은 동프랑크왕국(루이 게르만 왕)과 동맹을 맺게 되었고, 이에 모리비아는

비잔틴의 미하일 3세와 동맹(862)을 맺게 된다. 모라비아 공국은 9세기 말 프랑크 왕국의 정치적, 종교적 영향에 대한 반발로 비잔틴에 매우 우호적이었다. 9세기 중엽은 비잔틴의 콘스탄티노플이 적극적으로 선교활동을 장려하던 시기였고, 모라비아는 프랑크 왕국의 침투에 대항하던 때여서 슬라브어를 이해하는 정교회의 성직자 파견을 요청하기에 이른 것이었다. 그러나 이를 지원하며 친동방정책을 실행하던 왕이 죽고, 정교의 사제를 핍박하던 스뱌토폴크가 등극한 후는 반대로 서방의 영향력이 강해지게 되었다. 이에 힘을 얻은 프랑크왕국의 사제들이 동방의 사제를 핍박하였고, 이를 피해 동방의 선교사들은 결국 동북부 지역으로 이동하며 선교하게 되었다.

26. 한 곳은 불가리아 동북부의 도시이고, 다른 한 곳은 마케도니아와 알바니아의 국경지대에 있는 오흐리드호의 북동쪽 연안에 있다. 9세기 후반에 불가리아인에게 정복되어 슬라브인에 대한 선교의 거점이 되었다. 중기 이후의 비잔틴 미술이 많이 남아 있는 도시로 유명하다.

27. 키릴이 고안한 문자는 사실상 글라고틱 알파벳(Glagotic Alphabet)이었고, 후일 10세기 불가리아 사도들이 이를 좀더 슬라브어에 가깝도록 변형하였다. 이들은 키릴을 기념하기 위해 변형된 이 문자를 키릴 알파벳(Cyrillic Alphabet)이라는 이름으로 불렀다. 그러므로 엄밀히 말한다면 키릴 문자는 키릴 자신이 고안한 형태는 아니었던 것이다.[네이버 지식백과] 콘스탄틴 키릴과 메포지우스의 활동 (동유럽사, 2005. 8. 1., 미래엔)

28. 콘스탄틴(키릴)과 메포지우스의 활동(동유럽사, 2005. 8. 1., 미래엔).

29. 참고: 키릴과 메포지우스의 업적(동유럽사, 2005. 8. 1., 미래엔).

30. 여기에 소개된 내용은 "러시아 문학사"(홍기순, 장한, 2004)를 참조한 것이다.

31. 흔히 민담으로 번역되는 러시아 민중들의 구전 민화나 옛날이야기를 17세기 이후에는 스카즈카(сказка)라고도 부른다. 이 명칭에는 냉소적이며 해학적인 의미가 담겨 있다.

32. 야디게이 자치주: Caucasus 산맥의 서북부, 러시아 연방 공화국의 행정 구분; 면적 3,898㎢, 주도) Maikop. 공식 명칭은 Adygei Autonomous Region.

33. 동서 대분열은 두 그리스도교 교회인 동방 교회(정교회)와 서방 교회(가톨릭)가 1054년에 분열되어 오늘날의 정교회와 가톨릭으로 갈라선 시점이라고 역사가들이 보는 사건이다. 후대의 역사가들이 역사를 서술할 때 이 시점을 두 교회가 갈라지

기 시작한 것이라 보는 것이지 실제로는 1054년 이전에도 두 교회의 총대주교가 상호 파문을 한 적이 있었다. 이 갈등은 20세기에 들어서서야 "교회일치운동"으로 화해 분위기로 바뀌었으며, 1965년부터 동서 교회는 상호 파문을 취소하고 교류를 재개하기 시작했다.

34. 그러나 안드레이 루블료프 이후가 되면 모스크바 화파는 자신만의 독특한 색채를 드러내기 시작한다. 평론가들은 이 시기에 이르러서 본격적인 러시아 회화의 시대가 열리게 되었다 본다.

35. 13세기의 노브고로드, 구세주 그리스도 성당의 이콘(트레티야코프 미술관 소장),

36. 고대 로마의 시장과 법정을 겸비한 공공건물을 바실리카라고 한다. 이러한 건축물의 건축 방식은 정방형의 평면 내부를 두 줄 내지 네 줄의 기둥으로 가름으로써 중앙과 양측의 공간을 나누어져 있어 몰려드는 회중을 감당하기에 적절한 구조였다. 4세기 초의 콘스탄티누스 대제의 교회건축의 후원 이후 바실리카(Basilica) 양식의 교회건축이 폭발적으로 증가하였다.

37. 비잔틴양식의 돔은 펜덴티브 방식에 의해 구조적 제한으로부터 자유로워 충분한 채광이 특징적이다. 돔의 네 측면에 반원형에 벽을 세워 창을 만들고, 이 창으로 들어온 빛은 황금색으로 채색한 돔의 하부에 내려오게 되어 빛이 주는 신성함에다가 다양한 색채와 장식에 의해 화려함이 더해진다. 이를 비잔틴 돔이라 하고, 6세기경 비잔틴의 건축가에 의해 고안되었다고 한다.(미술대사전, 용어편, 한국사전 연구사, 1988)

38. 돌이나 벽돌 또는 콘크리트의 아치로 둥그스름하게 만든 천장을 말한다. 기능에 따라 여러 형태들이 있다.

39. 야로슬라프 공후는 키예프 루시의 정신적 통일과 정체성 확립에 기여했고, 러시아 법전(Русская Правда)의 편찬을 지시했으며 많은 그리스어 서적을 슬라브어로 번역하였고, 학교를 세웠다. 또한 그는 혼인동맹을 통해 유럽의 다른 지역과 확고한 연대를 맺었다.

40. 십자가에는 많은 형태가 있는데 대표적인 십자가에는 다음과 같은 것이 있다.

① 타우 십자가 : T자형 십자가로 그리스어 '타우(T)'를 닮았다고 하여 이름 지어졌다. 경우에 따라서는 성안토니오 십자가라고도 하며, 아시시의 성프란치스코(1181-1226)가 좋아했다고 하여 프란치스코회 회원이나 제3회 회원들이 사복에

이 십자가를 많이 착용한다.

② 그리스 십자가 : 종목과 횡목의 길이가 똑같은 십자가이다.

③ 라틴십자가 : 종목이 횡목보다 길다.

41. 이고르 원정기: 이고르 스뱌토슬라비치(Игорь Святославич)가 폴로베츠인과의 전쟁 등의 사건을 1180년대 후반에 쓴 서사시.

42. 훗날 소비에트에서는 넵스키(Невский)의 이름을 딴 무공훈장을 만들어 독일 파시스트들과의 전투에서 무공을 세운 장교들에게 이 훈장을 수여했다.

43. 그러나 때로는 쉽게 이성을 잃어버리기도 하고 매우 엄격하기도 하며 때로는 공포에 사로잡히기도 하는 등 종잡을 수 없는 괴팍할 정도의 정신적 분열의 증세를 보이기도 했다고 한다.

44. 후일 사실주의 화가 레핀에 의해 그려진 "이반 뇌제"라는 그림이 이 장면을 묘사한 것이다.

45. 그러나 곧바로 고두노프가 사람을 시켜 드미트리를 죽였다는 소문이 나돌았다. 사람들은 그 소문을 사실로 믿었다. 제정러시아의 시인 푸시킨(Александр Пушкин)이 창작한 희곡 〈보리스 고두노프〉와 역시 제정러시아의 작곡가 무소르그스키(Модест Мусоргский)가 창작한 오페라 〈보리스 고두노프〉는 모두 그 소문을 사실로 받아들인 민중의 심정을 반영했다. 그러나 뒷날 베르나드스키를 비롯한 권위 있는 역사학자들은 드미트리는 칼을 갖고 놀다가 사고로 죽었을 뿐이며 고두노프가 죽였다는 증거가 없다고 설명한다.

46. 실제로는 추도프(Chudov) 사원의 오트레피예프(Григори Отрепьев)라는 한 사제였다. 1603년에 폴란드로 도망간 그는 "살해되었다는 드미트리는 실제로는 어떤 사제의 아들이었고, 자신이 진짜 드미트리로 암살을 피해 살아 남았다"고 주장했다.

47. 바실리 성당 앞에 위치한 미닌과 포자르스키의 동상

48. 이때는 우리 역사에서 광해군 때에 해당한다.

49. 왕권이 어느 정도 안정을 찾게 되자 대의기구로 출발했던 국민 의회는 1670년 이후가 되면서 거의 소집되지 않았고 귀족들도 관료로 충원된 기관이기를 희망했었다. 광범위한 계층의 이익을 대표한 국민 의회에 의해 탄생된 왕가였지만 통치자들은 국민과의 협조를 통한 통치보다는 모스크바 대공국 때 굳어진 전제 정치에 의존했다. 로마노프 왕가의 제2대인 알렉시스의 명칭을 보면 이 상황을 잘 이해할 수 있

다: "the Great Lord, Tsar and Grand Duke, Alexis Mikhailovich, of all Great and Little and White Russia, Autocrat."(모든 대러시아와 소러시아와 벨로루시의 대군주 황제 및 대공 알렉세이 미하일로비치 전제자)

50. 몇몇 대귀족들도 구교도들의 운동을 지지했는데, 〈러시아의 역사〉에 따르면 "이들은 구습을 지키고, 차르의 중앙집권화된 권력을 약화시키기 위해 이 운동을 이용했던 것이다. 많은 농민과 외곽 상공인 지대의 사람들에게는 구교파 운동이 농노제와 차르 지방관들의 횡포에 대한 항의의 한 형태로 생각되었었다."

51. 당시 22개 연대 약 23,000명으로 구성된 이 군대는 크레믈린을 경비하면서 차르의 보호를 일차적 의무로 삼고 있었다. 정치에 대해 무지했고, 개혁을 반대하는 이들은 차르의 비호 아래 많은 특권을 누리고 있었다.

52. 어머니 나탈리야는 표트르에게 결혼을 권유했고, 표트르는 아직 결혼 자체에 관심이 없었지만, 어머니 하자는 대로 따랐다. 모스크바 국가의 전통에 따라 차르를 위한 신부 간택령이 내려졌고, 나탈리야는 많은 후보들 가운데 러시아 전통 귀족 가문 출신인 예브도키야를 선택했다. 예브도키야는 표트르보다 세 살 연상이었고, 전형적인 러시아 규수로서 당시 러시아의 관습대로 서구 교육을 받지 않고, 정교회적 분위기 속에서 성장한 신앙이 독실한 처자였다. 자유분방하게 자란 표트르와 전통적인 귀족 집안에서 바깥출입도 자제하며 엄격한 가정의 교육을 받으며 자란 예브도키야는 처음부터 어울리지 않는 상대였다. 초기에 두 명의 아들을 가졌는데 그중에 큰아들 알렉세이만 살아남아 후에 비극의 주인공이 되었다.

53. 소피아는 1704년에 47세의 나이로 죽을 때까지 15년 동안 수도원 밖을 한 번도 나가지 못했다.

54. 참조: 러시아사, 미래엔, 2006.

55. 비잔틴 제국이 문화의 중심이었던 남유럽의 상황도 많이 달라져 있었다. 콘스탄티노플은 내분으로 1203년 십자군에게 정복당했고, 인근 슬라브국들에 대한 비잔틴의 영향력도 감소했다. 오히려 불가리아와 세르비아가 제2의 비잔틴으로 주목할 만한 세력으로 등장하였으나 1453년 오스만 투르크에 의해 비잔틴 제국이 무너지게 되었다.

56. 러시아 문어사(김영태 역), 77p. "다마스커스의 요하네스 토론술". Freyank 1977.

57. 고대 러시아 문어(김영태 역), 90p.

58. 러시아 문어사(김영태 역), 81p.

59. 작가들은 자유롭게 여러 언어 단계를 선택하여 사용하게 되었고, 이때의 선택은 문체상의 이유에 의해 이뤄지기도 했다. 므스티슬라프 블라디미로비치 대공은 자신이 1131년 노브고로드 근처의 성 게오르기 수도원에 토지를 선물한 사실을 기록했다. 이 문서는 "나는 블라디미르의 아들 므스티슬라프다"로 시작한다. 장중한 분위기를 내기 위해 십자가와 슬라브어 대명사 az를 첫머리에 두고, 아버지의 이름을 언급하며 "블라디미르의 아들"로 시작하는데 이는 이후 달리 선택이 불가한 개인의 고정된 이름, 즉 부칭이 되었다. 이후 므스티슬라프는 문서의 덜 엄숙한 부분에서는 자신을 jaz라고 칭하는 데 반해, 므스티슬라프의 아들 블라디미르는 일상어에 가까운 ja를 사용했다. 문체상 꾸밈이 없는 노브고로드의 자작나무 껍질 문서들조차 초기(1250년경)에는 그 시작을 엄숙하게 하기 위해 이와 같은 문체적 장치를 사용했다. 노브고로드에서도 본문의 첫머리에 십자를 적어 넣었고 슬라브어 인사말을 사용했다. 이것은 단지 본래 지리적 차이가 상문체와 하문체의 문체적 표지로 발전한 여러 방법들 중 하나였다.

60. 예를 들어 영광스러운 러시아 제국의 새로운 이야기, 모스크바 공국의 최후의 멸망과 예속에 대한 애가, 연대기 등이 있다. 이러한 작품들의 출현은 작품의 소재와 작가에게 모두 그 원인이 있다고 볼 수 있다.

61. 초보적인 연극과 음악을 결합한 대중 오락거리를 만드는 유랑악사를 말한다. 교회는 이들을 비도덕적이고 이교의 잔재라고 여겨 지속적으로 탄압했다(참조: 러시아의 역사 상, 조호연 역, 까치글방 2011, 96p).

62. 기본적으로 예술이 세계를 반영하는 거울과 같은 것이라는 재현적 세계관에 근거한 사고.

63. 성막의 가장 안쪽에 위치해 있는데 구약성서에 나타나 있는 본래의 지성소는 다음과 같다: 지성소 안에는 언약궤가 있었으며, 언약궤 위에는 속죄소가 있었다. 이 방에서 대제사장은 백성들을 대신하여 해마다 속죄하였다. 아론과 그 자손들이 지성소의 모든 일을 담당하였다. "내가 그들 중에 거할 성소를 그들을 시켜 나를 위하여 짓되… 거기서 내가 너와 만나고 속죄소 위 곧 언약궤 위에 있는 두 그룹 사이에서 내가 이스라엘 자손을 위하여 네게 명할 모든 일을 네게 이르리라"(출애굽기 25:8, 22)고 하여 구약시대에 여호와가 거하는 장소로 기록되어 있다. 이곳은 휘장으

로 성소와 구분되어 있어 아무 때나 들어가지 못하게 하였다. "여호와께서 모세에게 이르시되 네 형 아론에게 이르라 성소의 장안 언약궤 위 속죄소 앞에 무시로 들어오지 말아서 사망을 면하라 내가 구름 가운데 속죄소 위에 나타남이니라"(레위기 16:2)고 하였고, 들어갈 때는 속죄의 피를 가지고 들어갔다. 예수 그리스도가 십자가에서 죽을 때 성소의 휘장이 찢어졌는데, 이로 말미암아 예수 그리스도의 보혈에 힘입어 일반 성도도 지성소에 들어갈 수 있는 의미로 변화되었다.(참고: 두산백과)

64. 당시의 많은 이야기와 전설도 보리스와 글렙 형제 공후를 몽고와 싸우는 러시아의 용사로서 기리고 있다.

65. 파레올로고스왕조 시대(1261~1453)의 비잔틴 미술은 이전의 장중하고 위엄 있는 모습 대신 정밀하고 부드러우며 섬세한 감정까지 묘사한 것이 특징이다.

66. 비잔틴 제국의 유수 명문가로 마지막 왕조시대를 열었었다.

67. 소비에트 시대에도 이러한 합창단은 소수의 수도원에 존재하고 있었다. 모스크바 외곽 자고르스크에 있었던 합창단이 특히 주목할 만했다. 종종 이러한 단성조에 극적인 대조 효과를 부여하기 위해 지속저음이 추가되거나, 번갈아 노래를 부르는 두 개의 대립적 음 그룹으로 합창단이 나누어지기도 하였다.

[본문]

그림 1 글라골리차
https://ko.wikipedia.org/wiki/%EA%B8%80%EB%9D%BC%EA%B3%A8_%EB%AC%B8%EC%9E%90#/media/File:Kodex.Zograf.JPG

그림 2 글라골리차로 된 오스트로밀 복음서
http://nlr.ru/exib/Gospel/slav/img/13.jpg

그림 3 동굴수도원의 내부(즈베리네츠키 수도원)
http://zametkin.kiev.ua/wp-content/uploads/zverinecky_monastyr_7.jpg

그림 4 맘모스의 뼈에 새겨진 코스텐키의 비너스
https://evan-gcrm.livejournal.com/473241.html (https://yandex.ru/images/search?pos=2&img_url=https%3A%2F%2Fdonsmaps.com% 2Fimages36%2Fnew_3_001.jpg&text=%D0%BA%D0%BE%D1%81%D1%82%D0%B5%D0%BD%D0%BA%D0%B8%20%D0%B2%D0%B5%D0%BD%D1%83%D1%81&rpt=simage&lr=10635)

그림 5 테오파네스의 삼위일체
https://yandex.ru/images/search?pos=64&p=1&img_url=http%3A%2F%2Fartchallenge.me%2Fpainters%2F31%2F119.jpg&text=Theophan%C4%93s&lr=10635&rpt=simage

그림 6 기도하는 성모
http://www.mirianin.ru/images/stories/ikona/bogomater_znamenie.jpg

그림 7 유랑악단. 스코모로히(скоморохи)
http://oursociety.ru/publ/skomorokhi_na_rusi/1-1-0-120

그림 8 여왕과 개구리. Viktor Vasnetsov의 그림
http://surzhyk.org/vasnetsov-viktor-mihajlovich

그림 9 영웅들(보가티리, Богатырь), Виктор Васнецов의 그림, 트레티야코프 박

물관 소장

https://en.wikipedia.org/wiki/Viktor_Vasnetsov

그림 10 사드코(레핀의 그림)

https://www.culture.ru/persons/8244/ilya-repin

그림 11 스코모로히(скоморохи)

http://oursociety.ru/publ/skomorokhi_na_rusi/1-1-0-120

그림 12 구슬리(현악기)

http://cdbvizit.ru/wp-content/uploads/2013/02/Гусляры.-1899.jpg

그림 13 돔라

https://yandex.ru/images/search?text=%D0%94%D0%BE%D0%BC%D1%80%D0%B0&lr=10635&noreask=1

그림 14 발라라이카

https://yandex.ru/images/search?text=%D0%B1%D0%B0%D0%BB%D0%B0%D0%BB%D0%B0%D0%B9%D0%BA%D0%B0

그림 15 창문장식

https://ds04.infourok.ru/uploads/ex/04fb/000fe37a-42d8fd10/310/img12.jpg

그림 16 크로스 돔 평면도

https://yandex.ru/images/search?pos=2&img_url=http%3A%2F%2F900igr.net%2Fdatas%2Fmkhk%2FKHram-Pokrova-na-Nerli-v-Bogoljubovo%2F0008-008-Krestovo-kupolnyj-khram-tip-khristianskogo-khrama-eto-chetyre-svobodno.jpg&text=%D0%9A%D1%80%D0%B5%D1%81%D1%82%D0%BE%D0%B2%D0%BE - %D0%BA%D1%83%D0%BF%D0%BE%D0%BB%D1%8C%D0%BD%D1%8B%D0%B9%20%D1%85%D1%80%D0%B0%D0%BC&lr=10635&rpt=simage

그림 17 십일조교회

https://cdn2.arhivurokov.ru/multiurok/html/2018/02/17/s_5a87954fbf9 1f/834384_12.jpeg

그림 18 페체르스키 수도원과 라브라의 종탑

https://en.wikipedia.org/wiki/Kiev_Pechersk_Lavra

그림 19 동굴수도원 내부

https://yandex.ru/images/search?p=3&text=Monastery%20of%20the%20Caves&pos=122&rpt=simage&img_url=https%3A%2F%2Fstatic.wixstatic.com%2Fmedia%2Fcc1f44_7182c6752a4f4219b3e3ac460d75708d.jpg_srz_675_450_85_22_0.50_1.20_0.00_jpg_srz&lr=10635

그림 20 코스토모로프의 스파스키 동굴수도원

http://www.avenutver.ru/uploads/posts/2016-04/1459843451_1.jpg

그림 21 체르니고프 공국에 있는 현성용 성당

https://yandex.ru/images/search?pos=4&img_url=http%3A%2F%2Fkolechko.cn.ua%2Fwp-content%2Fuploads%2F2010%2F06%2FSpaso-preobrazhenskiy-sobor.jpg&text=%D1%81%D0%BF%D0%B0%D1%81%D0%BE-%D0%BF%D1%80%D0%B5%D0%BE%D0%B1%D1%80%D0%B0%D0%B6%D0%B5%D0%BD%D1%81%D0%BA%D0%B8%D0%B9%20%D1%81%D0%BE%D0%B1-%D0%BE%D1%80%20%D0%B2%20%D1%87%D0%B5%D1%80%D0%BD%D0%B8%D0%B3%D0%BE%D0%B2%D0%B5&rpt=simage

그림 22 프스코프의 성 게오르기 사원

http://tehlib.com/arhitektura/georgievskij-sobor-yur-eva-monasty-rya/

그림 23 네레디체의 구원의 교회

https://ru.wikipedia.org/wiki/%D0%A6%D0%B5%D1%80%D0%BA%D0%BE%D0%B2%D1%8C_%D0%A1%D0%BF%D0%B0%D1%81%D0%B0_%D0%BD%D0%B0_%D0%9D%D0%B5%D1%80%D0%B5%D0%B4%D0%B8%D1%86%D0%B5

그림 24 표도르 스트라티라트(Феодор Стратилат) 교회

https://yandex.ru/maps/24/veliky-novgorod/?from=1org_photo&ll=31.293262%2C58.523299&mode=search&oid=1101382760&ol=biz&photos%5Bbusiness%5D=1101382760&photos%5Bid%5D=urn%3Ayandex%3Asprav%3Aphoto%3A1507652

그림 25 프스코프의 삼위일체 성당

https://yandex.ru/images/search?pos=1&img_url=https%3A%2F%2Fmedia-cdn.

tripadvisor.com%2Fmedia%2Fphoto-s%2F02%2Fbc%2F51%2F47%2Fcaption.jpg&text=XRAM%20trinit%20PSKOV&rpt=simage&lr=10635

그림 26 블라디미르-수즈달의 구세주 변용 교회

https://ic.pics.livejournal.com/srazyda/52013489/23006/23006_300.jpg

그림 27 중보 교회

https://i.pinimg.com/474x/86/69/3f/86693feaf4722ec0c92028dfb3c8faba—religion.jpg

그림 28 미닌과 포자르스키 동상

https://s3.drugiegoroda.ru/3/334/33423---1024x768.JPG

그림 29 음절시집1

https://im0-tub-ru.yandex.net/i?id=71fa8a02473d1cbc765ae904993500ad-l&n=13

그림 30 음절시집2

http://old.nlb.by/html/news2005/07_09_2005/img/7.jpg

그림 31 음절 시인 시메온 폴로츠키

https://upload.wikimedia.org/wikipedia/commons/2/29/%D0%A1%D0%B8%D0%BC%D0%B5%D0%BE%D0%BD_%D0%9F%D0%BE%D0%BB%D0%BE%D1%86%D0%BA%D0%B8%D0%B9_1818.jpg

그림 32 그리스도의 탄생

http://www.cirota.ru/forum/images/99/99933.jpeg

그림 33 말 위의 보리스와 글렙

https://ic.pics.livejournal.com/lisitsinao/78235311/6884/6884_600.jpg

그림 34 게오르기우스

http://cs622022.vk.me/v622022064/2f41c/4NhP1rH6qhY.jpg

그림 35 모스크바 부주교 표트르

https://yandex.ru/images/search?p=5&text=%D0%B4%D0%B8%D0%BE%D0%BD%D0%B8%D1%81%D0%B8%D0%B9%20%D0%B8%D0%BA%D0%BE%D0%BD%D0%BE%D0%BF%D0%B8%D1%81%D0%B5%D1%86%20%D0%BF%D0%BE%D1%80%D1%82%D1%80%D0%B5%D1%82&pos=202&rpt=simage&nomisspell=1&img_url=http%3A%2F%2Fi.allday.ru%2F2c%2Fc0%

2F02%2Fthumbs%2F1348433150_dddddd.jpg&lr=10635

그림 36 모스크바 부주교 알렉세이와 그의 생애

https://yandex.ru/images/search?p=4&text=%D0%B4%D0%B8%D0%BE%D0%BD%D0%B8%D1%81%D0%B8%D0%B9%20%D0%B8%D0%BA%D0%BE%D0%BD%D0%BE%D0%BF%D0%B8%D1%81%D0%B5%D1%86%20%D0%BF%D0%BE%D1%80%D1%82%D1%80%D0%B5%D1%82&pos=171&rpt=simage&nomisspell=1&img_url=http%3A%2F%2Fitd2.mycdn.me%2Fimage%3Fid%3D868009716913%26t%3D20%26plc%3DWEB%26tkn%3D*c39D_CUJrVGhXaDjva2jQB6RMO8&lr=10635

그림 37 블라디미르, 보리스와 글렙

http://images.icon-art.info/main/05500-05599/05533.jpg

그림 38 보골류프스키의 성모

https://yandex.ru/images/search?pos=23&img_url=https%3A%2F%2Fitreba.org%2Fuploads%2Fobject%2F1341%2Fshrines%2F108-293de6ae91d3c2c6c5731832d56d75bc.jpg&text=%D0%B1%D0%BE%D0%B3%D0%BE%D0%BB%D1%8E%D0%B1%D1%81%D0%BA%D0%B8%D0%B9%20madona&lr=10635&rpt=simage

그림 39 성목요일

https://yandex.ru/images/search?pos=0&img_url=https%3A%2F%2Fi.ytimg.com%2Fvi%2FHgfm0YrNqJw%2Fmaxresdefault.jpg&text=%D0%A1%D0%B8%D0%BC%D0%BE%D0%BD%20%D0%A4%D1%91%D0%B4%D0%BE%D1%80%D0%BE%D0%B2%D0%B8%D1%87%20%D0%A3%D1%88%D0%B0%D0%BA%D0%BE%D0%B2%20%D0%A2%D0%B0%D0%B9%D0%BD%D0%B0%D1%8F%20%D0%B2%D0%B5%D1%87%D0%B5%D1%80%D1%8F&lr=10635&rpt=simage&noreask=1

그림 40 대천사 미카엘

http://www.matrony.ru/wp-content/uploads/2014/02/3845316_arhangel_mihail.jpg

그림 41 바바야가

https://im0-tub-ru.yandex.net/i?id=238cd9935c205c72d5b11588c810d501&n=13

그림 42 표도르 스트라틸라트 교회

https://ru.wikipedia.org/wiki/%D0%A6%D0%B5%D1%80%D0%BA%D0%BE%D0%B2%D1%8C_%D0%A4%D0%B5%D0%BE%D0%B4%D0%BE%D1%80%D0%B0_%D0%A1%D1%82%D1%80%D0%B0%D1%82%D0%B8%D0%BB%D0%B0%D1%82%D0%B0_%D0%BD%D0%B0_%D0%A0%D1%83%D1%87%D1%8C%D1%8E#/media/File:VNovgorod_StTheodoreStratelatesBrook_VN138.jpg

그림 43 모스크바의 확장(1300년~1462년)

https://yandex.ru/images/search?pos=1&img_url=https%3A%2F%2Ffs00.infourok.ru%2Fimages%2Fdoc%2F148%2F171837%2Fimg11.jpg&text=%D0%BC%D0%BE%D1%81%D0%BA%D0%BE%D0%B2%D1%81%D0%BA%D0%BE%D0%B5%20%D0%BA%D0%BD%D1%8F%D0%B6%D0%B5%D1%81%D1%82%D0%B2%D0%BE%2015c&lr=10635&rpt=simage

그림 44 다닐 알렉산드로비치 공후

https://cs2.livemaster.ru/storage/24/e7/36f3b25c1c94e6aa0cb4d178be4f--kartiny-i-panno-daniil-moskovskij-svyatoj-blagovernyj-knyaz-r.jpg

그림 45 다닐로비치 수도원

http://viseparchia.ru/files/2017/11/75150.660xp-300x197.jpg

그림 46 우스펜스키 대성당 혹은 성모몽소승천 대성당(1475~1479)

http://www.tart-aria.info/wp-content/uploads/2018/02/i_mar_a/04-UspenskijSoborMoskva.jpg

그림 47 수태고지 대성당(благовещенский собор)

https://tatmitropolia.ru/www/news2017/4/blagovesh_595.jpg

그림 48 대천사 대성당(архангельский собор)

http://wiki.starover.net/images/thumb/8/83/58archangelskiy.gif/550px-58archangelskiy.gif

그림 49 성 바실리 성당

https://yandex.ru/images/search?pos=4&img_url=https%3A%2F%2Faventurescu.

ro%2Fwp-content%2Fuploads%2F2018%2F01%2Fmoscova-aventurescu.jpg&text=vasilij%20church&rpt=simage&lr=10635

그림 50 피의 사원(Храм Спаса на Крови, 페테르부르크)
https://www.miroworld.ru/hram-spasa-na-krovi/

그림 51 러시아 여성의 전통 머리 장식
http://cdn01.ru/files/users/images/97/4d/974dc1cf4153c18c385e42393c19446d.jpg

그림 52 수즈달의 성모희보 교회
https://yandex.ru/images/search?pos=2&img_url=http%3A%2F%2Fphotos.wikimapia.org%2Fp%2F00%2F01%2F69%2F06%2F10_big.jpg&text=Church%20of%20the%20Annunciation%20to%20Virgin%20Mary*Suzdal&lr=10635&rpt=simage

그림 53 콜로멘스코예 궁전
https://yandex.ru/images/search?pos=3&img_url=https%3A%2F%2Fcdn2.arhivurokov.ru%2FviewImage.php%3Fimage%3Dhttp%3A%2F%2Fmtdata.ru%2Fu9%2FphotoFED0%2F20447377495-0%2Foriginal.jpg&text=Kolomenskoye%20Palace&rpt=simage&lr=10635

그림 54 예수탄생 교회(Храм Рождества Богородицы в Путинках, 1649~1652)
https://i2.wp.com/www.australianmosaic.com.au/wp-content/uploads/2015/01/putinki-church-300x262.jpg?zoom=1.2100000262260437&resize=300%2C262

그림 55 우그리차의 우스펜스키 교회(Успенский церковь в Угличе, 1628)
http://static.panoramio.com/photos/large/26967006.jpg

[컬러 A]

그림 A1 블라디미르의 성모
https://im0-tub-ru.yandex.net/i?id=5fd66f4811aed6eb841c9a0b504c3cd3-l&n=13

그림 A2 시현의 성모
http://www.velykoross.ru/blog_article/files_orig/0/2774.jpg

그림 A3 성모 영보

http://открытыйурок.рф/%D1%81%D1%82%D0%B0%D1%82%D1%8C%D0%B8/614467/9.jpg

그림 A4 안드레이 루블료프의 삼위일체

https://ok-t.ru/helpiksorg/baza2/400592773114.files/image006.jpg

그림 A5 안드레이 루블료프의 구세주

https://yandex.ru/images/search?p=1&text=The%20Icon%20of%20the%20%D0%A1%D0%BF%D0%B0%D1%81%D0%B8%D1%82%D0%B5%D0%BB%D1%8C&pos=73&rpt=simage&img_url=http%3A%2F%2Fvisualrian.ru%2Fimages%2Fold_preview%2F9%2F41%2F94119_preview.jpg&lr=10635

그림 A6 손으로 만들지 않은 구세주

https://spiritualmusclehead.files.wordpress.com/2014/05/jesus-icon-2.jpg

그림 A7 기도하는 성모

https://upload.wikimedia.org/wikipedia/commons/thumb/2/25/Oranta-Kyiv.jpg/434px-Oranta-Kyiv.jpg

그림 A8 이콘의 기하학

https://s7.drugiegoroda.ru/4/384/38437-Rublev_spas_v_silach-f-376x536.jpg

그림 A9 경배

https://lh3.googleusercontent.com/-iuv3uNxMgGY/UGLZqL0Yl1I/AAAAAAAAA0g/stX8FXWMmo8/s400/72035109_Poklonenie_Krestu_Dvustoronnyaya_vuynosnaya_ikona_Novgorod_Pervaya_polovina_XII_v.jpg

그림 A10 선택된 성인들

http://klin-demianovo.ru/wp-content/uploads/2013/02/0_54f93_e76ca41c_XL-520x752.jpg

그림 A11 소피아 성당 내부

https://avatars.mds.yandex.net/get-pdb/245485/429c3b7c-3af4-4277-8a40-48eeb037dece/s1200

그림 A12 소피아 성당

https://yandex.ru/images/search?pos=2&img_url=https%3A%2F%2Fviznachni-pam-yatki-ukrajini.webnode.com.ua%2F_files%2F200000083-862518815e%

2Fsofiyskiy_sobor1.jpg&text=%2Fsophia-kievska&lr=10635&rpt=simage

그림 A13 노브고로드의 성소피아 성당

https://yandex.ru/images/search?pos=58&p=1&img_url=https%3A%2F%2Fs1.files.enjourney.ru%2Fupload%2Fab5a9f04c5583691839fa63785291ab1%2F1920x0%2F11408c2a97abe9d839597535ef5d368f.jpg&text=%D0%92%D0%B5%D0%BB%D0%B8%CC%81%D0%BA%D0%B8%D0%B9%20%D0%9D%D0%BE%CC%81%D0%B2%D0%B3%D0%BE%D1%80%D0%BE%D0%B4&rpt=simage

그림 A14 예수 현성용 교회

https://megabook.ru/stream/mediapreview?Key=%D0%A6%D0%B5%D1%80%D0%BA%D0%BE%D0%B2%D1%8C%20%D0%A1%D0%BF%D0%B0%D1%81%D0%B0%20%D0%BD%D0%B0%20%D0%98%D0%BB%D1%8C%D0%B8%D0%BD%D0%B5&Width=10000&Height=10000

그림 A15 미로스키 수도원의 예수 현성용 교회

https://yandex.ru/images/search?pos=9&img_url=http%3A%2F%2Ftemples.ru%2Fprivate%2Ff000242%2F242_0107691b.jpg&text=XRAM%20miroskii*%20PSKOV&rpt=simage&lr=10635

그림 A16 보리스와 그렙 교회

https://yandex.ru/images/search?pos=29&img_url=https%3A%2F%2Fmtdata.ru%2Fu5%2Fphoto4A62%2F20359992745-0%2Foriginal.jpg&text=%D0%9A%D0%B8%D0%B4%D0%B5%D0%BA%D1%88&rpt=simage&lr=10635

그림 A17 블라디미르의 우스펜스키 사원

https://yandex.ru/images/search?pos=1&img_url=https%3A%2F%2Fwww.personalguide.ru%2Fdir_images%2Fphoto_file_43923_l.jpg&text=%D1%83%D1%81%D0%BF%D0%B5%D0%BD%D1%81%D0%BA%D0%B8%D0%B9%20%D1%81%D0%BE%D0%B1%D0%BE%D1%80&rpt=simage&lr=10635

그림 A18 황금문

https://yandex.ru/images/search?pos=5&img_url=https%3A%2F%2Fplan.ever.travel%2Fuploads%2Fpost%2Fcover%2F2514%2Fbig_landscape_10098083115_10b

a0c6528_o.jpg&text=golden

그림 A19 드미트리 사원

https://ru.wikipedia.org/wiki/%D0%94%D0%BC%D0%B8%D1%82%D1%80%D0%B8%D0%B5%D0%B2%D1%81%D0%BA%D0%B8%D0%B9_%D1%81%D0%BE%D0%B1%D0%BE%D1%80_(%D0%92%D0%BB%D0%B0%D0%B4%D0%B8%D0%BC%D0%B8%D1%80)#/media/File:Saint_Dmitry_Cathedral_in_Vladimir.jpg

[컬러 B]

그림 B1 로마노프 왕조의 문장과 깃발

http://militaryarms.ru/wp-content/uploads/2016/12/f8-1024x683.jpg

그림 B2 프롤·라불·부랏시·모제스트

https://pics.livejournal.com/sigaretka7/pic/000hp0ea/s320x240

그림 B3 성화벽(크렘린의 블라고베센스키 성당의 이코노스타스)

https://yandex.ru/images/search?p=1&text=%D0%B1%D0%BB%D0%B0%D0%B3%D0%BE%D0%B2%D0%B5%D1%89%D0%B5%D0%BD%D1%81%D0%BA%D0%B8%D0%B9%20%D1%81%D0%BE%D0%B1%D0%BE%D1%80%20%D0%BC%D0%BE%D1%81%D0%BA%D0%BE%D0%B2%D1%81%D0%BA%D0%B8%D0%B9%20%D0%BA%D1%80%D0%B5%D0%BC%D0%BB%D1%8C&pos=57&rpt=simage&img_url=https%3A%2F%2Fmtdata.ru%2Fu4%2Fphoto7D3D%2F20039412771-0%2Foriginal.jpg&lr=10635

그림 B4 노브고로드군과 수즈달군의 전쟁

https://yandex.ru/images/search?pos=3&img_url=https%3A%2F%2Fpp.userapi.com%2Fc846417%2Fv846417488%2Ff0f8f%2F3ZCL3Z63C_A.jpg&text=%D0%B8%D0%BA%D0%BE%D0%BD%D1%8B-%D0%97%D0%BD%D0%B0%D0%BC%D0%B5%D0%BD%D0%B8%D0%B5-%D0%91%D0%B8%D1%82%D0%B2%D0%B0-%D0%BD%D0%BE%D0%B2%D0%B3%D0%BE%D1%80%D0%BE%D0%B4%D1%86%D0%B5%D0%B2-%D1%81-%D1%81%D1%83%D0%B7%D0%B4%D0%B0%D0%BB%D1%8C%D1%86%D0%B0%D0%BC%D0%B8&lr=10635&

rpt=simage

그림 B5 성난 눈의 구세주

https://yandex.ru/images/search?pos=1&img_url=https%3A%2F%2Fi.pinimg.com%2F736x%2F5e%2F0e%2F9d%2F5e0e9d5bf04f4697f28ffbe043909667—mosaics-icons.jpg&text=%D0%98%D0%BA%D0%BE%D0%BD*%D1%81%D0%B5%D1%80%D0%B4%D0%B8%D1%82%D1%8B%D0%B5%20%D0%B3%D0%BB%D0%B0%D0%B7%D0%B0%20%D1%81%D0%BF%D0%B0%D1%81%D0%B8%D1%82%D0%B5%D0%BB%D1%8E%20%D0%9F%D1%91%D1%82%D1%80%D0%B0&rpt=simage&lr=10635

그림 B6 돈의 성모

http://www.bankgorodov.ru/system/img.php?f=/public//photos/famous/1400747054.jpg&w=254&h=580

그림 B7 구세주

https://artchive.ru/res/media/img/oy1200/work/7ac/583568.jpg

그림 B8 성모의 죽음

https://muzei-mira.com/templates/museum/images/paint/uspenie-feofan-grek-.jpg

그림 B9 블라디미르의 우스펜스키 성당의 이코노타시스

http://www.vidania.ru/photo/zadonsk/ikonostas_vladimirskogo_sobora_zadonskogo _monastyrya.jpg

그림 B10 삼위일체

https://ok-t.ru/helpiksorg/baza2/400592773114.files/image006.jpg

그림 B11 "축복받은 군대" 또는 "싸우는 교회"

https://omolitvah.ru/wp-content/uploads/2018/02/foto-1-blagoslovenno-voinstvo-nebesnogo-tsarya.-1550-e-gg.jpg

그림 B12 바바야가의 집

https://im0-tub-ru.yandex.net/i?id=2042a6ff56a9d015313fb77a3ffd189d-l&n=13

그림 B13 페오판 그렉의 예수

https://c2.staticflickr.com/6/5812/23312214210_da0f28d4aa_c.jpg

그림 B14 일리나의 구세주 교회

https://www.google.co.kr/search?q=%D0%A6%D0%B5%D1%80%D0%BA%D0%BE%D0%B2%D1%8C+%D0%A1%D0%BF%D0%B0%D1%81%D0%B0+%D0%BD%D0%B0+%D0%98%D0%BB%D1%8C%D0%B8%D0%BD%D0%B5+%D0%A3%D0%BB%D0%B8%D1%86%D0%B5(1378)%EC%99%80+%D0%A6%D0%B5%D1%80%D0%BA%D0%BE%D0%B2%D1%8C+%D0%A4%D0%B5%D0%B4%D0%BE%D1%80%D0%B0+%D0%A1%D1%82%D1%80%D0%B0%D1%82%D0%B8%D0%BB%D0%B0%D1%82%D0%B0(1360),+https://im0-tub-ru.yandex.net/i?id%3Da69c965ebfb7769102ea9619bec5eedb-l%26n%3D13&tbm=isch&source=iu&ictx=1&fir=_GF8K26qLdrCOM%253A%252CG5sex_n0A5z-NM%252C_&usg=AI4_-kRx_jFtuyK0AciqS3v97OYyGZOXOg&sa=X&ved=2ahUKEwi_5YPJt8TeAhUFHXAKHfiWAOUQ9QEwAHoECAQQBA#imgrc=_GF8K26qLdrCOM:

그림 B15 구세주 교회의 프레스코 벽화

http://sobory.ru/photo/145896

그림 B16 코로멘스코예 예수승천 성당(1532)

http://lhtravel.ru/selo-kolomenskoe-v-moskve-ot-ivana-kalityi-do-zemfiryi.html

그림 B17 건축 양식으로 활용된 코코쉬니키

https://yandex.ru/images/search?pos=2&img_url=https%3A%2F%2Fpp.vk.me%2Fc307114%2Fv307114251%2Faf62%2FGaZmIORC-vo.jpg&text=%D0%BA%D0%BE%D0%BA%D0%BE%D1%88%D0%BD%D0%B8%D0%BA%D0%B8%20%D0%B0%D1%80%D1%85%D0%B8%D1%82%D0%B5%D0%BA%D1%82%D1%83%D1%80%D0%B0&lr=10635&rpt=simage

그림 B18 크렘린의 텔렘노이 궁전

https://img-fotki.yandex.ru/get/6615/86441892.3e5/0_af0a8_9fd29b41_XL.jpg

그림 B19 콜로멘스코예 궁전

http://fb.ru/misc/i/gallery/14901/694082.jpg

그림 B20 포크로브 교회(Церковь Покрова в Рубцове, 1619~1626)

http://www.temples.ru/show_picture.php?PictureID=219493

[한국어 문헌]

강흥주, 고대 교회 슬라브어. 한국외대출판. 2005

강흥주, 러시아어사. 민음사. 1992

그리고로프, S., (정막래 역), 러시아 정교와 음식문화. 계대 출판부. 2000

김상현, 러시아의 전통혼례문화와 민속. 성대출판부. 2014

김수환, 책에따라 살기: 유리 로트만과 러시아 문화. 문학과 지성사. 2014

김수희, 러시아 문화론. 조대출판부. 2001

김수희, 러시아 문화의 이해. 신아사. 1998

김성일, 러시아 문화와 예술의 이해. 형성출판사. 2005

김은희, 그림으로 읽는 러시아: 러시아 문화와 조우하다. 아담북스. 2014

김학준, 장덕준, 러시아사. 단대출판 2018

김형주, 문화로 본 러시아. 두리. 1997

니콜라스, V. 러시아의 역사 상, 하. 조호연 역. 까치. 2011

니콜라이 구드지, 고대러시아문학사(정막래역). 한길사. 2008

니콜라스 르제프스키 편, 러시아 문화사 강의: 키에프 루시로부터 포스트 소비에트까지.

최진석, 김태연 역, 그린비. 2011

니키타 톨스토이, 언어와 민족문화: 슬라브 신화론과 민족 언어학 개관. 김민수 역. 한국문화사. 2014

드미트리에프, L. A. 러시아 고대문학 선집. 조주관역. 열린책들. 1997

랴프체프, Ju. S. 중세러시아 문화. 정막래 역. 계대출판. 2000

로트만, 러시아 문화에 관한 담론. (김성일, 방일권 옮김). 나남. 2011

리하초프, D. S., 고대 러시아 문학의 시학, 김희숙, 변현태 역, 한길사, 2017

메토시안, M. (장실 외 역). 러시아 문화 세미나. 미크로. 1998

뵈크, W, 러시아 문어사. 김영태역. 선인. 2009

사바 푸를렙스키, 러시아인의 삶, 농민의 수기로 읽다. (김상현 역). 민속원 2011
석영중, 러시아 정교: 역사, 신학, 예술. 고대출판부. 2000
설정환, 러시아 음악의 이해, 엠북스. 1985
슾낀, V.S. 외2인. 러시아 문화사. 민경현 외2인 역. 후마니타스. 2002
스타시, ,R. H., 러시아 문학비평사. 이항재 역. 한길사. 1987
이덕형, 러시아 문화 예술의 천년. 생각의 나무. 2009
이덕형, 천년의 울림. 성대출판부. 2001
이덕형, 빛의 도시 상트 페테르부르크: 러시아 문학, 예술기행. 책세상. 2002
이주헌, 눈과 피의 나라. 러시아 미술. 학고재. 2006
이진숙, 러시아 미술사: 위대한 유토피아의 꿈. 민음인. 2007
이춘근, 러시아 민속문화. 민속원. 2007
이영범 외, 러시아 문화와 예술. 보고사 2008
이길주 외, 러시아: 상상할 수 없었던 아름다움과 예술의 나라. 리수 2009
음악세계 편집부 엮음, 러시아악파. 음악세계. 2001
장실, 이콘과 문학, 환국외대출판부 2010
장진헌, 러시아 문화의 이해. 학문사. 2001
제임스 빌링턴, 이콘과 도끼 1, 2, 3. 한국문화사. 2015
조토프, A. I., 러시아미술사. 이건수역. 동문선. 1996.
한양대 러시아-유라시아 연구사업단, 루시로부터 러시아로: 고대러시아 문화와 종교. 민속원 2013
허승철, 러시아 문화의 이해. 미래엔. 1988
홍기순, 장한, 러시아 문학사 I, II. 보고사, 2004. 서울

[러시아어 문헌]

Азбелев С. Н. Историзм былин и специфика фольклора. Л., 1982.
Арнольдов А. И. Человек и мир культуры: Введение в культурологию. М., 1992.
Беловинский Л. В. История русской материальной культуры. В 2 ч. Ч. 1. М., 1995.

Бердяев Н. А. Судьба России. М., 1990.

Библер В. Г. От наукоучения к логике культуры. М., 1991.

Будовниц И. У. Общественно-политическая мысль Древней Руси (XI – XIV вв.). М., 1960.

Владимирский-Буданов М. Ф. Обзор истории русского права. Ростов-на-Дону, «Феникс».1995. 640 с .

Выготский Л. С., Лурия А. Р. Этюды по истории поведения. Обезьяна. Примитив. Ребенок. М., 1993.

Гараджа В. И. Религиеведение. М., 1995.

Георгиева Г. С. Русская культура: история и современность. М., 1998.

Георгиева Г. С. История русской культуры. Учебное пособие. М., 1999

Георгиева, Т. Русская повседневная культура. Обычаи и нравы с древ ности до начала Нового времени. Ломоносов. 2014

Горский В. С. Философские идеи в культуре Киевской Руси XI-н. XIII в в. Киев, 1988.

Греков Б. Д. Киевская Русь. М. - Л., 1953.

Громов М. Н. Козлов Н. С. Русская философская мысль X-XVII веков. М., 1990.

Данилевский Н. Я. Россия и Европа. М., 1991.

Дмитриев, С.С. Очерки истории русской культуры нач. XX в., Москва, «Просвещение», 1985.

Добрынина В.И., Балакина Т.И., Евплова Т.В., Павлов А.Т., Рябова З.А., Семенов Ю.И., Туманян О.В., Чернышева Н.А. История куль туры России. Курс лекций для негуманитарных специальносте й. - М.: Знание, 1993.

Долгов В. В. Очерки истории общественного сознания Древней Руси XI-XIII веков. Учебное пособие. Ижевск, 1999. 250 с.

Ерасов Б. С. Социальная культурология. М., 1994.

Замалеев А. Ф. Философская мысль в средневековой Руси (XI – XVI в в.). Л., 1987.

Зезина М. Р., Кошман Л. В., Шульгин В. С. История русской культуры. М., 1990.

Ильина Т. В. История искусств. Русское и советское искусство. М., 1989. История культуры России. М., 1993.

История культуры Древней Руси. Домонгольский период. Под обще й ред. академика Б. Д. Грекова и проф. М. И. Артамонова. В 2 т. М.-Л., 1951.

История русского и советского искусства. Под ред. Д. В. Сарабьянов а. М.,1979.

История русского искусства. В 2 т.. Под ред. М. М. Раковой, И. В. Рязан цева,

Кавелин К. Д. Наш умственный строй: Статьи по философии русской истории и культуры. М., 1989.

Ключевский В. О. О взгляде художника на обстановку и убор изображ аемого им лица. Он же. Исторические портреты. М., 1991.

Коган Л. Н. Теория культуры. Екатеринбург, 1993.

Колесов В. В. Древнерусский литературный язык. Л.,1989.

Колесов В. В. Мир человека в слове Древней Руси. Л., 1986.

Колычева Е. И., Проншетйн А. П. Русская материальная культура XVI века. ВИ. 1974. № 7.

Кондаков И. В. Введение в историю русской культуры. М., 1997.

Кондаков И.В. Русская культура: краткий очерк истории и теории. Уч ебное пособие для студентов вузов. - М.: Университет, 1999.

Костомаров Н. И. Домашняя жизнь и нравы великорусского народа. М., 1993.

Курбатов Г. Л., Фролов Э. Д., Фроянов И. Я. Христианство: Античност ь. Византия. Древняя Русь. Л., 1988.

Культурология. Под ред. Г. В. Драча. Ростов-на-Дону, 1995.

Липец Р. С. Эпос и Древняя Русь. М., 1969.

Лихачев Д. С. Культура как целостная среда. Новый мир. 1994. № 8.

Лихачев Д. С., Панченко А. М., Понырко Н. В. Смех в Древней Руси. Л., Наука, 1984.

Лихачев Д. С. Человек в литературе Древней Руси. М., 1970.

Лосский Н. О. Характер русского народа. Он же. Условия абсолютног о добра. М., 1991.

Лотман Ю. М., Успенский Б. А. Новые аспекты изучения Древней Руси. Вопросы литературы. 1977. № 3. С. 148-167.

Лотман Ю. М. Беседы о русской культуре. СПб., 1994.

Лотман Ю. М. Культура и взрыв. М., 1992.

Лотман, Ю. М. История и типология русской культуры (сборник). Иск усство-СПб. 2002

Милюков П. Н. Очерки по истории русской культуры. В 3 т. М., 1993.

Мыльников А. С. Основы исторической типологии культуры. Л., 1979.

Носова Г. А. Язычество в православии. М., 1975.

Орлова Э. А. Введение в социальную и культурную антропологию. М., 1994.

Очерки русской культуры XIII — XV веков. Под ред. А. В. Арциховског о М., 1969.

Очерки русской культуры XVI века. Под ред. А. В. Арциховского М., 1977.

Очерки русской культуры XVII века. Под ред. А. В. Арциховского М., 1979.

Петрухин В. Я. Начало этнокультурной истории Руси IX-XI веков. Смо ленск; М., 1995.

Попович М. В. Мировоззрение древних славян. Киев, 1985.

Портнов А. Н. Язык и сознание. Основные парадигмы исследования п роблемы в философии XIX-XX вв. Иваново, 1994.

Поршнев Б. Ф. Социальная психология и история. М., 1979.

Пропп В. Я. Морфология сказки. М., 1969.

Пушкарева Н. Л. Женщины Древней Руси. М., 1989.

Рабинович М. Г. Очерки материальной культуры русского феодально го города. М., 1988.

Рапацкая Л. А. Русская художественная культура. Учебное пособие. М., 1998.

Романов Б. А. Люди и нравы Древней Руси. От Корсуня до Калки. М., 1990. С. 255-471.

Рыбаков Б. А. Язычество Древней Руси. М., 1987.

Рыбаков Б. А. Язычество древних славян. М., 1981.

Сахаров А. М., Муравьев А. В. Очерки русской культуры IX-XVII вв. М., 1962.

Седов В. В. Восточные славяне в VI - XIII вв. М., 1982.

Смирнов Ю. И. Славянские эпические традиции. М., 1974.

Соколов Ю. М. Русский фольклор. М., 1941.

Соловьев, В. М. Русская культура. С древнейших времен до наших дней

Белый городю 2004

Тихомиров М. Н. Русская культура X-XVIII вв. М., 1968.

Тойнби А. Дж. Постижение истории. М., 1991.

Токарев С. А. Ранние формы религии. М., 1990.

Топоров В. Н. Святость и святые в русской духовной культуре. Т. 1. Пе рвый век христианства на Руси. М., 1995.

Топоров В. Н., «Гео-этнические» панорамы в аспекте связей истории и культуры: (К происхождению и функциям), Культура и история: Славянский мир, 23-61. Москва, 1997

Трубецкой Н. С. История. Культура. Язык. М.,1995.

Успенский Б. А. История и семиотика. Он же. Избранные труды. В 2 т. Т.1. М., 1994.

Успенский Б. А. Краткий очерк истории русского литературного языка (XI - XIX вв.). М., 1994.

Февр Л. Бои за историю. М., 1991.

Федотов Г. П. Святые древней Руси. М., 1990.

Флоренский П. А. Избранные труды по искусству. М., 1996.

Чичуров И. С. Политическая идеология. Средневековая Византия и Русь. М., 1991.

Щапов А. П. Сочинения. В 3-х т. СПб., 1906.

Щапов Я. Н. Идеи мира в русском летописании XI-XIII веков. История СССР. 1992. № 1. С. 172-178.

Швейцер А. Культура и этика. М., 1973.

Шкуратов В. А. Историческая психология. М., 1997.

[그 밖의 문헌]

Billington, J., The Icon and the Axe: An Interpretative History of Russian Culture. NY. 1966.

Brumfield, W. A., A History of Russian Architecture. NY. 1993

Dmytryshyn, D. (ed.), Medivial Russia: A Source Book, 900-1700. NY. 1967

Eckert Rainer, Geschichte der russischen Sprache, VEB Verlag Enzyklopedie Leipzig. 1983

Franklin, S. Writing, Society and Culture in Early Rus, 950-1300. Cambridge. 2002

Franklin, S., Shepard, J., Rhe Emergence of Rus, 750-1200. London. 1996

Hosking, G. Russian and Russian: A History. Cambridge, 2001

Iswolsky, H. Christ in Russia: The History, Tradition and Life of the Russian Church. Milwaukee. 1960

ㅇ

ㅈ

러시아의 인문과 예술

고대에서 중세까지

초판 발행 1쇄 2018년 12월 28일

지은이 김진원

펴낸곳 고려대학교출판문화원

www.kupress.com

kupress@korea.ac.kr

02841 서울특별시 성북구 안암로 145

02-3290-4230, 4232

Fax 923-6311

찍은곳 네오프린텍(주)

ISBN 978-89-7641-972-9 93600

값 22,000원

* 잘못 만들어진 책은 바꿔드립니다.